新・英語教育学概論

［改訂第2版］

高梨庸雄　高橋正夫　佐藤剛　野呂徳治　粕谷恭子　田縁眞弓

JN126098

KINSEIDO

Kinseido Publishing Co., Ltd.
3-21 Kanda Jimbo-cho, Chiyoda-ku,
Tokyo 101-0051, Japan

Copyright © 2023 by Tsuneo Takanashi
                    Masao Takahashi
                    Tsuyoshi Sato
                    Tokuji Noro
                    Kyoko Kasuya
                    Mayumi Tabuchi

First published 2023 by Kinseido Publishing Co., Ltd.

Illustrations   kamiharu

は じ め に

　今回の改訂にあたり，筆者が大学生だった頃に英語科教育法の教科書として使用していた 1990 年刊行の『英語教育学概論』を手に取ってみた。ページをめくると，当時の自分が授業の際に引いたマーカーやとったメモがページの至るところに見られ，英語の教師として教壇に立つことを夢見て懸命に勉強していた頃のことがありありと思い出された。赤いペンで書かれたメモ書きの中には「採点しやすいテスト＝悪い言い方をすれば教師側に都合のよいテスト」「生徒へのフィードバックは，教師自身へのフィードバックでもある」「生徒の沈黙は必ずしも悪い沈黙ばかりではないことを忘れないこと」「新出事項の指導に入るときには生徒のレディネスを十分に見極めた上で(受け身の授業には過去分詞の理解が絶対必要！)」のように，今でも自分が英語の授業を行うときに大切にしていることにあふれており，この教科書を使って学んだことが自分の指導の原点なのだと改めて実感させられた。

『英語教育学概論』の「はじめに」には次のような記述がある。

　　我々は英語教師の入口に立っている読者に，ぜひこれだけは知っていて
　　欲しいと願うことを重点的に取り上げたつもりである。板書の仕方とか
　　OHP の使い方などといった指導上の細かなテクニックは本来現場の経
　　験の中で熟達していくべきもので，仮にこの点で未熟であったとしても，
　　教師の側に状況を正確に把握する力と真の情熱とがあれば十分補ってい
　　けるものだと考える。従って本書では指導技術について深入りすること
　　は避け，むしろ現在の英語教育の根底にかかわる様々な問題を「教育」
　　という大きな視野の中に位置づけ，できるだけわかりやすくこの解説を
　　したつもりである。

　初版本が 1983 年に刊行されてから四半世紀以上にわたり多くの先生方や学生に使っていただけているのは，このように本書が単に活動の紹介や指導テクニックを紹介するハウツー本ではなく，英語教師としての「土台」にあたる部分を学生たちの中に育てようという理念に基づくものであるからこそだと考えている。
　英語教育の専門書や英語科教育法の教科書の中には「英語教育はかつてな

いほど大きな転機に立っている」「英語を取り巻く環境は刻々と変化し続けている」という言葉があふれている。事実，小学校での英語の教科化，英語の授業は英語で，大学入試改革，ICT を活用した英語教育など，次から次へと押し寄せる変化に，なぜこうも英語ばかりなのかとつい不満を口にしたくなることも多いが，そんなときに必要なのは，本書の理念である「英語教師としての土台」，それも，多少の雨風では揺らぐことのないどっしりとしたものを育てておくことなのではないだろうか。

今回の改訂は，2020 年度から小学校を皮切りに順次実施される新学習指導要領の改訂に伴うものだが，小学校英語教育や ICT に関する内容の充実や文献のアップデートなどさまざまな変更をしながらも，先に述べた本書の「エッセンス」の部分はしっかり引き継ぐことができたと自負している。今回の改訂版が，これまでのものと同様に長きにわたり多くの先生方や学生に今後も広く使われることを願っている。

最後になったが，本書を出版する機会をくださった金星堂の皆さまにお礼申し上げる。特に編集部の池田恭子氏，四條雪菜氏には，大学生や専門家でない読者にとっての分かりやすさはもちろんのこと，論理的な文章の展開から細かな文章表現まで，いつも丁寧で的確なアドバイスを与えてくださった。ここに改めて感謝申し上げる。

2022 年　秋
著者を代表して
佐藤剛

目　　次

第1章
目的論

　なぜ外国語を，なぜ英語を，そして，どこまで義務教育の中で学ばなければならないのか，日本の英語教育の効率の悪さを指摘される度に繰り返される質問である。これは外国語教育の根源に関わる問題であり，明快な解答などあり得ない。そこで本章では次の3つのアプローチでこの問題に迫ることにしたい。その第1は日本に視点を固定した上で英語教育の歴史的経緯をたどるやり方であり，第2は現時点に立って諸外国の英語教育の現状を俯瞰していくやり方であり，第3は人間の成長における外国語の役割という時空を超えた命題を扱う。いわば縦軸と横軸の交点に3次元からの俯瞰を加えるかたちで，議論を進めていくこととする。

第1節　日本の英語教育の歴史的経緯

1. 実学としての英学の時代―明治後期まで

　日本と英語との関わり合いは William Adams（三浦按針，1564–1620）が豊後海岸に漂着したときから始まるが，これを機に英語学習が始まったという形跡はない。そのため，英学の始まりを，英艦が長崎のオランダ商館を襲ったフェートン号（Phaeton）事件（1808年）[1]をきっかけに，幕府が急きょ通詞（通訳）たちに英語を学ばせたとするのが普通である。押し寄せる外来文明の進入を防ぎ，かつ受け入れざるを得ない切羽詰った当時の事情は，その後も英語教育に対する日本人の態度に長く影響を与えることになる。

　その後，日米修好通商条約締結（1858年）という事態に発展していくと英学は蘭学を完全に駆逐することになる。次は福沢諭吉（1899）が1859年（安政6年）の横浜について語っている有名な一節である。

　　横浜から帰って，私は足の疲れではない，実に落胆してしまった。これはこれはどうにもしかたがない。いままで数年の間，死に物狂いになってオランダの書を読むことを勉強した。その勉強したものが，いまはなんにもならない。商売人の看板を見ても読むことが出来ない。さりとてまことにつまらぬことをしたわいと，実に

落胆してしまった。けれど決して落胆していられる場合ではない。あそこで行われていることば，書いてある文字は英語か仏語に相違ない。ところでいま世界に英語が普通に行われているということはかねて知っている。なんでもあれは英語に違いない。いまわが国は条約を結んで開けかかっている。さすればこの後は英語が必要になるに違いない，洋学者として英語を知らなければとても何にも通ずることができない，この後は英語を読むよりほかにしかたがない，と横浜から帰った翌日だ，一度は落胆したが同時にまた新たに志を発して，それから以後はいっさい万事英語と覚悟をきめて，さてその英語を学ぶということについてどうしていいか取付端がない。江戸中にどこで英語を教えているというところのあろうわけもない。

　こうして流れ込む西洋文明は主として英語を介して日本人に浸透していったのである。1872 年（明治 5 年）の高等教育機関における外国人お雇い教師は英人 119 名，フランス人 50 名，米人 16 名であり（鳥居他，1974），外国人による授業の大半は英語で行われていたものと思われる。一方，1871年(明治 4 年)9 月までに各国に派遣した留学生 281 名はイギリス行が 107 名，アメリカ 98 名，プロシア 41 名，フランス 14 名（森他，1978）で，これもまた英米が全体の 3/4 を占めている。1873 年（明治 6 年），東京大学の前身である東京開成学校で専門学科の外国語は英語とすることを決定しているのも，当然の成り行きといえよう。日本の学校教育における英語の圧倒的優勢はすでにこの頃に決しているのである。

　また明治期の庶民に大きな影響を与え「明治の三書」と呼ばれたのは，福沢諭吉の「西洋事情」（1866），中村正直の「西国立志編」（1871），内田正雄の「輿地誌略」（1870–5）であるが，いずれも原書が英語であるか，英米の事象を中心に記述されており，英学は完全に文明開化のための実用の学問であった。図 1 は一般向けの英和

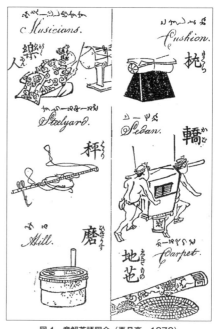

図 1　童解英語図会（弄月亭，1870）

辞書 (弄月亭「童解英語図会」(1870)) の一部であるが, cushion が「こすしょね」, musicians が「みゅーじしゅすす」とあり, 実用はともかく当時のハイカラさんたちの英語熱が伝わってくる。

　こうした中, 一時期 (1872–1879 年 (明治 5–12 年)) とはいえ小学校の教科目に英語が取り入れられたこともあった。中学校では, 英語は早くから漢文とともに教えるべき科目として挙げられ (文部省, 1981), さらに「第一外国語ハ英語」(文部省, 1981) と, 独・仏語を抑えてその優位を明確にしている (第二外国語は 1894 年 (明治 27 年) から削除)。

2.「受験英語」が支配的であった時代—明治末から第二次大戦まで

　文明開化の花形であった英学も明治 30 年代に入るとそのピークを過ぎることになる。これは西洋文化のやみくもな吸収から, それを消化し, 明治の文化として発展させていった日本の文化的成熟の必然的結果であるが, また日清・日露の戦役に勝ち西洋の列強と肩を並べるようになって国家主義的思想が台頭し, 英語一辺倒への反動が現れてきたことにもよる。1886 年 (明治 19 年) 初代文部大臣になった森有礼は「日本の大学においては宜しく邦語を以て教授するを期すべく」と説き, 第二次伊藤内閣 (1893 年) のもとで文相も務めた井上毅は「日本の教育は日本語で」の方針を打ち出した。これがいかに重要な決定であったかは, 多少とも学問内容が高くなると自国語で議論できなくなる多くの発展途上国の現状を見るとよく分かる。しかし一方, この政策によって, 明治の末には英語は高等教育において教授手段としての役割を失い, コミュニケーションのために学習されることは無くなるのである。

　ところが学習された英語を実際の用に供することがまれになってきても, 中学校で週 7 時間程度の英語授業があり, かつ高等学校や大学進学試験での英語の比重は極めて重かったため, ここに実用とは直接関わらない「受験英語」の発生を見ることになる。文法に詳しくて, 発音に無関心, 訳読一辺倒などという弊害は, 全て実学としての英学が終焉し, 進学試験が学習の主目的になってきたこの時期に端を発している。

　当然これに対して「苦労ばかり多くて何の役にも立たない」英語は廃止または縮小すべしとの声が高まってくる。次は杉村楚人冠「英語追放論」(1924) の一部である。

　　今の中学校の英語教育ほど無用なものはない。一週間十時間くらい教えて五年

たったところで，何になるものでもない。殊に今の英語教育は読むことのみに重きをおいて，その他はほんのつけたしに教ふるだけだから，中学校を卒業しても，話も出来なければ手紙も書けない。読む方にしたところが，まことに中途半端なもので，小説が読めるじゃないし，新聞が読めるでもなし，卒業後高等の学校にでも入って，更に研究を重ねるのなら別格，そうでもない以上は，大抵三四年の間に忘れてしまうのが落ちだ。

（大村他，1980）

およそ100年も前の論文だが，現在に置き換えても十分通用するところがこの問題の根深さを示している。一方こうした英語廃止論への反論として東京高等師範学校英語部が1927年（昭和2年）に発表した意見書草案もまた現在の英語教育擁護論と本質的に変わることがない。

　今日の世界において文化の多少なりと進んだ民族は皆他国の言語を学んでいる。他の長所を採ってわれの短所を補う必要のある場合はもとより，たとえ自己が優等の域に達した時も他の民族の文化進展に接触を保ちその生活を理解することが人類の幸福を増進するに欠く可からざる条件である。しかしのみならず各民族が眼界を広めて自己を知り自己を発展させ歴史上往々にみる如き濫りに他を排斥しあるいは盲目的に他を崇拝する弊を防ぐためにも先ず他の民族を理解する必要がある。これがためには他国の言語を学びこれを利用して他の思想知識をわが有となし，小にしては日常生活上相互の意志疎通に資することがもっとも直接且つ有効な手段である。また外国語学習が通商貿易など実用の便益をもたらすはいうまでもなく，一般知能の訓練上教育的価値が多いと共に自国語の洗練発達にも益あることまた見のがすべからざる事実である。

（大村他，1980）

こうした英語教育賛否論はその後20世紀を通して幾度となく繰り返されるが，「効率の悪さ」「実用価値の軽視」に対する「通商の便益」「一般知能の訓練」「多民族理解」などはこの議論で必ず持ち出されるテーマである。
　もちろん，この当時の日本が訳読一辺倒だったわけではない。激増する中学英語教師の質の向上と英語教授法の改良のために，文部省は明治30年代より夏期英語講習会を開き，当時の革新的指導法の導入にも努めている。直読直解が教師の日常語になるのもこの時期であり，国際音標文字の紹介や入試での発音問題などから発音に対する教師の関心も高まっていった。特筆す

べきは，1922 年（大正 11 年）文部省英語教授顧問として来日し，14 年間も「オーラル・メソッド」の普及に努めた Harold E. Palmer（p. 27, p. 53）の存在である。

　彼の主張は，まず音声から入り，日本語はなるべく使わない，理解ではなく使えることを目標とする，などであった。この極めて現代的な発想は当時の現実と遠く離れたものではあったが，共鳴する日本人教師の協力を得て，いくつかの学校で実践され全国的に評判になった。やがて破滅的な戦争に向かうという時代の流れの中で彼の主張は「受験英語」という大勢を変えるわけにはいかなかったが，その理念は戦後に受け継がれていくことになる。

3.「役に立つ英語」の時代―第二次大戦後

　占領下の日本は世をあげての英語ブームであった。米兵があふれ片田舎の行政にも占領軍の意向が重要であったため，英語教育は再び実学としての価値を持つことになる。こうした世情を背景に 1947 年（昭和 22 年）六三制教育が発足し，初めて義務教育課程に外国語が入ることになる。しかしそれが選択教科にとどまったのは「国家および社会の形成者として必要な資質，社会に必要な職業についての基礎的知識と技能」（学校教育法第 36 条第 1 項・2 項）に含まれるとは考えられなかったからである。1950 年（昭和 25 年）の高校進学率は 42.5% で，高校進学者が中学卒業生の半数を超えたのはやっと 1954 年（昭和 29 年）になってからである。六三制が発足してからしばらくは，英語の代わりに職業科を選択する者，英語の履修を 1 年だけで止めてしまう者や 3 年でまた始める者と雑多であり，高校入試で英語を課さないところもあったため，社会での英語ブームとは裏腹に，新制中学の英語授業はなかなか機能しなかった。

　1950 年（昭和 25 年）日米講和条約が結ばれ世の中が落ち着いてくると，高校進学率は急上昇し，英語は実用的価値の他に，再び受験体制の中で重要な役割を与えられることになる。1956 年（昭和 31 年）までに全ての都道府県の高校入試に英語が加えられるようになると，学習指導要領上選択科目であっても，事実上日本全国の中学生が同一カリキュラムで英語を学習し，その結果は入試問題で査定されるという状態になってくる。英語運用能力獲得の期待は依然として強いものの，入試競争に強い英語力を求める声が再び強くなるのである。

　一方，昭和 40 年代から日本が特に経済面で国際社会の重要な一員として行動するようになると，実業界からもっと「役に立つ英語」を教えよとの要

望が強く出されるようになった。この声を最も端的に表現するのが昭和50年代の英語教育界に大論争を巻き起こした「平泉試案」である。これは参議院議員平泉渉が1974年（昭和49年）に発表した「外国語教育の現状と改革の方向——一つの試案—」で，日本人なら誰でも持っている英語へのコンプレックスを刺激することになり，賛否両論がマスコミをにぎわした。彼は在来の学校での英語教育を批判して，「コストが高く，成果があがらない」上に，その結果は「値段の高い，しかも中途半端な製品」であり，教え方ときたら「自転車に乗ることを勉強しようとしている人に対して，お座敷で泥だらけの自転車を乗り回しては困る。行儀よく，二輪の物体が，いかに安定し，進行することが出来るかを，図面と理論だけで教える」ようなものであるという。したがって在来の英語教育を全面的に解体して，はっきりと「技能」を修得させる目的の外国語コースを作ることを提案した。それは次の5つからなる。

(1) 例えば5カ月ずつの6つに分かれる段階制とし，運転免許と同じように各段階でテストし合格しなければ進級しない
(2) 基本的には学年進行とは連動せず，中2の生徒が高3の生徒と同一クラスで学ぶこともある
(3) 該当段階での合格証明があれば，高校・大学の入試での英語試験は免除される
(4) 段階合格の認定は国際的な共通性を与え，「TOEFLでは何点に相当する」というようなシステムを目指す
(5) 一クラスは25名編成を標準にする

学校で全員が履修する旧来の英語授業は「世界の言語と文化」というような科目に転換し，そこでは英語を中心にした外国語の常識程度にとどめ，それ以上は新しいシステムに任せる。実際的運用能力を持つのは国民の5％でよいとした。

この平泉試案は全国民が年齢進行型で同一課程を進むという義務教育の根底を覆すもので，当然批判の嵐を呼び起こした。なかでも上智大学教授渡部昇一による長文の反論は平泉の技能習得重視に対して教養文化的価値を強調したもので世間の注目を浴びた。彼は批判の多い訳読についても次のように弁護する。

　少なくともそれは日本人に母国語と格闘することを教えたからである。単なる実

用手段としての外国語教育は母国語との格闘にならない。その場合は多くが条件反射の次元で終わるからである。「格闘」という言葉はおだやかでないが，英文和訳や和文英訳や英文法はことごとく知力の限界まで使ってやる格闘技なのである。そしてふと気がついて見ると，外国語と格闘していると思ったら，日本語と格闘していたことに気付くのである。

（平泉・渡部，1975）

　そして「話せる英語を」という提案に対しても「学校における英語教育はその運用能力の顕在量で測ってはならず，潜在力で測らなければならない」と主張した。これは大正時代からの英語擁護論と基本的に変わるものではないが，結局，英語教育界に衝撃を与えた両者の議論も政策のレベルで検討されることもないまま，1977 年（昭和 52 年）の中学校学習指導要領が告示されることになる。ここでは「ゆとり教育」の掛け声の下に英語は各学年ともに週 3 時間に削減されることになり，一般教師の関心は英語教育是非論よりいかに必要最低限度の学習時間を確保するかに移っていってしまった。

4. コミュニケーション重視の時代―平成時代

　「グローバリゼーション」が日常的な語として経済・社会・文化のあらゆる面に登場し，日本の海外援助額もアメリカを抜いて世界第 1 位になるという流れの中で，1989 年（平成元年）に新しい学習指導要領が告示された。その最大の特徴はコミュニケーション重視を明確に打ち出したことである。
　例えば，中学校でこれまで学年別に配当されていた「言語材料」を一括して別表に示して，各学年でふさわしいものを「適宜用いて行わせる」とし，それ以外でも「基本的なもの」は 3 学年で取り上げてもよいとした。つまり文法的な概念で教材の序列をつけることをやめ，コミュニケーションで必要な基本的表現形式から学ばせようとしたのである。また「言語に対する関心を深める」という目標が「外国語で積極的にコミュニケーションを図ろうとする態度を育てる」に変わり，高等学校では「オーラル・コミュニケーション」という科目が新設されることになる。
　この流れは 1999 年（平成 11 年）の学習指導要領の改訂で，「実践的コミュニケーション能力」となり，さらに運用力重視が明確になる。そしてついに中学校での外国語学習が必修科目として位置付けられることになり，一世紀にわたる義務教育での外国語学習是非論に終止符が打たれることになる。
　しかし世間の注目を浴びたのは，この改訂で小学校から外国語学習を導入

する道を開いたことにあった。もともと外国語の習得は「早ければ早いほどよい」といったものではないが，早期教育を求める世論の高まりに押されて，小学校3年以上での「総合的な学習の時間」で国際理解教育の一環として取り上げられることになった。2005年度（平成17年度）には何らかの形で英語を教えている公立小学校が全体の93.6%を占め（文部科学省，2006），次回指導要領改訂で5年生から教科として導入される公算が大きいと考えられていたが，2008年度（平成20年度）の学習指導要領の改訂において「外国語活動」として必修になり，2011年度（平成23年度）から正式に始まった。

　もう一つ平成時代の英語教育を象徴するのは，どこの学校でも普通に見られるようになった，英語をはじめとする目標言語を母語とする外国語指導助手（ALT, Assistant Language Teacher）の存在である。この制度が始まった1977年（昭和52年）当時はMEF（Mombusho English Fellow）と呼ばれたものであるが，1987年（昭和62年）以降は文部科学省・自治省・外務省の共同事業（JETプログラム）として地方公共団体の外国青年の招致を推進している。2005年（平成17年）には世界44カ国から5853人が参加するまでになった。この他に市町村などが独自に採用するALTも年々増加し，英語教師の意識も大きく変わっていく。

　また21世紀の始まりを印象付ける出来事として，2002年（平成14年）7月文部科学省が発表した「『英語が使える日本人』の育成のための戦略構想」を挙げることができる。これは従来の学習指導要領などとは違い，目標とする英語力，学習動機づけ，入試の改善，教育内容の改善，英語教員の資質向上，指導体制の充実，小学校での英会話の各項において極めて具体的な施策を提案している。例えば，国民全体に求められる英語力として，中学校卒業段階で「挨拶や応対等の平易な会話（同程度の読む・書く・聞く）ができる（卒業者の平均が英検3級程度）」，高等学校卒業段階では「日常の話題に関する通常の会話ができる（平均で英検準2級〜2級程度）」としている。ちなみに英語教師の目標値は英検準1級，TOEFL 550点，TOEIC 730点程度である。この戦略構想が，その後日本の学校英語教育が運用技能重視に大きく進路を変更するきっかけとなったことは間違いない。

　しかし一方，入試難易度による高校・大学の序列化など日本特有の学校教育システム自体が変わったわけではない。2006年（平成18年）から大学入試センター試験にリスニングが加えられるなど入試問題の改善も図られたが，センター試験の英語科問題全体としてはペーパー試験で学力を査定するという事実に大きな変化はなく，「受験英語」の伝統は形を変えて日本の英

語教育の底流を成していた。こうして平成時代の英語教師は「入試に強い英語力」と「実際に使える英語力」の二面の同時要求に応えていくことが求められることとなる。

5. 「英語を使って何ができるか」が問われる時代—平成から令和へ

社会・経済のグローバル化が加速度的に進展し，国際社会において活躍できる人材育成の充実が叫ばれる中，英語教育に対する社会の要請・期待も一層の高まりを見せるようになる。学校における英語教育を通して児童・生徒にどのような能力が身に付くのか，英語を使って何ができるようになるのか。言い換えれば，公教育の一環として行われている英語教育が社会にどのような貢献をなしてくれるのか。いわゆる，英語教育に対する「説明責任（accountability）」が問われているといえるであろう。

2017 年度（平成 29 年度）の学習指導要領の改訂では，それまで小学校高学年において必修となっていた「外国語活動」が中学年に引き下げられ，高学年においては，英語の授業が「外国語」という正式教科として始まることとなった。この小学校英語の本格実施を契機として，文字通り，小・中・高・大の一貫した英語教育の実現が目指されることになり，その当然の帰結として，小学校以外の各学校段階における従前の英語教育についても，その目標，内容などについて見直しが迫られることになる。小学校における「外国語活動」ならびに教科としての「外国語」の目標及び内容などの詳細については，第 11 章「小学校英語教育」に譲ることとして，ここでは，わが国における従前の英語教育の「見直し」として議論され，導入されることとなった各学校段階における学習到達目標の設定と，国公立大学入試における英語の外部試験の活用（大学入学共通テスト）について考察することとする。

2010 年（平成 22 年），文部科学省は生徒の外国語能力の向上のため，「外国語能力の向上に関する検討会」を設置し，生徒に求められる英語力や英語教師の質の向上，ALT や ICT（Information and Communication Technology）の活用などについて，今後の施策に反映させるために検討を進めた。2011 年（平成 23 年）には，同検討会の審議のまとめとして「国際共通語としての英語力向上のための 5 つの提言と具体的施策〜英語を学ぶ意欲と使う機会の充実を通じた確かなコミュニケーション能力の育成に向けて〜」を公表した。このなかで，英語力の向上は「教育界のみならずすべての分野に共通する喫緊かつ重要な課題」として位置付けられ，生徒の英語力の達成状況の把握・検証（提言 1），英語学習のモチベーションの向上（提言 2），

ALT や ICT などの効果的な活用（提言 3），英語教師の英語力・指導力の強化（提言 4），大学入試の改善（提言 5）の 5 つの事項に関する提言がなされた（文部科学省，2011）。

　提言 1 の「生徒の英語力の達成状況の把握・検証」では，その具体的施策として，「国や教育委員会，学校による外部検定試験を活用した生徒に求められる英語力の達成状況の把握・検証」「国による学習到達目標の CAN-DO リストの形での設定の検討」，そして「学校による，学習到達目標の CAN-DO リストの形での設定・公表と，その達成状況の把握」を挙げている。これを受けて，新学習指導要領では，従来，児童・生徒に期待する成長・発達の姿を示した「向上目標」として表記されていた目標を，国際的な基準である CEFR（The Common European Framework of Reference for Languages: Learning, teaching, assessment「外国語の学習・教授・評価のためのヨーロッパ共通参照枠」）を参考に，文字通り「児童・生徒は英語の授業を受けた結果，どのような能力を身に付けることになるのか」という，学習到達目標の形で設定している。CEFR は，欧州評議会が外国語教育におけるシラバスやカリキュラムの作成，教材の編集，言語能力の評価のための共通の基盤として開発・発表したものであるが，その透明性・包括性から，外国語の教授・学習の目標基準として，欧州のみならず，広く国際的に参照され，利用されているものである。学習指導要領で示された到達目標に基づいて，各学校ではさらに具体的な学習到達目標を設定することになるわけだが，その際，目標とする言語能力をこれも CEFR を参考にして，「〜することができる」という，いわゆる Can-do 記述文（Can-do descriptor）による熟達度指標を用いて表現することとされた。

　さらに，提言 5 では「グローバル社会に対応した大学入試となるよう改善を図る」ことを掲げ，その具体的施策として，国による「聞くこと」「話すこと」「読むこと」「書くこと」を総合的に問う入試問題の開発・実施の促進と，AO 入試・一般入試などにおいて TOEFL・TOEIC などの外部検定試験の活用の促進を掲げている。これを受け，2020 年度（令和 2 年度）入試から，それまでの大学入試センター試験を廃止し，それに代わるものとして，「大学入学共通テスト」が新たに導入されることとなった。

　従来の大学入試センター試験の「外国語」のテストでは，「聞くこと」「読むこと」だけをその対象としていたが，「大学入学共通テスト」においては，同提言にあるように，4 技能を総合的に評価するために，外部検定試験を取り入れることとし，具体的施策として例示された TOEFL，TOEIC に加え，

IELTS，ケンブリッジ英検，実用英語技能検定，G-TEC，TEAP の合計 7 つの外部検定試験が利用対象試験とされ，2020 年度（令和 2 年度）入試からの実施を予定していた。しかし，検定料や実施会場，回数などの面から，必ずしも全受験生に公平に受験機会を保障することができないという世論の高まりを受け，4 技能を総合的に評価するという基本方針は維持しつつも，外部検定試験の利用については，その利用対象試験も含め，抜本的見直しがなされることとなった。

　提言 5 として挙げられたこの大学入試の改善は，提言 1 で見た「学習到達目標の CAN-DO リストの形での設定・公表と，その達成状況の把握」を具現する方策と見ることもできる。その意味において，両提言とそれに基づく具体的施策は，先に述べた公教育の一環として行われている英語教育の「説明責任」を果たすことを目指したものとして，軌を一にするものであると見ることができるだろう。

第 2 節　世界の外国語教育

　もともと教育はその社会の置かれた固有の条件と切り離しては考えられないものであるが，特に外国語教育はその地理・文化・歴史的要因が密接に絡んでおり，単純な国際比較は無意味であるばかりでなく，有害でさえある。例えばシンガポールならびにインド出身者の TOEFL（iBT）スコアがずば抜けて高い（ETS，2021）[2] といっても，シンガポールにおいては英語が公用語の一つになっており，また，インドでも準公用語となっている社会状況からすれば当然のことであって，「アジア最低ランク」の日本と比較すること自体意味がない。したがって，日本との比較を試みるのであれば，その社会での英語の言語的位置がある程度日本と類似したところでなければならない。本節では 1 において英語は外国語ではあるが，異民族や異文化との接触が日常的で，外国語自体に対する違和感が歴史的に低い地域としてヨーロッパ諸国を取り上げ，2 では日本と同様，英語は「外の文化」としての意識が強い韓国・台湾・中国などの東アジア諸国を取り上げることにする。

1．ヨーロッパ諸国の英語教育

　急速に政治的統合への動きが活発化しているヨーロッパ連合（EU）では，域内の言語の多様性を保持しつつも相互理解を促進する外国語の習得が急務

となっている。2019 年に教育分野の情報ネットワークであるユーリディス
が発表したレポート（European Education and Culture Executive Agency,
Eurydice, 2019）によると，アイルランドを除く全ての国において初等教育
段階から外国語教育が開始され，義務教育終了時までに最低 1 言語以上の外
国語学習が義務付けられている。2 つ目の外国語の学習は一般的には中等教
育段階に行われるが，ルクセンブルグをはじめ，デンマーク，ギリシャ，ア
イスランドなど，初等教育段階から開始される国も増えつつある。

　義務教育での外国語学習は 1990 年代末の各国における教育改革に伴って
急増し，2014 年の時点で域内児童の 83.8% が初等教育段階において 1 言語
以上の外国語を学習していることになる。前期中等教育段階において 90%
以上の生徒が 2 言語以上を学習した国は，エストニア，ギリシャ，イタリア，
マルタ，ポーランド，ルーマニア，リヒテンシュタイン，マケドニア，ルク
センブルグ，フィンランド，アイスランドである。

　英語は，選択，必修の条件にかかわらず，ヨーロッパのほとんど全ての国
の児童・生徒に最も学習されている言語であり，2014 年の時点で，EU 域
内では中等教育前期の 97.3% の生徒が学んでいる。特に 2005 年以降，初等
教育段階では英語を学ぶ児童の割合が増加し，79.4% に達している。英語に
次いで多いのがフランス語で，前期中等教育の段階で 33.3% の生徒が学ん
でおり，ドイツ語（23.1%），スペイン語（13.1%）がそれに続いている。

2．アジア諸国の英語教育

　日本をはじめとして，韓国・台湾・中国などでは，英語は一般の人々の日
常生活には縁のない外国語であり，学習の成果を実際のコミュニケーション
場面で試すということはほとんどない。こうした国にあっては，伝統的に外
国語の習得は国際コミュニケーションの道具というよりは教養の度合いを測
る物差しとして見なされる傾向が強い。つまり英語学習の究極的動機は国内
における社会的出世であり，その過程である上級学校への入学試験が学校教
育における英語学習の直接的な動機であることが多い。

　こうした国であっても，実践的コミュニケーション能力を重視しようとす
る傾向は年々強く，入試英語の改善や小学校からの英語教育など従来の伝統
的英語教育から脱皮しようとする試みが積極的になされている。国レベルの
教育施策の中では教養から実用へのシフトはすでに完了したと見てよい。こ
うした教育改革の成果は着実に実を結んでいるようであって，日本の英語教
育を反省する材料としてよく対比される。

1）韓国の場合

　2002 年にやっと小学校の国際理解教育の一環として英語が導入された日本と違い，韓国では，すでに 1997 年の時点で教科として全国一律に導入されている。またその内容は，英語は国の統一カリキュラムの下で必修科目として小学校 3 年生から位置づけられ，当然教科書も国の検定を受けたものである。3 〜 4 年生の授業時間は週 2 回（40 分授業，年間 68 時間），5 〜 6 年生で週 3 回（年間 102 時間）であるが（文部科学省，2010），韓国について特筆すべきは，この教育改革が周到な準備の下に導入されたという点にある。英語は課外活動として 1980 年代から小学校で導入されており，一部の学校では教科として試行されてきた。また 1997 年に全国レベルで導入されたときには，全ての教師を対象に最低 120 時間の基礎研修を義務付けている。当然これには韓国社会が学力の指標として英語に格別な価値を置いているという事情がある。ソウルなどの都市部では小学生の塾通いはごく普通であり，国家としても個人としても経済的成功には英語の実践的能力が欠かせないという，いわば国民的合意がある。

　小学校での英語は，3 学年においては「聞くこと」「話すこと」のオーラル・コミュニケーションが主体であり，4 学年において「読むこと」が，そして，5 学年において「書くこと」が導入される。各学年で学習する語彙数は，小学校第 3 〜 4 学年が 240 語，第 5 〜 6 学年が 260 語とされ，小学 6 年修了時には 500 語の履修が義務付けられている。中学校での英語学習時間は，1 〜 2 年生は 45 分授業で週 3 時間，3 年生は 45 分授業で週 4 時間と日本よりも少ないが，検定教科書の語彙は日本と比べてかなり多い。高校段階での大きな違いは，英語に加えて第二外国語（ドイツ語，フランス語，中国語，スペイン語，日本語，ロシア語，アラビア語）も学習科目に入っていることである。また就職試験で実用英語の能力が重視されている。

2）台湾の場合

　国の強力な指導の下で一斉に小学校で英語が導入された韓国とは違い，台湾では 1990 年代から地域の動向に政府が追従するかたちで小学校への導入が進んできた。全国レベルで 5 年生以上に英語を教えることを義務付けたのは 2001 年であり，2003 年には 3 年生から（台北など一部の地域では 1 年生から）英語の授業が行われている（バトラー，2005）。国のガイドラインによれば週 2 回（40 分授業）英語を教えることになっているが，台北では 3 年生から週 3 回に増加するなど，都市部の学校では授業時間を増やしてい

るところも多い。台湾の英語教育の特徴は2002年から小学校と中学校が一貫したカリキュラムで行われているという点にある。コミュニケーション能力を重視することには変わりはないが，小学校段階でも読み・書きが導入され，文字指導は比較的早い時期から始まる。ガイドラインによれば，小学校修了時までに聞いて話せる語彙は300語（台北市の要綱では389語）となっている。

3）中国の場合

　中国では，英語は「近代化と経済発展」の言語として重要視され，英語学習者人口は3億から3億5000万といわれる。英語は小学校から大学院まで必修科目であり，一貫した英語教育プログラムが編成されている。小学校英語教育は2001年に全国レベルで3年生から導入されたが，主要都市では1年生から導入されている。配当授業時数は3～4年生で30分授業が週4回以上，5～6年生で30分授業が週2回＋40分授業が週2回以上，7～9年生で40分授業が週4回以上である。3～12年次修了時に到達すべき英語授業のレベル別目標が示されており，国の強力な指導の下に英語力の向上が図られている。英語課程標準（カリキュラム・スタンダード）で言語の一般的技能の獲得が強調されてはいるが，上級に進むにつれて専門領域において海外からの知識を取り入れるため読解技能の向上を意識した授業が多くなり，学生の学習意欲も日本に比べて総じて高いといえる（宮原他，1997）。

　こうした国際比較を通して見えてくる日本の英語教育の特徴として浮かび上がってくるのは，(1) 教科として英語が導入される学年が際立って遅かった，(2) それぞれの学習段階で設定されている学習目標は他国と比較してかなり低めである，(3) 学校での外国語学習はほとんど英語に限られ，後期中等教育にあっても第二外国語を学習する生徒は極めて少ない，(4) 外国語習得に教養的価値を認める雰囲気が強い，(5) 総じて生徒に期待される実用的英語レベルは諸外国に比べて低い，などである。

第3節　外国語学習の目的

1．実用のための外国語教育

　異民族との通商・交流のためにその語ないしは共通語を学ぶことは当然す

ぎるくらい当然の目的である。多民族からなるアメリカやロシアのような国家，多くの言語が狭い地域にひしめくヨーロッパのような地域では外国語習得の目的は異言語民族間のコミュニケーションであり，それ以外の目的が意識されることはまずない。また明治期の日本がそうであったように，先進国の科学技術を吸収しなければならない発展途上国にあっては，その手段という実用目的以外は考えられない。

　日々激化するグローバリゼーションの中で，自国語が世界共通語[3]でもないかぎり，好むと好まざるとにかかわらず外国語を習得しなければ，国際社会で活躍することはできない。そして国際コミュニケーションの道具として一つ選ぶとすれば，それは圧倒的に英語であることは前節までに見てきたとおりである。単純に母語として話す人数だけを比較すれば中国語の話者は他を圧倒する。俗に北京官話と呼ばれる標準中国語の話者は，第二言語としての話し手まで含めれば10億を超えるといわれ，これは同じく第二言語話者まで含めて5億800万といわれる英語使用者をはるかに凌駕する（山田，2005）が，国際通用語として中国語を学ぶ者は英語に比べると少ないであろう。

　福沢諭吉が英語に出会った頃（p. 1），英語はすでに世界通商の共通語になりつつあったのであるが，現在その優位を疑う者はいない。それは英語が航空・海運の共通語であり，世界の科学文献の半数以上が英語で記述されていること，各種国際会議の通用語の第一は英語であることなど，理由を挙げたらきりがない。加えて特にインターネットの普及に伴い，英語を介してのコミュニケーションが従来では想定し得なかった層まで広がっているという事実がある。

　しかし，この実用論を突き詰めていくと，日本のような外国語を知らずとも日常生活に何ら不便を感じない社会での一般大衆には，本格的な英語の語学力は必要ないという結論に達してしまう。フレーズを断片的に覚えたり，海外の団体旅行に参加して土産物屋で用を足したりする程度の知識はここでいう語学力の中には入らない。それはあくまでも母語に取り込まれた語彙レベルの延長に過ぎないからである。日常的な必要性のないところで，「日常の話題に関する通常の会話ができる」（「戦略構想」p. 8）までに英語力を高めようとするならば，それは膨大なエネルギーと時間を投入しなければ成功は極めて難しいと言わざるを得ない。

　義務教育という限られた時間と資源の中で，他の学習を犠牲にまでして異言語のシステムを覚えさせ，無意識の域まで高めることが一般大衆にとって

必要なのであろうか。また実用性のみを強調すると，将来外国語を必要とする度合いは人により，分野によってさまざまであるから，全国民が同一カリキュラムで進行する学校教育とは基本的に馴染まないのではないか。まさに「平泉試案」(p. 6) のように英語教育は学校の外へ出すべきだとの議論になってしまう。一方，道具として使いものになるためには効率のよい集中訓練が不可欠であるが，40 分なり 50 分なりを一授業単位とする学校教育のカリキュラムの中で位置付けることはなかなか難しい。Strevens（1977）は学習成果と学習量の関連について次のように述べている。

> There is little hard experimental evidence, but the growing consensus of those teachers who have experience of both higher- and lower-intensity teaching is that, within broad limits, as intensity goes up the learning-effectiveness of each hour of teaching goes up *more than proportionately*. In other words, at 25 hours per week, a 100-hour course engenders more learning than does the same course given at 5 hours per week. One can go further: it is possible that there is a lower limit below which the rate of learning per hour of teaching falls off disastrously. I would put this limit at about 4–5 hours per week. Below this rate of intensity it seems that the effectiveness of learning is much less, per hour, than above it.

　もちろん授業と授業の間隙を埋めるものとして家庭学習や塾の補習などがあり得るが，運用能力のみを求めるには学校教育が十分でないのは明らかである。

　実用主導型の外国語教育では，能力検定試験でどんどん進級する者と，いつまでも進級できずにいる者，ないしは断念させられる者が出てくることが考えられる。1964 年（昭和 39 年）東京オリンピックの年に発足した「実用英語検定」はまさにそうした発想の下で急成長を続け，日本の英語教育界にすっかり定着している。しかし TOEFL や TOEIC も含め，そうした能力検定試験に合格することを公教育の柱にすることには躊躇を覚える人も多いであろう。

2. 教養のための外国語教育
1）知性の涵養

　「外国語学習は教養のため」と言われた場合，その「教養」が意味するものの第一は知性の鍛錬である。その代表的な例はヨーロッパにおける古典語

教育に見ることができる。すでに死語と化したラテン語を長い間学び続けたのは，難解な文法を忍耐強くマスターすることによって論理的思考が磨かれるとか，人格の陶冶に役立つとされていたからである。これは漢籍の教養を目標とした日本の漢文教育の考えに近い。

　しかし現在でも「通じる」ことだけが至上目的であるかのような風潮に反発して，学校での英語教育は話せる人間を作ることではなく，第一義的に日本語と異なった思考回路を開発し，論理的な思考能力を高めることにあるとする人も多い。学校での英語学力は顕在力で測ってはならず潜在力で測るべきだという言い方も，その延長にある。私立大学入試で試験科目が1科目だけという場合，大学によって最も多く選ばれる試験科目は英語である。これも英語学力が受験生の知的能力を測る最も一般的な指標だと見なされているからである。

　しかしこの知性涵養論を逆に辿っていくと実際的場面での運用能力は視野に入らないため，「受験英語」是認論になる。暗記すべき体系が複雑であればあるほど，解釈すべき文が難解であればあるほど，それが要求する知的作業は高度になり，選別を前提とする入試問題には格好のものになる。極言すれば，学習した知識に何の実用的価値が無くとも，その学習過程における記憶力，忍耐心，さらに道徳律のようなものまで含めて，その訓練に教育的価値があるとするのである。「受験英語」を非難する声が高いが，それを容認してきた日本の社会風土があることも認識しなければならない。

2) 異文化理解

　自分と思考プロセスを異にする言語が存在することを学び，文化の多様性を肯定し，容認する態度を養うことは，確かに学校教育の大切な目標である。1989年（平成元年）の学習指導要領では，その「目標」の中で「言語や文化に対する関心を深め，国際理解の基礎を培う」と述べているが，言語表現を介して彼我の文化の違いを鮮明に意識することはよく経験する。例えば「甘え」「遠慮」などは英語表現に苦労するし，逆に appreciate とか acknowledge などは日本語の一語で対応するのは難しい。かつて福沢諭吉（1870）が freedom と liberty を「自由任意」と訳したときの逸話が興味深い。「本文，自由任意，自由の字は我儘放蕩にて国法をも恐れずとの義に非ず。総て其国に居り人と交えて気兼ね遠慮なく自力丈け充分のことをなすべしとの趣意なり。（中略）未だ適当なる訳字あらず」。まさに訳語という作業を通して日本と西洋との文化比較を迫られているのである。

この意味で，外国語教育が異文化への理解，自国文化の客観視に寄与するところは大きい。しかし目的をこれだけに限定してしまうと「平泉試案」（p. 6）の「世界の言語と文化」科のように，選択すべきは必ずしも英語でなくてもよくなる。フランス語でフランス流個人主義を導入し，ドイツ語でゲルマン的合理主義を学んでもよいわけである。さらに「時」の概念が異なるアメリカ・インディアンの言葉を学習した方がこの目的に適うともいえる。自国文化と学習対象の文化の相違がショッキングであればあるほど，異文化に目覚める感覚が鋭くなるというわけである。

　このように，外国語教育の文化人類学的意義を強調するのであれば，2つの言語間を行きつ戻りつする翻訳作業の方が，"thinking in English"を目指す direct method より効果的である。bilingualism はむしろ好ましくない姿といえなくもない。また，外国語の流暢さがその文化の理解につながるとは限らないと同様に，言語を理解できなくても，その文化・思考・行動様式を理解し愛好できないことはない。英文学を理解するのに日本語を介した解釈では本当に分かったことにならないと言う英語教師は多いが，東京大学国文学教授藤村作の英語擁護論者への反論（1927 年）「外国の事や外国人の事に就いて我々が知らなければならないとするものは，是非外国語を通さなければ理解できない，そんなものでせうか。我が国人の著書や翻訳で達し得られないそんな微妙な匂の様なものでせうか」（川澄，1979）に反駁することは難しい。

3）言語理解

　「外国語と格闘していると思ったら，日本語と格闘していたことに気付くのである」（p. 7）という渡部昇一の言葉に象徴されるように，外国語の素養が自国語を含めて言語そのものへの感覚を先鋭にしてくれることは疑いない。外国語学習の意義を強調する Rivers（1968）は次のように述べている。

　　(The object of foreign language study is) to increase the student's understanding of how language functions and to bring him, through the study of a foreign language, to a greater awareness of the functioning of his own language.

　主語が省略されることの多い日本語からだけでは，主部対述部という文構造の基本的様式を掴むことは困難であろうし，英語の tense や aspect を学

習して初めて日本語の過去助詞「た」の意味範囲に気が付くのである。「菊」の語頭 "ki" の音が実際には無声子音であることは，日本語の中だけで考えていたのでは絶対に気が付かない。

　しかし言語理解が外国語学習の主目的だとすれば，日本社会のように一つの外国語（英語）をマスターしようと懸命に努力するよりは，それぞれ語系の違う，例えばアラビア語，中国語，スワヒリ語といった数多くの言語について広く浅く学習した方が目的にかなっている。そこでは言語の技能を獲得することは初めから期待されておらず，むしろ「日本語」科目の延長のような扱いになるであろう。

　これまで，「なぜ英語を学ぶのか」という問いに答えるべく，日本に視点を置いた歴史的経緯と現時点に立って諸外国を俯瞰するという，いわば問題を横軸と縦軸に整理した後，外国語教育の普遍的目的を考察してきた。その結果，日本の英語教育は実にさまざまな，時として相互に矛盾する期待の下に営まれてきたことに気が付いたであろう。そのうちのどれか一つを強調することは，義務教育下の英語教育という理念をはみ出す恐れがある（理念については第 3 章を参照されたい）。

　ところで，反論することが極めて難しい答えとして「それは面白いからだ」という理由付けがある。確かに日々の授業が充実して，期待に満ちた学習をしている者に「なぜ」という質問は生まれてこないであろう。新しい知識と技能を獲得し自己の経験世界を広げることは本来的に楽しいはずである。生徒にとって「楽しい」から「学ぶ」，「学ぶ」から「楽しい」の循環が機能するのが理想である。教師の立場でも「なぜ英語教育か」は否定的ニュアンスの中で発せられてはならない。それは日々直面する臨床的問題の解決のために，判断の基本的視点として教師が持ち続けなければならないものである。21 世紀の英語教師は授業技術だけではなく，この問題をめぐるさまざまな社会的状況を広いコンテクストの中で的確に理解することが求められている。

✏ **REVIEW**

1. 次の文は平成 29 年 3 月に告示された小学校学習指導要領の「第 4 章 外国語活動」の目標であり，下の英文は，その英訳（小学校学習指導要領英訳版）である。英文中の A 〜 L の（　）に入る適切な語を下のア〜シからそれぞれ 1 つずつ選び，その記号を書きなさい。

外国語によるコミュニケーションにおける見方・考え方を働かせ，外国語による聞くこと，話すことの言語活動を通して，コミュニケーションを図る素地となる資質・能力を次のとおり育成することを目指す。
  (1) 外国語を通して，言語や文化について体験的に理解を深め，日本語と外国語との音声の違い等に気付くとともに，外国語の音声や基本的な表現に慣れ親しむようにする。
  (2) 身近で簡単な事柄について，外国語で聞いたり話したりして自分の考えや気持ちなどを伝え合う力の素地を養う。
  (3) 外国語を通して，言語やその背景にある文化に対する理解を深め，相手に配慮しながら，主体的に外国語を用いてコミュニケーションを図ろうとする態度を養う。

To develop pupils' (A) that form the (B) of communication as outlined below through language activities of listening and speaking in a foreign language while (C) the *Approaches*[1] in communication in foreign languages.
  (1) To develop the pupils' understanding of languages and cultures through various (D) involving the use of foreign languages, (E) the differences between the sounds of the Japanese language and foreign languages and become (F) with the sounds and basic expressions of foreign languages.
  (2) To cultivate the pupils' (B) of the ability to communicate their own (G) and (H) etc. by listening to and speaking about simple and familiar topics in foreign languages.
  (3) To deepen the pupils' understanding of languages and the (I) cultures through foreign languages and fostering an (J) toward attempting to (K) communicate in foreign languages while giving (L) to the person they are communicating with.

[1] *Approaches*   discipline-based epistemological approaches emphasizing the contextualizing of language

ア experiences	イ attitude	ウ activating	エ thoughts
オ proactively	カ foundation	キ notice	ク underlying
ケ consideration	コ feelings	サ competencies	シ familiar

（2011 年度　奈良県教員採用試験問題改題）

2. 自分の英語学習を振り返ってみて「なぜ英語を勉強しなければならない
　のか」という疑問を抱いたことはないか。それはどのような理由から
　だったのか。

◼ SUGGESTED READING

伊村元道（2003）.『日本の英語教育 200 年』大修館書店
山田雄一郎（2003）.『言語政策としての英語教育』渓水社
大谷泰照他（2004）.『世界の外国語教育政策・日本の外国語教育の再構築
　にむけて』東信堂

◼ FURTHER READING

読解のポイント　外国語学習に取り組む理由を volunteers と non-volunteers
　　　　　　　　に分けて読み取る。

Language Teaching

　　Hundreds of millions of people voluntarily attempt to learn
languages each year. They include adults who seek proficiency in a
new language for academic, professional, occupational, vocational
training, or religious purposes, or because they have become related
through marriage to speakers of languages other than their mother
tongue. Then, there are (some would argue, "captive") school-age
children who experience their education through the medium of a
second language, or for whom one or more foreign languages are
obligatory subjects in their regular curriculum. In addition to these
easily recognizable groups, language teachers around the world are
increasingly faced with non-volunteers. These are the tens of millions
of people each year forced to learn new languages and dialects,
and sometimes new identities, because they have fled traumatic
experiences of one kind or another—war, drought, famine, disease,
intolerable economic circumstances, ethnic cleansing, and other
forms of social conflict—crossing linguistic borders in the process.
Since the horror and frequency of such events show no signs of
decreasing, language teaching is likely to remain a critical matter for

these groups for the foreseeable future, with the scale of forced mass migrations if anything likely to grow in the twenty-first century, due to the potentially disastrous effects of climate change.

For both groups of learners, volunteers and non-volunteers, language teaching is increasingly recognized as important by international organizations, governments, militaries, intelligence agencies, corporations, NGOs, education systems, health systems, immigration and refugee services, migrant workers, bilingual families, and the students themselves. With the growing recognition come greater responsibility and a need for accountability. Language teaching is rarely a matter of life or death, but it often has a significant impact on the educational life chances, economic potential and social wellbeing of individual students and whole societies. Students and entities that sponsor them increasingly want to know not just that the way they are taught works, but that it constitutes optimal use of their time and money.

(Long, M. H. (2011). Language teaching. In M. H. Long & C. J. Doughty (Eds), *The handbook of language teaching* (pp. 3-4). Wiley-Blackwell. p. 3)

注 —————————————————————————————

1) 1808 年，鎖国体制にあった日本の長崎港にイギリスの軍艦フェートン号が国籍を偽りオランダの国旗を掲げて入港後，迎えに出たオランダ商館員 2 名を拉致し，薪水，食料を要求した。オランダ商館長から商館員の救出依頼を受けた長崎奉行所は，フェートン号を焼き討ちする準備を進めたが，警備にあたっていた兵が少なかったことから要求を受け入れることとし，水，食料を提供。これを受けてフェートン号側は商館員を釈放し，長崎港外に去った。

2) 2020 年の TOEFL（iBT）でアジア 28 カ国中，シンガポール第 1 位，インド第 2 位。日本は 27 位。

3) 国連の公用語は英語，フランス語，スペイン語，ロシア語，アラビア語，中国語。

第2章
外国語教授法

　本章では，最初に，いろいろな外国語教授法を比較・評価するときに必要な枠組みについて考える。次に，これまで開発・提唱され，実践されてきた多くの教授法の中から代表的なものとして17の教授法を取り上げ，それぞれについて解説をする。そして，これまでのいわば「ベスト・メソッド」の追究から「原理・原則に基づく指導」の実践へとパラダイム・シフト（paradigm shift，考え方の枠組みの転換）が図られている中で，日本におけるより望ましい英語科の授業設計・実践を導く原理・原則について考察を促す。

第1節　「教授法」を捉える視点

1．基本的枠組み

　外国語教育の方法を議論する際の用語として「教授法」と「指導法」がある。一般的には，いずれも「教え方」を指すものであるが，より厳密にいうと，「教授法」とはある特定の言語観，また，言語教育観に立脚し，外国語教育の目的・目標などの理論的立場を具現した指導方法の体系を意味する。一方，「指導法」は実際の授業で行われる教授・学習活動を指すのに用いられるものである。この捉え方は，以下に見る，Edward Anthony（1963）によるApproach, Method, Technique，またRichards & Rodgers（1986）が提案したMethod, Approach, Design, Procedureの用語の整理にも通ずる。

　Anthonyによると，Approachは言語の本質及び言語教授・学習の本質に関する一組の相関的仮説（a set of correlative assumptions）であって，公理的な（axiomatic）性格のものである。それに対し，Methodは特定のApproachに基づきながら言語材料を順序正しく提示するための全般的計画である。Methodは指導過程に関わるものであるから，学習者の母語，年齢，英語の学習経験，教師の指導経験及び指導能力などの要因を考慮に入れる必要がある。Techniqueは指導目標を達成するために実際に用いられる工夫であり，同じ言語材料をいろいろなTechniqueで指導することが可能である。ただし，特定のMethod及びそのMethodが基づいているApproachと矛盾

してはならない。

一方，Richards & Rodgers（2014）は，Approachとは「言葉とはどんなものであるか」「言葉を覚えるとはどういうことなのか」という言語や言語習得に関する基本的な考え方であるとしている。これは，

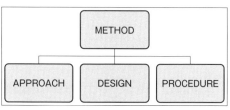

図1　Framework of Teaching Methodology
（Richards & Rodgers（2014）を基に作成）

基本的にはAnthonyのいうApproachと変わるところはない。Designにはいくつかの記述が含まれる。まず，言語材料の定義やその選択の仕方及び配列について，次に教師及び学習者の役割について，さらに教材の役割についてである。Procedureは指導過程における指導技術や練習方法の記述である。そして，これらを統合する用語としてMethodを用いている。図1に示してあるRichards & Rodgersによるこの整理の仕方は，実際の指導にあたって取り上げる言語材料，教材，指導過程に焦点を当てている点で，より授業に即したものと言えよう。

　このように外国語教育の方法に関連する用語を整理して，その基本的枠組みを考えると，そこには，(1)指導を支える基盤としての言語学及び心理学の学習指導に関する原理，(2)言語材料の適切な指導順序，(3)言語材料を効果的に教授する指導技術，という3つの要素が含まれていることが分かる。実際の授業においては，どのような目標に基づいて編集された教材なのか，生徒の学力レベルはどの程度なのか，教師の指導力はどの程度なのかなどによって，それらを組み込んだ全体としての教授法も違ってくることが考えられる。つまり，どのような学習者にも同じように効果的な教授法はあり得ないと考えるべきである。むしろ，学習者の実態と指導目標に合わせて，教師が行う実際の授業活動そのものを「生きた指導法」として捉える必要がある。

2．教授法を捉える視点

　前項では，外国語教育の方法を考えるための基本的枠組みに含まれる要素として，(1)指導を支える基盤としての言語学及び心理学の学習指導に関する原理，(2)言語材料の適切な指導順序，(3)言語材料を効果的に教授する指導技術の3つを抽出した。ここでは，それに加え，次節で解説する代表的な外国語教授法を相互に比較し，その特徴をよりよく理解するために，望月他（2018）を参考に次の3つの外国語教授法分類の視点を挙げる。

⑴ 文法・構造中心の指導か，意味・機能中心の指導か

⑵ 思考に重きを置く指導か，習慣形成を促そうとする指導か

⑶ 学習者中心の指導か，教師主導による指導か

　⑴ は主たる指導の対象として何を取り上げるかに関わるものであるが，これは見方を変えると，目指す言語能力をどう捉えているのかということに他ならない。すなわち，言語形式の知識を身に付けさせようとするのか，それとも，言語の働きに注意を向けながら意味のやり取りの技能を身に付けさせるようにするのかである。⑵ は言語能力の育成をどのように行おうとするのかに関わるもので，学習者の認知機能に働きかけるか，あるいは，模倣と繰り返し練習によるものかである。そして，⑶ は具体的な指導形態に関するもので，文字通り，学習者の活動を指導の中心に置くものか，それとも，教師の指導を中心とするものかである。ここで注意したいことは，いずれの視点も二者択一の表現がなされているが，これはそれぞれの両極端を示したものであり，実際に教授法を分類する際にはどちらの特性を持つものなのかというよりも，むしろ，どちらの傾向が強いかという見方をする必要があるということである。なかには，これらの視点では必ずしも適切にその特徴を説明しきれない教授法もあり，その意味においては，これらの視点についてはあくまでもそれぞれの教授法を考える際の一つの手がかりとして理解しておくべきである。

第２節　主な外国語教授法

　本節では，これまで提唱され，実践されてきた数多くの外国語教授法の中から代表的なものとして 17 の教授法を取り上げる。それぞれについて，前節でみた教授法分類の「視点」も踏まえながら，その概容を説明し，それぞれの教授法がわが国の英語科教育にどのような影響を与えてきたのかについて考察する。

　前節で教授法を捉える「基本的枠組み」として取り上げた教授法に関連する各用語・概念については，Anthony（1963）ならびに Richards & Rodgers（2014）による定義を参照した。しかし，以下にみる外国語教授法の名称に見られるように，例えば Method と位置付けられながらも，実際は Approach 的なものであったり，あるいは，ほとんど Technique に過ぎな

いと言っても過言ではないようなものなど，必ずしも Anthony や Richards
& Rodgers による定義に合致しない使われ方をしているものもある。これ
は，本章の冒頭にも述べたように，教授法の枠組みについての共通理解が
なされていなかったことによるものである。以下においては，可能な限り
Anthony や Richards & Rodgers による用語・概念の枠組みを参照しながら，
それぞれの教授法について見ていくことにする。なお，各教授法の解説にあ
たっては，主に田崎・佐野（1995）を参照している。また，取り上げる順
番は時系列に沿って，概ねその教授法が提唱・実践された順となっているが，
説明の都合上，一部必ずしもその順番通りになっていないものもある。

1. 文法訳読法（Grammar-Translation Method; GTM）

　文法訳読法とは，発達させるべき言語能力は文法・言語構造の知識であり，
母語から目標言語へ，また，目標言語から母語へ訳読する技能の習得を目指
すものである。したがって，思考・認知よりも，むしろ習慣形成に重きを置
いた言語教育観に立つものであるということができる。また，その指導は教
師主導で行われることになる。文法訳読法は元来，古代ギリシャ語やラテン
語の知的訓練と文化の吸収を目的として用いられたものであるが，現代の外
国語学習にも用いられるようになってから，外国語学習は知識を基盤とする
アカデミックな訓練とすべきであるという考え方と，コミュニケーションを
目的とする相互活動であるべきだという考え方との間に，今でも一種の緊張
状態がある。

　文法訳読法の利点としては，言葉に対する意識が深まり，目標言語の規則
が理解しやすくなることと，授業の際の教師の負担が軽いことが挙げられる。
一方，難点としては，音声・口頭技能の軽視と，コミュニケーション能力の
伸長が期待できないことが挙げられる。

2. 直接教授法（Direct Method; DM）

　直接教授法とは，文字言語の翻訳を外国語の教授学習の中心に据える伝統
的な文法訳読法に対する反動として，19 世紀後半から 20 世紀初頭にかけて
欧米各国で提唱・実践された教授法の総称である。母語は使用せず，目標言
語だけで指導し，実物，絵，動作などによって外国語と意味を直接連合させ
る。文字や文法の習得よりも音声を優先させ，文法については帰納的方法で
規則を導き出すようにする。したがって，目指す言語知識は文法・構造より
も意味・機能が中心となり，その習得には学習者の認知・思考が重要とされ

る。実際の指導は教師主導で行われるが，その指導過程においては学習者中心の活動に重きが置かれるものとなる。直接教授法の具体的なものとしては，フランスでは Gouin Method，ドイツでは Phonetic Method，そして，アメリカでは Berlitz Method が知られている。

　直接教授法の利点としては，音声・口頭技能への意識が高まることと，入門期の指導には効果的であることが挙げられる。一方，難点としては，目標言語のみによる指導のため理解に時間がかかることと，体系的な文法指導がなされず，学習者に過大な負担がかかることが挙げられる。

3．段階的直接法（Graded Direct Method; GDM）

　段階的直接法とは，Ivor A. Richards と Christine Gibson により直接教授法の理念に基づいて開発された英語教授法であり，Harvard 大学で開発されたため Harvard Method とも呼ばれる。Charles K. Ogden により提唱された 850 語からなる Basic English（BE）を用いて，英語だけで教授学習を行うものであり，教材の段階づけ（grading）を厳密に行い，入門期から無理なく指導できるようにしたものである。BE は使用頻度ではなく有用性（usefulness）の観点から選択されており，教材の段階づけとその配列も有用性の基準で行われる。Richards によると，新しい文（sentence）あるいは文の要素は，それが場面（situation）にどのように応用されるかを見て理解することにより学習される。したがって，それを教える際には，文と場面を一緒に提示することが必要となる。この文と場面を組み合わせた単位は SEN-SIT と呼ばれ，この単位を作りだし，配列し，提示し，テストすることで外国語の効果的な指導が可能となるとしている。GDM では，場面によりその意味が明らかにされる文の構造・規則を学習者が発見する，いわゆる発見学習が中心となる。したがって英語の習得には，学習者の認知・思考が重要とされ，その指導過程は学習者中心となる。

　段階的直接法の利点としては，学習者の自主性・自発性を重んずる発信型の外国語指導が可能となることと，教材の厳密な配列と実物や絵の利用により学習が容易になることが挙げられる。一方，難点としては，高度なリスニング，リーディング教材が使えないことと，教師に高い指導力が要求され，教員養成が困難であることが挙げられる。

4．オーラル・メソッド（Oral Method）

　オーラル・メソッドは Palmer により提唱され，日本で体系化された教授

法で，現在でもわが国の英語の授業の基本的なパターンに影響を与えているものである。Palmer によると，言語知識は言語体系（language as code）と言語運用（language as speech）に区別され，外国語教育においては後者を学習対象とするべきであるとした。また，4技能のうち，「聞く・話す」を第一次言語運用（primary speech），「読む・書く」を第二次言語運用（secondary speech）とし，この順序で学習を進めるべきであるとした。

Palmer は言語習得の5習性（The Five Speech-Learning Habits）として，次の5つを提唱した。

(1) 耳による観察（auditory observation）
   単音，音の連続，強弱，抑揚，語，句，文などの他，現在形か過去形かなども含め発話全体をよく観察すること。
(2) 口による模倣（oral imitation）
   聞いた単音，音の連続の他，語順などを模倣すること。
(3) 口ならし（catenizing）
   一連の動作を同じ方法で繰り返しているうちに，無意識に機械的に行えるように筋肉を慣らすこと。
(4) 意味づけ（semanticizing）
   語・語句・文をその意味と融合させること。例えば，/æpl/ という音を聞いて，日本語の「りんご」を媒介せずに /æpl/ という音の表す概念，すなわち「りんご」そのものを思い浮べること。
(5) 類推による作文（composition by analogy）
   (1)〜(4) の習性によって習得した「基本的言語材料」（basic speech material）を用いて，学習者自身の類推作用で何らかの規則を発見することにより，場面に応じ基本文の一部を差し替えて「派生的言語材料」（derivative speech material）を作ること。

オーラル・メソッドによる指導は意味・機能の指導を中心とし，学習者の習慣形成を促し，教師主導で行われる。代表的な指導技術としては，(1) オーラル・イントロダクション（oral introduction），(2) 定型会話（conventional conversation），(3) 置換（substitution）と転換（conversion）が挙げられる。

(1) オーラル・イントロダクションは，授業で扱う題材内容について教師が口頭で導入・提示をし，学習者の興味・関心を喚起したり，その概要についての理解を図ったりするための活動である。

(2) 定型会話は問答形式の練習で，問答，命令応答，陳述完成がある。例えば，命令応答の例としては，次のようなやり取りが考えられる。

Teacher (T) : Tell me to open the window.
Student (S) : Open the window.
T: Ask me not to speak too fast.
S: Please don't speak too fast.

(3) 置換と転換のうち，置換とは，次のような置換表を用意し，主語，助動詞，動詞，目的語の文の要素を置き換えて，文型の練習をする活動である。

I	can	see	him.
You	could	hear	her.
We	may	look at	it.

転換とは，教師の指示に従って文を言い換える練習である。例えば，I go → He goes や I am → He is のように主語を変えて三単現を練習したり，He wrote the letter. → The letter was written by him. のように能動態を受動態の文に転換したりする練習である。
　オーラル・メソッドの利点としては，音声言語を重視することで口頭技能の伸長が期待されることと，入門期の学習者が外国語学習に興味関心を持つことが挙げられる。一方，難点としては，教師の話す時間が長く，高い英語力が必要であることと，定型会話中心，生徒の創造的な発話が少ないことが挙げられる。

5. オーディオリンガル・メソッド（Audio-Lingual Method; ALM）

　オーディオリンガル・メソッドは，外国語教授法としては体系化という観点からは最も完成度の高いものの一つであるということができ，世界中で最も広く用いられ，外国語教育の実践に影響を与えた教授法といえる。日本ではオーラル・アプローチ（Oral Approach）として知られている。前述のPalmer によるオーラル・メソッドとは別のものである。Charles C. Fries や Robert Lado らによって開発された，音声や言語構造重視の教授法である。教授・学習過程については行動主義心理学(behaviorist psychology)を，また，教材構成の面ではアメリカ構造主義言語学（structural linguistics）をその理論的基盤とする。ALM では，言語習得を刺激（stimulus）に対する反応

（response）と，その強化（reinforcement）による過剰学習（overlearning）を通して自動化（automatization）される習慣形成（habit formation）であると見なしている。不適切な言語習慣が形成されないよう誤りは即座に訂正され，正確に再生できるまで繰り返し練習がなされる。また，異なる言語を比較し，言語項目や言語構造の違いを明らかにする対照分析（contrastive analysis）により，差異が大きい箇所は学習困難箇所となるという予測に基づき，教材の選択・配列をする。ALM による指導は文法・構造中心に学習者の習慣形成を目指して行われ，授業活動は教師主導で行われる。

代表的な指導技術としては，次のものが挙げられる。

(1) 模倣と暗記（mimicry and memorization; Mim-Mem）

文字通り，教師のモデルを聞いて，それを繰り返し模倣し，定着させる活動である。

(2) パターン・プラクティス（pattern practice）

いわゆる文型練習のことで，次の3つの種類の練習が用いられる。

① substitution（置換）：I like coffee. という文を学ぶ場合，coffee の代わりに tea や cocoa などを入れて SVO の文型を学ぶ練習。

② conversion（転換）：He likes coffee. の文を言えるようになり，疑問文の導入が終わった頃，「Question.」と教師が cue を出して「Does he like coffee?」と言わせたり，「Answer no.」と教師が cue を出して，「No, he doesn't. He doesn't like coffee.」と言わせたりして，平叙文 → 疑問文，肯定文 → 否定文，などのように文の種類を転換させる練習。

③ expansion（拡大）：Mary went to Tokyo. という文を導入してから，Mary went to Tokyo yesterday. → Mary went to Tokyo yesterday with her mother. などのように付加する語句を増やして文を拡大する練習。

(3) 最小対立（minimal pair）による指導

最小対立とは，意味の差を生み出す最小の言語構成単位のペアのことで，音韻論においては，例えば kick /kɪk/ と pick /pɪk/ という単語のペアでは，/k/ と /p/ がそれにあたる。最小対立を用いて既習事項と新出事項を提示し，繰り返し練習させる活動である。

ALM の利点としては，音声言語の重視とそれへの習熟が図られることと，既習事項と新出事項を関連付ける導入により学習が容易になることが挙げら

れる。一方，難点としては，実際のコミュニケーション場面で活用できる言語能力の育成が期待されないことと，意味軽視と機械的な繰り返し練習による興味・関心，動機づけ，学習意欲の低下が挙げられる。

6. 認知学習理論（Cognitive Code-Learning Theory; CC-L）

　認知学習理論とは，オーディオリンガル・メソッドに代表される習慣形成による外国語の教授・学習に対する批判から生まれたものである。認知主義心理学（cognitive psychology）と変形生成文法（transformational generative grammar）をその理論的背景とする認知学習理論は，習得すべき言語規則を説明し，それを理解した後にその言語規則を実際の言語使用場面で使用して，内面化を図ろうとするものである。目指す言語知識は意味・機能中心で，指導にあたっては学習者の認知・思考を重視し，授業活動は学習者中心のものであるということができる。

　認知心理学者で教育方法の分野でも多大な貢献をした David Ausubel は，認知学習理論による外国語の指導原理として，⑴ 基本構造パターンの有意味学習，⑵ 練習前の演繹的な文法説明，⑶ 説明の際の母語の使用，⑷ 学習初期段階から 4 技能を指導，⑸ 初期段階では音声教材はナチュラルスピードではなくコントロールしたスピードで提示，の 5 つを挙げている。Ausubel によるこの提案は，彼が提唱した有意味受容学習（meaningful reception learning）の考え方に基づくものである。有意味受容学習は，学習者が学習内容を既知の認知構造と関連付けて学習する有意味学習（meaningful learning）と，学習者に学習内容を提示する際にそれを最終的な形であらかじめ提示する受容学習（reception learning）からなる。前者は，学習者が今持っている知識に関連付けることなく機械的に暗記する暗記学習（rote learning）と対立するものであり，後者は，学習者にそれを発見させる発見学習（discovery learning）と対比させられる。また Ausubel は，この有意味受容学習を効果的に展開するには，学習に先立って学習内容全体を自分の認知構造と関連付けるためのより一般的な概念である，先行オーガナイザー（advance organizer）が重要であるとした。Ausubel による有意味受容学習および先行オーガナイザーは，認知学習理論による外国語教授法に大きな影響を与えた。

　認知学習理論の利点としては，有意味学習により言語使用の文脈（context）に注目されることと，学習者の理解が尊重されることが挙げられる。一方，難点は，理解をどう運用に結び付けるかが明確にされていないことと，具体

的な教材，指導法が開発されていないことが挙げられる。

7. 人間中心アプローチ（Humanistic Approach）

　人間中心アプローチとは，Gertrude Moskowitz による人間中心外国語教育（Humanistic Language Education）に代表される外国語教育アプローチである。学習者の認知面での言語運用能力，情意面での自己内省，自己表出，自尊感情，また，学習者同士の相互作用面での親密な人間関係の形成を統合しようとするものである。人間中心アプローチによる指導では意味・機能が中心となり，学習者の認知・思考を重視し，授業活動は学習者中心に行われる。

　Moskowitz は人間中心外国語教育の目的として，(1) 自己像の改善，(2) 肯定的思考の発達，(3) 内省と自己理解の増進，(4) 生徒間の親密な人間関係の構築，(5) 相互の長所の発見を挙げている。彼女は，目標言語によるコミュニケーションを通して自分の記憶・経験・感情・願望・価値・空想などを互いに交換することによって上記の目的が達成されるとし，「人間中心のエクササイズ」（humanistic exercise）を開発した。

　人間中心アプローチの利点としては，文法中心の学習からの脱却と自己表現の学習機会の提供，相互肯定的な学習集団の形成による自己肯定感の発達が挙げられる。一方，難点としては，特に初学者の場合，基本的な言語知識や技能が身に付いていない状態で自己表出活動への参加を求められることで学習困難に陥る危険性があることと，情意面の重視に伴う認知面の軽視が挙げられる。

8. コミュニカティブ・ランゲージ・ティーチング（Communicative Language Teaching; CLT）

　コミュニカティブ・ランゲージ・ティーチング（Communicative Language Teaching; CLT）とは，1970年代半ばに，コミュニケーション能力の育成を目指す教授法として提唱されたものである。後述するように，現在では，より包括的な名称としてコミュニカティブ・アプローチ（Communicative Approach; CA）が用いられることがある。CLT の背景には，Hymes（1971）による「コミュニケーション能力」（communicative competence）の定式化がある。Hymes は，コミュニケーション能力の獲得のためには，次の4つの観点で言語使用についての知識と言語使用能力を身に付ける必要があるとしている。すなわち，(1) 発話が形式的に正確である

かどうか，(2) それが実行可能かどうか，(3) それが場面・文脈に照らして適
切 (appropriate) であるかどうか，そして，(4) それが実際に使用されるか
どうか，また，使用された場合にどのような効果を生むか，である。

　第二言語（外国語）のコミュニケーション能力については，Canale &
Swain (1980)，Canale (1983) が次の 4 つの下位能力から定義してい
る。すなわち，(1) 言語形式についての知識である文法能力 (grammatical
competence)，(2) 社会文化的に適切な言語使用についての知識である社会
言語学的能力 (sociolinguistic competence)，(3) 一貫性のあるまとまった発
話のために言語形式と意味をどのように結び付けるかについての知識である
談話能力 (discourse competence)，(4) コミュニケーションの効果を高めた
り，不十分な言語知識をどのように補うかについての知識である方略的能力
(strategic competence) である。この 4 つのコミュニケーション能力の構
成要素を基に，Savignon (1997) は，その発達の様相を逆ピラミッドを用
いた構成要素概念図で表している（図 2 参照）。

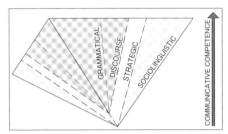

図 2　コミュニケーション能力の構成要素概念図（Savignon（1997）を基に作成）

　CLT の特徴として，Brown (2007) は次の 4 つにまとめている。すなわち，
(1) 教室の目標はコミュニケーション能力の全ての要素に焦点が置かれるこ
と，(2) 学習者が意味のやり取りをするために，言語機能に着目した，場面・
文脈にふさわしい実際の言語使用を行う活動を設計すること，(3) 言語使用
の流暢さ (fluency) と正確さ (accuracy) は相互補完的にコミュニケーショ
ンを成立させるものとしてみなされるが，時には流暢さが優先されること，
そして，(4) 学習者は事前の準備なしに言語の 4 技能を統合的に使用するこ
とが求められること，というものである。CLT で目指されている言語知識
は意味・機能中心であり，指導にあたっては学習者の認知・思考を重視し，
授業活動は学習者中心のものであるということができる。

　CLT による授業では，Pre-，While-，Post- の 3 段階の過程による指

導がなされる。各段階の指導技術としては，例えばリスニングの場合，Pre-listening では題材内容の背景的知識を指導し，未習語の確認を行い，While-listening では物語を聞いて，物語の内容を表すバラバラに並べられた複数枚の絵を物語の展開に合うように並べ替えさせたりする活動，そして，Post-listening では教師が生徒に質問をして物語の内容を確認したり，物語の内容を自分の言葉で再生させたりする活動が考えられる。また，CLT ではより実際的な言語使用場面に基づくさまざまなタスクを基に，ペア活動，グループ活動を通して相互作用を促し，コミュニケーション活動を行わせる。

CLT は，もともとは Anthony の分類でいうところの Method として提唱されたものであるが，今ではコミュニケーション能力の発達・伸長を促す教授法や指導技術を包括する教授アプローチとして捉えられ，コミュニカティブ・アプローチ（Communicative Approach; CA）の名称が用いられることもある。

CLT の利点としては，学習目標がより実践的な言語使用であるため学習への動機づけが高まることと，自己表現能力の向上が期待できることが挙げられる。一方，難点としては，体系的な文法知識が身に付かないことと，口頭技能が重視される傾向があり，リーディング，ライティング能力が十分発達しない危険性が挙げられる。

9. タスクに基づく指導（Task-Based Language Teaching; TBLT）

タスクに基づく指導（TBLT）は，もともとは CLT の指導形態の一つとして提唱・実践されていたものであるが，現在 TBLT として実践されている教授法は Long（1983）による相互交渉仮説（Interaction Hypothesis）をその理論的基盤とするものである。相互交渉仮説とは，コミュニケーション場面で相互交渉（interaction）をする中で互いに意味を伝え理解しようと努力する過程である「意味の交渉」（negotiation of meaning）を通して，理解可能なインプット（comprehensible input）を浴びたり，修正アウトプット（modified output）の機会を得たり，相手からのフィードバックを受けたりすることで，言語発達が促されるとする仮説である。TBLT は，実際的な言語使用場面において解決が必要とされる何らかの問題状況をタスク（task）として設定し，その遂行を通して相互交渉，意味の交渉を学習者に経験させ，言語能力の発達を目指すものである。

タスクの定義は必ずしも一様ではないが，最も広く受け入れられている定義の一つに，次の Skehan（1998）による定義が挙げられる。すなわち，タ

スクとは，(1) 意味が最も重要となる活動であり，(2) 解決すべきコミュニケーション上の問題を含む活動であり，(3) 現実世界の活動と関係のある活動であり，(4) タスクの完成が優先される活動であり，(5) タスクの評価が成果の観点からなされる活動である。TBLT で目指す言語知識は意味・機能中心であり，指導の際は学習者の認知・思考が重視され，授業活動は学習者中心のものとなる。

　指導過程については，CLT と同様，定まったものがあるわけではない。ここでは，次に，Willis & Willis（2007）が提唱しているタスクに基づく授業の枠組み（Task-based lesson framework）と指導実践例を紹介する。

〈授業の枠組み〉

(1) Priming & Preparation（事前準備）
　　タスクのトピックの探究やタスクで使えそうな語句の確認
(2) Task Cycle（タスクによる指導過程）
　　ペアやグループでのタスク遂行→クラス全体への結果報告の計画→タスクの結果報告
(3) Form Focus（言語形式の焦点化）
　　タスクで用いた言語形式の分析と練習

〈指導実践例〉

TASK-BASED LESSONS
LESSON 2: NORTH POLE, SOUTH POLE（一部改変）
(http://willis-elt.co.uk/wp-content/uploads/2015/03/2NorthPoleSouthPole.pdf)

トピック：Which is colder, the North Pole or the South Pole?
タスク目標：トピックについてグループで話し合い，グループとして結論を出し，最終的にクラス全体で結論を出す。
指導手順：
(1) トピックの提示とグループごとの予備的な話し合い
　・クラス全体で挙手により答えを予測させる
　・グループ単位でトピックに関連する true-false の質問に答える
(2) トピックについてのグループごとの話し合い
　・グループごとに話し合いをさせ，グループとしての結論を出させる

・話し合いの際には発話の文法など言語形式の正確さにはこだわらないよう指導する
・クラス全体への結果報告をする係を決めておく
(3) 結果報告の準備
・グループとしての結論をクラス全体に報告する準備をさせる
・この段階では文法など言語形式の正確さにも注意するよう指導する
・生徒からの援助の求めに応じて表現などについて指導する
(4) 結果報告
・グループとしての結論をクラス全体に報告させる
・各グループからの報告に対して補助的な質問をして，報告の活動を支援する
・各グループの報告内容を口頭で要約する
(5) 最終投票
・クラス全体で挙手により最終的な結論を出す
・何名かの生徒に意見発表をさせる
(6) リーディング活動
・トピックに関するリーディングを行う
・リーディング教材を口頭で要約させる
(7) 言語練習
・形容詞の比較級，最上級，その他の比較表現について，トピックに関連する例文を提示して文法意識高揚を促す
・例文の空所補充の練習活動を行う

　TBLT の利点としては，タスクの完遂のために言語使用を促すことでコミュニケーションの成立を体感することができ，学習への動機づけも高まることと，技能統合型のより実践的な言語活動が可能となることが挙げられる。一方，難点としては，指導計画（syllabus）がタスクを単位としたものとなるため，その作成が困難であることと，タスクの設計が恣意的なものとなった場合，体系的でバランスのとれた言語知識の発達が困難となる危険性があることが挙げられる。

10. 内容中心教授法（Content-Based Instruction; CBI）
　内容中心教授法は，CLT の理念に従って開発された教授法であり，言語学習の目的と（教科）内容の学習を統合したもので，教科科目やテーマの内

容を外国語学習の指導形態及び指導過程を通して学ぶという，いわば「一石二鳥」をねらったものといえよう。Richards & Rodgers（2014）は，CBIと，それから，後述するContent and Language Integrated Learning（CLIL）に共通する原理として，(1) 人は言語自体を目的としてよりも情報を獲得するときの手段として使うときに第二言語をより上手に学習する，(2) CBIは第二言語を学習するための学習者のニーズをよりよく反映している，の2つを挙げている。CBIでは意味・機能を中心に指導が行われ，学習者の認知・思考を重視し，学習者中心の活動が行われる。

　CBIによる指導モデルとしては，次の6つが挙げられる。教科内容を提示するときに用いる英語の量やレベルによって，次の順に次第に平易になっていく。

(1) Total Immersion → (2) Partial Immersion → (3) Sheltered Model →
(4) Adjunct Model → (5) Theme-based Model → (6) Language Classes (with frequent use of content for language practice)

　(3)～(5) の3つのモデルはContent-enriched foreign language coursesと呼ばれることがある。このうち，Sheltered Modelは難易度の高いイマージョン・コースの英語より平易な英語を用いて行う授業であり，(4)，(5) の順にさらに平易なものとなる。

　CBIの利点としては，教科やテーマの内容を外国語の授業の中で学ぶことにより，学習者の興味・関心が学習内容に向き，言語学習への動機づけが高まることと，実践的な言語使用を通してコミュニケーション能力の発達が期待できることが挙げられる。一方，難点としては，決まった指導過程や指導技術が開発されておらず，指導計画の作成が困難となることと，評価の際にどのような観点を設定するかによって結果が変わるため，恣意的な評価に陥る危険性があることが挙げられる。

11. 内容言語統合型学習（Content and Language Integrated Learning; CLIL）

　内容言語統合型学習とは，欧州連合（EU）が提唱する複言語主義（plurilingualism）の実現を目指して1990年代にヨーロッパで開発されたものである。教科科目やテーマの内容についての学習と外国語の学習を組み合わせた教授学習法であり，内容中心教授法を体系化したものとして，今

ではヨーロッパのみならず，世界中で広く実践されるようになっている。CLIL は，学習内容（content）の理解，学習者の思考や学習スキル（cognition）の伸長，コミュニケーション能力（communication）の発達，文化（culture）または協同学習（community）の意識高揚の 4 つの C に焦点を当て，その達成を目標とする。したがって，CLIL で目指す言語知識は意味・機能中心であり，指導の際は学習者の認知・思考が重視され，授業活動は学習者中心のものとなる。

池田（2011）は，CLIL の 10 大原理として，次を挙げている。

⑴ 内容学習と語学学習の比重は 1：1 である
⑵ オーセンティック素材（新聞，雑誌，ウエブサイトなど）の使用を奨励する
⑶ 文字だけでなく，音声，数字，視覚（図版や映像）による情報を与える
⑷ さまざまなレベルの思考力（暗記，理解，応用，分析，評価，創造）を活用する
⑸ タスクを多く与える
⑹ 協同学習（ペアワークやグループ活動）を重視する
⑺ 内容と言語の両面での足場（学習の手助け）を用意する
⑻ 異文化理解や国際問題の要素を入れる
⑼ 4 技能をバランスよく統合して使う
⑽ 学習スキルの指導を行う

また，同じく池田は，英語を目標言語とする CLIL を目的，頻度・回数，比重，使用言語の観点から図 3 にあるような分類を試みている。目的については，主に英語の習得を目指すのか（Soft CLIL），それとも科目の題材内容の学習を目指

Soft CLIL	目的	Hard CLIL
英語教育		科目教育
Light CLIL	頻度・回数	Heavy CLIL
単発的・小回数		定期的・多数回
Partial CLIL	比重	Total CLIL
授業の一部		授業の全部
Bilingual CLIL	使用言語	Monolingual CLIL
日本語・英語		英語

図 3　CLIL のタイプ分類（池田（2011）を基に作成）

すものか（Hard CLIL），また授業の頻度・回数については，単発的で比較的少ない回数の実施か（Light CLIL），それとも定期的に何回も実施するのか（Heavy CLIL），そして授業における CLIL の比重としては，授業の一

部だけを CLIL で行うのか（Partial CLIL），それとも授業全てを CLIL で行うのか（Total CLIL），さらに授業中の使用言語の面からは，日本語・英語の両方を用いて授業を行うのか（Bilingual CLIL），それとも全て英語で行うのか（Monolingual CLIL），これらを組み合わせることにより多様な CLIL の実施形態が考えられることになる。

　CLIL の利点としては，認知発達レベルに合った教材に基づく言語学習が可能となることと，教科学習という実際的な目標により言語学習の動機づけが高まることが挙げられる。一方，難点としては，教科科目の内容を目標言語で指導するため初学者の指導が困難となることと，教科としての評価と外国語の評価の位置付けと評価計画の作成及びその実践上の課題があることが挙げられる。

12. フォーカス・オン・フォーム（Focus on Form; FonF）
　フォーカス・オン・フォームは，コミュニカティブ・アプローチに代表される意味中心の指導と ALM をはじめとする PPP（Presentation–Practice–Production）に典型的に見られる言語形式の指導の統合を図ろうとする教授アプローチである。意味に焦点を当てた指導の中で学習者が意味理解や発表活動上の困難に遭遇した際，学習者の注意を言語形式に向けさせ，その困難の解決を図ろうとする Michael Long が提唱した指導技術に端を発したものである。望月他(2018)によると，FonF は文法指導に限定されたものであり，言語観，言語教育観を具体的な教授学習プロセスに具現化した外国語教授法とは一線を画すものであるとされる。FonF は，Richards & Rodgers（2014）がいうところの Method としては教材，指導過程，評価などの面で体系化されているとは言い難い。しかし，言語習得の 3 つの要素とされる言語形式，意味，言語機能に関する知識を統合的に指導することでコミュニケーション能力の発達が促されるという言語習得観に立つ教授アプローチとして，近年，理論的，実践的研究が飛躍的に進み，具体的な指導技術も提案されつつある。FonF は意味・機能に焦点を当て，学習者の認知・思考を重視した学習者中心のアプローチということができる。

　FonF の指導技術は，特定の言語形式が必然的に使われるようなコミュニケーション活動を事前に用意する「先取り型」（proactive）と，前もってターゲットとする言語形式を設けず，コミュニケーションの中で生じる問題に応じて何に焦点を当てるかを決める「反応型」（reactive）に分けることができる。また，言語形式の焦点化を図る際，明示的な注意の引き方と暗示的な

注意の引き方があるとされる。前者の指導技術の例としては，目標文法項目を繰り返し用いる文法意識高揚タスク（consciousness raising），目標文法項目が理解できなければ全体の意味が理解できないようなタスクであるインプット処理指導（input processing instruction）などがある。後者の例としては，目標文法項目をインプット中に頻繁に使うインプット洪水（input flood），目標文法項目に注意を向けさせやすくするためにインプットを強調するインプット強化（input enhancement），教師が学習者の誤りを正しく言い換えるリキャスト（recast）や学習者に正しく言い直させる明確化要求（clarification request）により学習者に誤りの自己訂正（self-correction）を促すアウトプット強化（output enhancement）などがある。

　FonF の利点としては，言語形式，意味，機能の各知識のバランスのとれた発達が期待できることと，コミュニケーションの目的を意識した自発的な言語使用が促されることが挙げられる。一方，難点としては，特に初学者の場合，FonF の教授アプローチに基づく指導では体系的な文法知識を身に付けることが難しいと考えられることが挙げられる。

Designer Method

　1970 年代は，人（ヒト）が母語以外の言語，すなわち第二言語をどのようにして習得するのかを探究し，その解明を目指す第二言語習得研究（the study of second language acquisition）が独立した一学問分野として成熟・発展を遂げた時代であるということができる。それに伴い，外国語教育における理論的，実践的研究も飛躍的に進み，それまでの外国語教授法で提案された教材や指導手順に必ずしもとらわれない革新的な教授法が数多く提唱され，実践された。これらの教授法のほとんどは，それぞれ一人ないしは二人のある特定の人間によって開発，提唱されたものであり，Nunan（1989）はこれら一連の教授法を designer method と呼んだ。ここでは，次に代表的な designer methods を 5 つ取り上げる。

13. サイレント・ウェイ（The Silent Way）

　サイレント・ウェイとは，Caleb Gattegno により創始された教授法である。Gattegno は，成長に必要な機能を培うための種々の能力である「子どもの力」に着目し，母語の習得にも用いられるこの「子どもの力」を第二言語でも活用することを提案した。教師は無用な言動は慎み，「沈黙」を有力な教具の一つとすることを指導原理とし，問題解決，発見学習，帰納的方法による教

授学習が提唱された。サイレント・ウェイでは文法・構造の指導を中心に学習者の認知・思考に働きかけ，学習者中心の活動が展開される。
　サイレント・ウェイでは指導の際に次の教具が用いられる。

⑴ サウンド・カラー・チャート（sound-color chart）
　1つの音に1つの色が与えられ，音の相違を視覚的に学ぶための表
⑵ 語彙チャート（word chart）
　単語のスペルが，同じ発音には同じ色で表示して書かれている表
⑶ キュイズネール棒（Cuisenaire rod）
　算数教育用の色・サイズの異なる木片で，これを用いてさまざまな状況や意味を表す

　これらの教具を用いて，学習者に言語構造，発音，語彙，そして，言語形式が表現する状況や意味を推測させ，帰納的に言語規則の教授学習を進める。
　サイレント・ウェイの利点としては，学習者は意味や文構造理解のために推測力を最大限に活用するようになり，それにより学習者の自立性が促されることである。一方，難点としては，教授学習に時間がかかりすぎることと，教材開発，教師教育が難しいことが挙げられる。

14. コミュニティ・ランゲージ・ラーニング（Community Language Learning; CLL）

　コミュニティ・ランゲージ・ラーニングとは，心理学者でイエズス会の神父でもある Charles A. Curran により提唱された人間中心アプローチ（Humanistic Approach）の一つで，カウンセリングを学習に応用したカウンセリング・ラーニング（Counseling Learning）に基づいて外国語の教授学習を行おうとする教授法である。CLL では，教師は学習者の心理的圧迫や不安，恐怖などの負の情動を最小限に押さえ，理解と受容を通して共感を伝え，安心感を与えることが大切であるとされる。CLL が目指す言語知識は意味・機能中心であり，指導の際には学習者の認知・思考を重視し，学習者中心の活動が展開される。
　CLL による指導は次のような手順で行われるのが一般的である。

⑴ 6〜8人の学習者が円形に座り，教師は円の外に座る
⑵ 学習者が自分たちで話す内容を決め，話したいことが思い浮かんだ学習

者は目標言語または母語で話す

⑶ 学習者が母語で話した場合，教師はその学習者の背後に立ってそれを目標言語に翻訳する

⑷ 学習者は教師の翻訳を繰り返す

⑸ これらの会話は録音しておき，後で振り返りの場で再生し，文型・文法・表現などについて学習者は帰納的に学び，教師はそれらについて説明を加える

　CLL の利点としては，学習者は精神的にリラックスして学習に取り組めるため，学習意欲・動機づけが高まること，また，自分の言語使用上の困難や問題点を意識化する省察を通してメタ認知を発達させることができることが挙げられる。一方，難点としては，教師は非指示的であることから，授業目標，内容，評価などについて計画を立てることが難しいこと，また，教師には優れた翻訳の力量と，カウンセリングの専門的知識・技能が必要であり，教員養成が困難となることが挙げられる。

15. サジェストペディア（Suggestopedia）

　サジェストペディアとは，精神医学者で教育学者でもある Georgi Lozanov が開発したサジェストロジー（Suggestology）を外国語教育における学習理論として体系化した教授法である。Lozanov によるサジェストロジーとは，過去に経験した負の条件づけから人間を解放するサジェスチョン（suggestion）の働きの解明を目指す科学であり，ここでのサジェスチョンとは一般に誤解されがちな催眠状態ではなく，日常のコミュニケーションに普遍的に存在する，人間の全人格に対して影響を与え得る言語的・非言語的刺激のことである。例えば，言語的サジェスチョンとしては，「申し出」「勧誘」「提案」「賞賛」「応援」などの内容であり，非言語的サジェスチョンとしては，「楽しさ」「笑い」「人間愛」「快適さ」「芸術」「美」などの内容が考えられる。サジェストペディアは，人間の脳に本来備わった機能である学習能力をサジェスチョンを通して最大限に発揮させることを目指す学習理論である。サジェストペディアでは意味・機能の指導を中心として，学習者の認知・思考を重視し，学習者中心の活動が行われる。

　サジェストペディアの指導手順の概略は次のようなものである。

⑴ イントロダクション（新学習材料の提示・導入）

⑵ コンサート・セッション（BGM として利用する音楽に合わせて，教師が朗読するテキストを学習する活動。アクティブ・セッションとパッシブ・セッションがある）

　① アクティブ・セッションでは，学習者はテキストに書き込みをしたり，訳文を参照しながら，朗読されるテキストを目で追う

　② パッシブ・セッションでは，テキストを閉じて教師の朗読を聞く

⑶ エラボレーション（前のセッションで受容され潜在化された学習内容を定着，活性化させるための，五感を使った全脳的活動。歌，スキット，ゲーム，ロール・プレイなどがある）

　サジェストペディアの利点としては，学習者が不安やストレスを取り除き，安定した状態で学習に向かうことができることと，学習に自信と意欲を持つことができることが挙げられる。一方，難点としては，教師に求められる資質・能力が高く，教員養成が難しいことと，肯定的なサジェスチョンによってどの程度まで学習者の内面を掘り下げていくのかが明確でなく，また，サジェスチョンへの反応も学習者によって異なるため指導が難しいことが挙げられる。

16. 全身反応教授法（Total Physical Response; TPR）

　全身反応教授法とは，James Asher が幼児の母語習得をモデルに提唱した教授アプローチである。Asher は，幼児が話せるようになる前には「沈黙の期間」（silent period）があり，その期間は周囲で話される言語を聞いて全身で反応することで言葉と動作による意味づけがなされることに着目し，言語と動作の連合により，主として聴解力の育成を目標に TPR を開発した。TPR では学習者は最初，教師の指示・命令を聞いて動作で反応する。ある程度練習が進んだら，学習者同士で指示・命令を出し，動作で反応する。命令文を使う文単位の学習となり，文法は帰納的に教える。TPR では意味・機能の指導を中心に学習者の習慣形成を促し，教師主導による活動が行われる。

　TPR の指導手順は，次のようなものである。

⑴ 教師が指示・命令を出し，自分で動作をして，学習者全員が理解するまで数回繰り返す。生徒はそれを見て聞く

⑵ 教師が指示・命令を出し，学習者が動作を行う

⑶ 今までに学習した命令文を教師が黒板に書き，学習者はそれを写す

⑷ 学習者は教師の後について，今まで使った命令文を口頭で繰り返す

⑸ 教師は学習者を募るか，あるいは指名をして，学習者に命令文を読ませ，他の学習者に反応させる

⑹ ペアやグループに分かれ，交互に指示・命令を出したり，反応したりする

　TPR の利点としては，学習者は最初から話すことを強制されないため，不安やストレスを感じないこと，全身で反応することで学習事項の定着や記憶の保持が良いことが挙げられる。一方，難点としては，動作に結び付けられる語彙，文構造には限界があり，抽象的な概念を扱いにくいこと，リスニング以外の技能への配慮があまりなく，リーディング，ライティングが高度になる中上級者に対しては使えないことが挙げられる。

17. ナチュラル・アプローチ（Natural Approach）

　ナチュラル・アプローチとは，Stephen Krashen と Tracy Terrell が「言語を自然に習得させる」ことを目指して開発した外国語教授アプローチである。Krashen が第二言語習得プロセスを説明するものとして提唱したインプット仮説（Input Hypothesis）を理論的基盤としている。インプット仮説は，次の5つの下位仮説からなる。

⑴ 習得—学習仮説（acquisition-learning hypothesis）

　母語を習得するときのように，言語使用場面に積極的に参加することによって身に付ける習得（acquisition）と，学校で外国語を学ぶときのように，目標言語の規則を意識的に理解し覚えていく学習（learning）とでは習得の中身が異なり，一方が他方に転化することはないという仮説。

⑵ モニター仮説（monitor hypothesis）

　実際の言語運用に際して利用できるのは学習したものではなく習得したものであり，学習した知識が役に立つのは自分の発話をモニター（monitor，チェック・訂正）する場合だけであるという仮説。

⑶ 自然順序仮説（natural order hypothesis）

　言語規則の習得には自然な順序があり，教科書や教室での提示の順序によるものではないという仮説。

⑷ インプット仮説（input hypothesis）

　学習者の現在の力（中間言語（interlanguage）のレベル（i））より少し

だけ進んだレベル（i+1）の言語に接したとき，学習者は文脈や周囲の状況から理解することができるので，現在の学力より少し上のレベル（新しい言語材料も含む）の英語（理解可能なインプット（comprehensible input））を十分に聞いたり読んだりすることによって学力を伸ばすことができるという仮説。

(5) 情意フィルター仮説（affective filter hypothesis）

　学習者の学習意欲が低かったり，不安のレベルが高かったり，自信がなかったりすると，情意フィルターが高まり，習得が起こらないという仮説。情意フィルターというのは，入ってきたインプットをブロックしてしまう精神的な障壁に例えることができる。

　ナチュラル・アプローチでは上記 5 つの仮説に基づき，その教授原理として，(1) 理解可能なインプットを与え，聞く・読む活動（理解活動）を話す・書く活動（発表活動）より先行させること，(2) 発表活動は段階的に行い，学習者が準備できるまでは強制しないこと，(3) 授業計画は文法項目によってではなく，コミュニケーション能力の育成を目標に場面とトピックを中心に立てられること，(4) 学習者の情意フィルターを下げ，不安や意欲の欠如，自信喪失などを取り除くことを挙げている。目指す言語知識は意味・機能中心で，指導にあたっては学習者の認知・思考を重視し，授業活動は学習者中心のものであるということができる。

　ナチュラル・アプローチにおける主な指導技術としては，理解可能なインプット源としての「ティーチャー・トーク」（teacher talk）の活用，理解可能なインプットにするためのインプットの修正（modification）やジェスチャー，視聴覚教材の活用が挙げられる。また，アウトプットの活動の際は，理解確認のための 1 語による応答（Yes/No や事物の名称）から始め，日常生活の場面を用いたロール・プレイなどにより語句や文レベルまで徐々に長い発話に拡大していく手法がとられる。さらに，「インフォメーション・ギャップ」（information gap）を利用した問題解決タスクやインタビュー活動を通して，言語による「相互作用」（interaction）が促される。誤りについては，コミュニケーションに影響のないものは訂正せず，また，訂正する場合でも，明示的な訂正は避け，学習者の発話を教師が正しい形で言い直す「リキャスト」（recast），聞き返しや明確化の要求により正しい発話を求める「強制アウトプット」（pushed output）などが用いられる。

　ナチュラル・アプローチの利点としては，学習者が不安や心理的抑圧など

を経験せず言語学習に取り組めることと，実際の言語使用場面に基づく言語インプットが得られることが挙げられる。一方，難点としては，必ずしも全ての教師が多量のインプットを与えることができるとは限らないことと，体系的な文法知識が身に付かないことが挙げられる。

第3節　「ベスト・メソッド」から「原理・原則に基づく指導」へ

　前節でみた 17 の教授法をはじめとした外国語教授法の提唱・開発・実践の歴史は，それまで外国語の授業で用いられていたどの教授法よりもより優れたものを追い求めようとする，いわば，「ベスト・メソッド」の探求の過程そのものであったと言っても過言ではない。それは，とりもなおさず，外国語教育の目的・目標論と，その実現・達成のための方法論の循環的変遷でもあった。すなわち，言語構造・言語形式の知識を身に付けることを目指して形式重視の教授法が提唱・実践され，その結果，言語構造・言語形式の知識は身に付いたものの，意味・機能の知識は不十分であるという批判の下で，意味重視の教授法に取って代わられる。しかし，やがて，その教授法では構造・形式の正確な知識が身に付かないとして，次第に顧みられなくなるという循環である。これまでの「ベスト・メソッド」の探究過程においては，その教授法がどのような言語知識・技能をもたらしたのかという，いわば「結果」にのみ焦点を当て，その教授法により学習者が直面していた困難をどのように克服し，どのようにして目標言語に習熟していったのか，その「過程」に目を向けていなかったことが上述した循環的変遷を生み出した根本的な理由ともいえよう。

　現在では，外国語教育に「ベスト・メソッド」なるものは存在し得ないというのが多くの応用言語学者の一致した考え方である。Prabhu（1990）は，その理由として次の3つが考えられるとしている。1つ目は指導・学習環境によってベストな教授法は異なること，2つ目は全ての教授法には何らかの真理，あるいは妥当性があること，そして3つ目は良い教授法と悪い教授法という考え方そのものが的外れなものになっていることを挙げている。そして，特に3つ目の理由について，どんな教授法が「ベスト」なのかを考え直し，外国語の授業で実際にどのような指導が行われているのかについて教師と応用言語学者が共通理解を図れるようにすることが必要であると結論付けている。また，Brown（2002）は，ある一つの教授法が他のものよりも優

れていることを量的に実証するのは不可能であるとし，外国語教師は自分の指導を「十分に立証された外国語の教授・学習に関する原理・原則」（well-established principles of language teaching and learning）に基づかせるべきであると結論付けている。

　次章で見るように，上述した「ベスト・メソッド」の「循環的変遷」は，わが国においても GTM から Oral Method へ，そして ALM から CLT へという，各時代で影響力を持った代表的な教授法の移り変わりに見られる。それぞれの教授法の理念や具体的な指導技術は当然，学習指導要領に規定してある英語科教育の目標・内容などに反映され，各学校における英語の授業の具体的な姿形に直接的な影響を与えることとなった。しかし，1990 年代に英語科授業で授業モデルとして参照された CLT は，欧米で見られたほどの大きな影響力を持つには至らず，やがて欧米における「メソッド」としての CLT の衰退に伴い，わが国においてもその代表的な授業モデルとしての地位を失うことになる。その後，2000 年代に入り，コミュニケーション能力の育成・伸長という CLT の基本理念に基づきながらも，多様な教育理論を参照した指導技術の開発・選択・活用を通した授業実践が見られるようになる。そして，これは，とりもなおさず，本節で論じている「ベスト・メソッド」の探究から「原理・原則に基づく指導」への転換の現れとみることができるであろう。

　外国語の教授・学習の原理・原則については，さまざまな外国語教育研究者や教師により，多様な提案がなされている。次は，Kumaravadivelu（1994）による外国語の教授・学習の 10 の「マクロ方略」（macro strategies）である。Kumaravadivelu はこれらのマクロ方略に基づき，教師が各自が置かれている特定の状況に応じて，教材や指導手順を意味する「マイクロ方略」（micro strategies）を設計・実践することを提案している。

⑴ 学習機会の最大化
　教師の仕事は知識を伝えることではなく，できるだけ多くの学習機会を創りだし，それを管理することである。
⑵ 交渉によるやり取りの促進
　学習者は，教師と学習者の，また，学習者同士のやり取りの一部として，明確化を求めたり，確認したり，反応するなどして，自ら教室での会話を率先して始めるべきである（ただ単に教師が出したきっかけに反応するのではなく）。

⑶ 学習者と教師の認識のずれを最小限にする

　（授業で）何を指導しているのか，あるいは何を指導するべきかについて，また，学習者の言語使用をどのように評価するべきかについても，教師が信じていることと学習者が信じていることの間のずれを減らすか，なくすようにするべきである。

⑷ 直観による発見学習の活性化

　教師は，第二言語の全ての規則を明示的に教えることは不可能であることから，学習者がその基底にある文法規則を推測できるだけの十分な言語資料（例文や表現例など）を提供するべきである。

⑸ 言語意識を呼び起こす

　教師は，学習者に第二言語の形式的特質に注意を向けさせ，それを学ばせ，そして，これらの特質を第一言語の特質と比較・対照させるべきである。

⑹ 言語インプットの文脈化

　学習者が自然な言語使用において文法，語彙，語用論が相互に関係しあっていることを理解する手助けをするためには，意味のある談話ベースの活動が必要となる。

⑺ 言語技能の統合

　リスニング，リーディング，スピーキング，そしてライティングを分離させることは不自然である。現実の世界でそうであるように，学習は会話（リスニングとスピーキング），メモをとること（リスニングとライティング），自学自習（リーディングとライティング）などの言語技能を統合するべきである。

⑻ 学習者の自律性の促進

　教師は，学習者が効果的な学習方略に対する意識を高め，計画や自己モニターといった方略を使うことを促すような問題やタスクを与えることによって，自分の力で学習を進める手助けをするべきである。

⑼ 文化意識の高揚

　教師は，第二言語の文化や他の文化（特に，生徒自身の文化）についての知識が授業教室でのコミュニケーションの一部となるよう，学習者が文化情報源となることを許すべきである。

⑽ 社会との関連の確保

　教師は言語学習には，その第二言語を学ぶ動機づけを形成し，その言語が使われる目的を決定し，その言語で必要とされる技能及び熟達レベルを規定する社会的,政治的,経済的,教育的な側面があることを認識するべきである。

　ここで注意しておかなければいけないことは，「原理・原則に基づく指導」とはいうものの，その原理・原則自体，必ずしも全ての指導環境に当てはまるものではないということである。例えば，Adamson（2004）は上記のKumaravadivelu による 10 のマクロ方略について，シラバスや教材があらかじめ決められていて，外部試験による評価がなされることになっている場合は，このマクロ方略の枠組みは応用できない可能性があることを指摘している（Celce-Murcia, 2014）。実際，学習指導要領があり，検定教科書を用いて指導し，さらに上級学校への入学試験が学校教育に一定の影響力を持つわが国においては，Kumaravadivelu のマクロ方略の中にはそのまま応用するのが難しいと思われるものもある。原理・原則に基づいた英語科の指導においては，推奨された教材や指導技術を盲目的に採用・実践するのではなく，外国語指導における原理・原則に照らして自らの指導環境の下での可能性と限界を見極め，より効果的な指導実践を生み出すよう努めることと，その実践を振り返り，実践と研究の往還を通して絶えずこれらの原理・原則の吟味を行うことが求められているといえよう。

✏️ REVIEW

1．平成 29 年 3 月告示の中学校学習指導要領では，英語の授業は英語で行うことを基本とするとされている。英語で授業を行う際に，どのような目的で，どのようなことに配慮して行うべきか，第 2 節で見た代表的な外国語教授法のうち関連するものについて，その指導原理及び指導過程を参照した上で具体的に論述しなさい。

（2020 年度　山梨県教員採用試験問題改題）

2．第 3 節で見た Kumaravadivelu（1994）による外国語の指導における10 のマクロ方略の中から 2 つ選び，それぞれについて，小・中・高等学校いずれかの児童・生徒を対象とした具体的な指導例と指導の際の留意点について論述しなさい。

📖 SUGGESTED READING

田崎清忠（編）（1995）.『現代英語教授法総覧』大修館書店

Richards, J. C., & Rodgers, T. S. (2014). *Approaches and methods in language teaching* (3rd ed.). Cambridge University Press.

Brown, H. D., & Lee, H. (2015). *Teaching by principles: An interactive approach to language pedagogy* (4th ed.). Prentice Hall Regents.

Celce-Murcia, M., Brinton, D. M., & Snow, M. A. (Eds.). (2014). *Teaching English as a second or foreign language* (4th ed.). National Geographic Learning.

📖 FURTHER READING

読解のポイント 外国語教育における "postmethod" の概念を大文字の M で始まる Method と，小文字の m で始まる method の意味の違いに着目して理解する。

The Postmethod Era: Toward Informed Approaches

The history of language teaching depicted in the previous chapter, characterized by a series of "methodical" milestones, had changed its course by the end of the 1980s. The profession had learned some profound lessons from our past wanderings. We had learned to be cautiously eclectic in making enlightened choices of teaching practices that were solidly grounded in the best of what we knew about second language learning and teaching. We had amassed enough research on learning and teaching that we could indeed formulate an integrated approach to language-teaching practices. And, perhaps ironically, the methods that were such strong signposts of our century-old journey were no longer of great consequence in marking our progress. How did that happen?

In the 1970s and early 1980s, there was a good deal of hoopla about the "designer" methods described in Chapter 2. Even though they weren't widely adopted as standard methods, they were nevertheless symbolic of a profession at least partially caught up in a mad scramble to invent a new method when the very concept of "method" was eroding under our feet. By the early 1990s it was readily apparent that we didn't need a new method. We needed, instead, to get on with the business of unifying our approach to language teaching and of designing effective tasks and techniques that were informed by that approach.

Perhaps the spirit of those times was best captured by the

notion of a postmethod era of language teaching, a concept that continues to be used in pedagogical circles today (Kumaravadivelu, 2001, 2006b; Richards & Rodgers, 2001). Kumaravadivelu (1994), Clarke (1994), and Brown (1993), among others, expressed the need to put to rest the limited concept of method as it was used in the last century, and instead to focus on what Kumaravadivelu (2006b) calls a "pedagogy of particularity," by which he means being "sensitive to a particular group of teachers teaching a particular group of learners pursuing a particular set of goals within a particular institutional context embedded in a particular social milieu" (p. 538). A soundly conceived pedagogical approach underlies such attention to the particularities of contexts.

And so, today those clearly identifiable and enterprising methods are an interesting if not insightful contribution to our professional repertoire, but few practitioners look to any one of them, or their predecessors, for a final answer on how to teach a foreign language. Method, as a unified, finite set of design features, is now given only minor attention. Instead, as noted in the previous chapter, the notion of methodology nevertheless continues to be viable, as it is in any other behavioral science, as the systematic application of validated principles to practical contexts.

In all this discussion of method, you do well to keep in mind the comments of the previous chapter, namely, that some of the debate is simply a matter of semantics. Bell (2003) astutely observed that we have too many definitions attached to the same word. He suggested that methods with a lowercase m can mean any of a wide variety of classroom practices, while Methods with an uppercase M seem to connote a "fixed set of classroom practices that serve as a prescription" (p. 326). On the other hand, Richards and Rodgers (2001), as noted in the previous chapter, use the same term as an umbrella to comprise approach, design, and procedure. What are we to make of this confusion? Bell (2003) is joined by Larsen-Freeman (2000), among others, who remain comfortable with maintaining the notion of methods (with a small m) as long as we are clear about the referent. "Postmethod need not imply the end of methods but rather an understanding of the limitations of the notion of method and a desire to transcend those limitations" (Bell, 2003, p. 334).

So perhaps the profession has attained a modicum of maturity where we recognize that the diversity of language learners in multiple worldwide contexts demands an eclectic blend of tasks, each tailored for a specified group of learners studying for particular purposes in geographic, social, and political contexts. David Nunan (1991b, p. 228) summed it up nicely: "It has been realized that there never was and probably never will be a method for all, and the focus in recent years has been on the development of classroom tasks and activities which are consonant with what we know about second language acquisition, and which are also in keeping with the dynamics of the classroom itself."

(Brown, H. D. (2007). *Teaching by principles: An interactive approach to language pedagogy* (3rd ed.). Prentice Hall Regents. pp. 40–41)

第3章
わが国における指導法の変遷

　本章では，第2章で見た外国語教授法を踏まえて，明治以来，日本の英語教育が今日に至るまでにどのような変遷を経てきたかについて，特にわが国の英語科指導法（ここでは，「教授法」を実際の授業教室に応用したものとして「指導法」という用語を用いる）に影響を与えたものとして，GTM，Oral Method，ALM，CLT を取り上げ，それらが英語科の授業でどのように応用されてきたかに焦点を当てて概観する。さらに，学習指導要領にみる指導理念の変遷についても合わせて考察し，それにより，第1章で学んだわが国の英語教育が目指してきたものについて，より実践的な理解を深める。

第1節　知識から運用へ—GTM から Oral Method へ

　明治期から大正期にかけてわが国の英語教育は大きな転換期を迎えることになる。明治期を通してわが国で広く取り入れられていた教授法は，外国語の文字言語面での言語知識を体系的に身に付けさせようとする文法訳読法（GTM）であった。いわゆる「受験英語」が支配的であった時代においては，外国語の教授・学習は知識を基盤とするアカデミックな訓練であるとするGTM の考え方は格好の教育理念として受け入れられ，授業内容も文法規則の説明と訳読を中心に欧米の文化・文明の理解・吸収を中心に進められていた。

　大正期には，実際の言語運用能力を育成する英語教育への転換を求める気運が高まり，1922 年（大正 11 年），当時の文部省は英国の言語学者 Harold E. Palmer を招聘し，英語教育の改革に着手した。Palmer は前章で見た Oral Method を開発・提案し，日本に滞在した 14 年間，授業実践の指導や講演を日本各地で行うと共に，現在の語学教育研究所の前身である英語教授研究所の初代所長として，大正から昭和初期にかけて文字通りわが国の英語教育をリードした。

　Oral Method は別名 Palmer Method とも呼ばれ，人間の言語習得には生得的な面と習慣形成的な面があるとし，それをどう活用するかについて具体

的な方法を提案した英語教授法である。Oral Method の指導原理ならびに指導技術の詳細については前章を参照されたいが，授業における基本的な指導過程としては，英語による題材内容の導入とその概要理解を促すオーラル・イントロダクションから始まり，例文のリスニングと音読により音声面から目標言語項目の導入を行い，文型練習，定型会話を通して発表技能につなげ，全般的な言語運用能力の伸長を図るというものである。

　文法規則の知識の理解・定着を外国語教育の目標とする GTM と，外国語の運用能力の伸長を目指す Oral Method は，現在に至るまで，わが国の英語科授業に多大なる影響を与えることとなる。特に後者については，必ずしもわが国における英語指導法の主流となり得たわけではないが，その指導過程は特に中学校英語科の授業設計・実践の際のベースとして今でも用いられている。

第 2 節　習慣形成からコミュニケーション能力へ—ALM からCLT へ

　1947 年（昭和 22 年）の教育基本法の制定の下，戦後の新たな学校教育制度が始まり，わが国の教育水準も高まっていく。特に高度経済成長にわく昭和 30 ～ 40 年代には，科学技術の進展に伴い，英語教育の充実がますます求められるようになる。当時，世界中で脚光を浴びていた外国語教授法は，Audio-Lingual Method（ALM）であった。

　ALM は日本ではオーラル・アプローチ（Oral Approach）の名で知られており，ELEC（The English Language Education Council ／英語教育協議会）が指導機関となって，特に中学校での英語指導法として全国で広く用いられるようになった。前章において詳述したように（p. 29），ALM は刺激・反応理論を応用して新しい言語習慣を形成するという主張で，行動主義心理学の影響を強く受けている。また，教材構成ではアメリカ構造主義言語学の影響を受け，意味の変化は構造（音声の形も含む）の変化を伴うという考え方から，一定の構造（文型）を反復練習させて新しい言語習慣を習得させるための工夫が指導技術となっている。その主なものとしては模倣・暗記（mimicry and memorization）とパターン・プラクティス（pattern practice）が挙げられる。また，日本語と英語の場合のように，言語系統が異なる場合は言語構造の差異が大きいため，両言語の対照分析（contrastive analysis）を通して学習者の困難点を予測する。

　このように，日本においても一斉を風靡した観のある ALM であったが，その授業活動が機械的な言語形式の操作・練習に終始し，実際の言語使用場面で活用できる言語運用能力が身に付かないこと，また，生徒が創造的な言語使用を経験する機会がないことから，英語学習に対する興味・関心が失われ，学習意欲の低下を招いているという批判がなされ，当初 ALM に寄せられていた期待は次第に失われていくことになる。

　ALM の衰退に伴い，1980 年代に入って新たにわが国において注目を浴び始めた教授法は，1970 年代半ばにヨーロッパで提唱され，当時外国語教授法の主流になりつつあった Communicative Language Teaching（CLT）である。CLT についても，ALM 同様，その背景，指導理念，指導過程及び指導技術などの詳細は前章において説明してあるため，それを参照されたい（p. 32）。ここでは，特に ALM と CLT の考え方の差異について，次の表1に整理しておく（Finocchiaro & Brumfit, 1983, as cited in Brown, 2007）。

	Audio-lingual Method		Communicative Language Teaching
1	Attends to structure and form more than meaning.	1	Meaning is paramount.
2	Demands more memorization of structure-based dialogues.	2	Dialogues, if used, center around communicative functions and are not normally memorized.
3	Language items are not necessarily contextualized.	3	Contextualization is a basic premise.
4	Language learning is learning structures, sounds or words.	4	Language learning is learning to communicate.
5	Mastery or "overlearning" is sought.	5	Effective communication is sought.
6	Drilling is a central technique.	6	Drilling may occur, but peripherally.
7	Native-speaker-like pronunciation is sought.	7	Comprehensible production is sought.
8	Grammatical explanation is avoided.	8	Any device that helps the learners is accepted—varying according to their age, interests, etc.
9	Communicative activities come only after a long process of rigid drills and exercises.	9	Attempts to communicate are encouraged from the very beginning.
10	The use of student's native language is forbidden.	10	Judicious use of native language is accepted where feasible.

11	Translation is forbidden at early levels.	11	Translation may be used where students need or benefit from it.
12	Reading and writing are deferred until speech is mastered.	12	Reading and writing can start from the first day, if desired.
13	The target linguistic system is learned through the overt teaching of the patterns of the system.	13	The target linguistic system is learned through the process of struggling to communicate.
14	Linguistic competence is the desired goal.	14	Communicative competence is the desired goal.
15	Varieties of language are recognized but not emphasized.	15	Linguistic variation is a central concept in materials and methods.
16	The sequence of units is determined solely by principles of linguistic complexity.	16	Sequencing is determined by any consideration of content, function or meaning that maintains interest.
17	The teacher controls the learners and prevents them from doing anything that conflicts with the theory.	17	Teachers help learners in any way that motivates them to work with the language.
18	"Language is habit," so error must be prevented at all costs.	18	Language is often created by the individual through trial and error.
19	Accuracy, in terms of formal correctness, is a primary goal.	19	Fluency and acceptable language are the primary goals; accuracy is judged not in the abstract but in context.
20	Students are expected to interact with the language system, embodied in machines or controlled materials.	20	Students are expected to interact with other people, either in the fresh, through pair and group work, or in their writing.
21	The teacher is expected to specify the language that students are to use.	21	The teacher cannot know exactly what language the students will use.
22	Intrinsic motivation will spring from an interest in the structure of language.	22	Intrinsic motivation will spring from an interest in what is being communicated by the language.

表 1　ALM と CLT の比較 (Brown, 2007)

　わが国における CLT の背景としては，より実用主義の立場に立った英語教育への要請の高まりを挙げることができる。それに呼応するかのように，1989 年（平成元年）改訂の学習指導要領において，中学校ならびに高等学校の「外国語」の目標に，「外国語で積極的にコミュニケーションを図ろう

とする態度を育てる」ことが明記され，初めて「コミュニケーション」とい
う文言が盛り込まれた。また，高等学校の外国語科目として「オーラル・コ
ミュニケーション A」「オーラル・コミュニケーション B」「オーラル・コミュ
ニケーション C」が創設され，それぞれ基本的な日常会話，リスニング，ス
ピーチやディスカッションなどがその指導内容とされた。これ以降の学習指
導要領においては，2017 年（平成 29 年）告示の小学校学習指導要領で創
設された正式教科としての「外国語」も含め，小・中・高全ての学校段階の
外国語科において，コミュニケーション能力の育成が中核的な目標とされる
こととなる。

　CLT は，言語の使用場面と働きを意識させて行うロール・プレイやイン
フォメーション・ギャップの活用，さらには問題解決のためのタスク活動な
ど，言語の意味・機能にも焦点を当て，それまでの言語形式一辺倒の英語科
授業により実際的な言語使用の機会をもたらした。その意味では，わが国
の学校英語科教育に一つの大きな転換期を画したといえるであろう。ただ，
CLT の理念やそれに基づくシラバス・デザイン，教材，指導過程などがそ
のまま授業設計・授業実践に反映されたというわけではない。わが国の学校
英語科教育においては，いまだに文法訳読法に基づく授業が支配的であり，
それは単に教師の外国語教育に対する信念や考え方，いわゆる「教師のビリー
フ」（teacher belief）によるものというだけではなく，第 1 章で見たように，
わが国の英語教育の目的論に深く根ざしたものであることも見逃すことはで
きない。より実際的な理由としては，高等学校・大学などの上級学校の入学
試験が伝統的に言語形式偏重のものとなっていることが挙げられる。さらに
は，日本語と英語の「言語間の距離」（linguistic distance）が大きいことも
言語形式偏重の指導となっていることの理由として挙げられるであろう。両
言語の文法や語彙，発音などの差異が大きいために，教師の指導がどうして
も言語形式に向きがちになるからである。

　1990 年代には，CLT はその発祥の地であるヨーロッパにおいて，意味偏
重の指導に疑念が呈され，次第にその影響力を失うことになる。しかし，コ
ミュニケーション能力の育成・伸長という理念そのものはその後も信奉され
続け，より包括的な Communicative Approach（CA）という名称でその後
提唱・開発されたさまざまな指導法・指導技術に理論的基盤を提供すること
となった（p. 32）。わが国においても，CA の基本的な理念は英語科の授業
設計・授業実践の際の参照枠として重要な役割を果たしている。

第3節　学習指導要領にみる指導理念

　外国語は学校教育の教科の中で，政治や経済に比較的影響されやすいものである。わが国を例にとれば，明治維新以降，西洋文明に追いつけ追い越せのスローガンの下，もっぱら文献から吸収する時期においては外国語教育における比重が読み書きに傾いていた。しかし21世紀に入って，世界がますますグローバル化するにつれて，外交においても経済においても直接交渉の機会が多くなり，外国語の音声面に教育の比重が移っている。

　また，学習者の母語と目標とする外国語との関係も重要である。時代によって，どの国が何の学問領域で優れているかによって，目標とする外国語が代わることがある。ドイツが医学において世界をリードする地位にあった時代には，医学を学ぶ者にとってドイツ語の学習は不可欠であった。しかし，現在では，英語圏で医学を学ぶ者が増え，医学の国際学会における使用言語も英語が圧倒的に多くなっている。近代日本においても江戸時代後半のオランダ語から英語への推移があった。

　このような変化は単に外国語の種類だけではなく，その外国語のどの面に重点を置くかにも現れる。明治の初め，まだ教育体制が整っていなかった頃，日本の高等教育を担当したのは，アメリカ，フランス，ドイツなどからの外国人教師であった。教える内容はそれぞれ英語，フランス語，ドイツ語で与えられた。当時の学徒の中に，新渡戸稲造，内村鑑三，岡倉天心などの英語に堪能な人がいるのは，本人の資質もさることながら，当時の指導体制に拠るところが大きい。

　このように，外国語の学習は時代や社会のいろいろなニーズによって影響を受けるものであるため，教育の場で扱う場合の理念については，広い視野から眺める必要がある。

　本節では，わが国における学校教育の指導理念を具現したものとして学習指導要領に焦点を当て，その変遷を概観することで，英語教育の指導理念について理解を深める。なお，学習指導要領の変遷については，1947年度（昭和22年度）版（試案）から1998年度（平成10年度）版までは小泉（2001）を，また，それ以降については文科省により編集された学習指導要領解説を参考にした。

1．学習指導要領の目標・内容の変遷

　学習指導要領（Course of Study）は，各学校が教育課程を編成する際の

基準となるものであり，わが国における学校教育の内容と水準を示したものである。1947 年（昭和 22 年）に最初の学習指導要領が「試案」として示され，1951 年（昭和 26 年）に改訂された。1958 年（昭和 33 年）から学校教育法施行規則に基づき文部大臣が告示するという形をとり，法的拘束力を持つものとなった。その後現在に至るまで，およそ 10 年に一度の頻度で改訂されている。

　英語科の学習指導要領の改訂について，その主なものを見てみると，1947 年（昭和 22 年）に「学習指導要領　英語編（試案）」として示されたものについては，わずか 28 ページの文字通り「ガイドライン」の域を出ていないものであるが，選択教科としてではあるものの，わが国で初めて義務教育（中学校）において英語を指導することを示したものであり，いわば「ナショナルシラバス」としての意味を持つ。

　1951 年（昭和 26 年）に改訂された「中学校・高等学校学習指導要領　外国語科英語編（試案）」は日本語・英語の両言語で併記され，全 3 巻，全体で 759 ページに達する労作である。その内容は，英語教育課程，教材，指導計画，評価など，英語の指導全般にわたるものとなっており，当時の英語教育関係者の熱意がひしひしと伝わってくる。

　1958 年（昭和 33 年）の改訂（高等学校は 1960 年（昭和 35 年）改訂）では，上述したように，その法的拘束力が明確となり，それまで付されていた「試案」の語が消される。この改訂により，現在まで続く学習指導要領の基本的な構成が確立される。すなわち，まず最初に教科としての「外国語」の全体的な目標を示し，その後に各言語としての英語の目標，内容，指導上の留意事項を続け，最後に指導計画作成および学習指導の方針を示すという構成である。また，目標についても，1951 年（昭和 26 年）版で掲げた「一般目標」「機能上の目標」「教養上の目標」という分け方を改め，教科全体の目標として，中学校外国語科では「外国語の音声に慣れさせ，聞く能力および話す能力の基礎を養う」こと，「外国語の基本的な語法に慣れさせ，読む能力および書く能力の基礎を養う」こと，そして「外国語を通して，その外国語を日常使用している国民の日常生活，風俗習慣，ものの見方などについて基礎的な理解を得させる」ことの 3 つを掲げ，これらが相互に密接な関連を持っているとした。この目標設定には，音声言語能力から文字言語能力へと進み，それらを統合すること，そして，その目標は文化の理解と相互往還的に達成されるべきものであるという，わが国における英語教育の指導理念のひな形を見てとることができる。

1969 年（昭和 44 年）の改訂（高等学校は 1970 年（昭和 45 年）改訂）では，それまで「文の一部を置き換えて言わせる」や「文を転換して書かせる」といった授業中に生徒に行わせる言語形式の操作的活動を「言語材料」の後に「学習活動」として示していたものを，「身近なことについて，尋ね，答えること」や「行なったことなどを文に書くこと」などのように，実際の具体的な言語使用を表す「言語活動」に改めた。そして，それを「言語材料」の前に示すことで，言語材料は言語活動を行うためのものであるという位置付けがなされた。これは，「知識」としての言語材料の学習から，言語活動による英語の「使用」への転換を画すものといってよいであろう。また，この改訂では，総語数の減少や，学習の遅れがちな生徒に対する文法事項などの取り扱い上の配慮など，全体的な内容の削減が図られた。

　1977 年（昭和 52 年）の改訂（高等学校は 1978 年（昭和 53 年）改訂）では，受験の激化に伴う知識偏重教育への対応として，中学校英語科では週授業時数が 3 時間となり，指導内容もそれまで以上に削減されることとなった。いわゆる「ゆとり教育」の始まりである。高校では，「英語 I」と「英語 II」という総合科目を新たに設け，難易度の面から段階的な指導を明確にするとともに，技能別に「英語 II A」（聞くこと，話すこと），「英語 II B」（読むこと），「英語 II C」（書くこと）の科目設定がなされた。目標，内容共に，中学校との接続を意識した段階的な指導を目指しているということができる。

　1989 年（平成元年）の改訂では，中学校，高等学校共に，教科の目標に「積極的にコミュニケーションを図ろうとする態度を育てる」ことが掲げられている。この改訂により，わが国の学校英語科教育が目指す方向として，コミュニケーション能力が明確に示されることとなる。また，言語材料については学年ごとの配当をやめ，中学校，高等学校とも，それぞれ 3 年間を通して指導するものとした。また，中学校では授業時数についても改められ，週 3 〜 4 時間が標準時数とされた。高等学校の科目編成では「オーラル・コミュニケーション A」（聞くこと，話すこと），「オーラル・コミュニケーション B」（聞くこと），「オーラル・コミュニケーション C」（発表，話し合い）が新設され，「外国語」を履修させる場合はこのうち少なくとも 1 科目を履修させるようにすることとし，音声言語によるコミュニケーションの一層の充実が図られた。

　1998 年（平成 10 年）の改訂（高等学校は 1999 年（平成 11 年）改訂）では，教科「外国語」の位置付けについて，中学校，高等学校共にそれまで選択教科とされていたが，実質的には必修教科となっていたことを踏まえ，正式に

必修教科とされた。中学校では週授業時数が3時間とされ，外国語科において指導する言語としては英語を原則とすることとされた。高等学校では「オーラル・コミュニケーションⅠ」及び「英語Ⅰ」のうちからいずれか1科目が必修とされた。また，「外国語」の目標として，中学校，高等学校共に，それまでの「積極的にコミュニケーションを図ろうとする態度」に加え，「実践的コミュニケーション能力」が掲げられ，コミュニケーションのための外国語教育の方向性がより明確になった。中学校においては，前回の改訂時に行った内容の学年配当の廃止に加え，目標と言語活動についても学年指定をやめ，3年間を通してより柔軟な指導ができるようにした。さらに，この改訂において，言語活動を行うにあたっての「言語の使用場面と働き」が例示されたことは注目に値する。実践的コミュニケーション能力の育成を目標に掲げ，それを達成するための具体的な方策を示したものといえるであろう。

　この改訂では，小学校，中学校，高等学校において，横断的・総合的な学習や児童・生徒の興味・関心などに基づく学習など創意工夫を生かした教育活動として，「総合的な学習の時間」が新設された。特に，小学校では「国際理解に関する学習の一環としての外国語会話等」がその学習活動として例示され，小学校において正式に英語の授業を行うことが可能とされた。ここに，その後の改訂における「外国語活動」，そして正式教科としての「外国語」の創設へとつながる第一歩を記すことになったのである。

　2008年（平成20年）の改訂（高等学校は2009年（平成21年）改訂）では，小学校5・6年次に「外国語活動」が新設された。これは，上述したように「総合的な学習の時間」の学習活動として例示された「国際理解に関する学習の一環としての外国語会話等」を教科外の教育活動として独立させたもので，「外国語の音声や基本的な表現に慣れ親しませながら，コミュニケーション能力の素地を養う」ことを目標に，週1時間，英語の授業が必修とされた。

　中学校，高等学校においては，自分の考えなどを相手に伝えるための「発信力」や基本的な語彙や文構造を活用する力，内容的にまとまりのある文章を書く力などの育成が重視され，4技能の総合的な指導の充実を通して，4技能を統合的に活用できるコミュニケーション能力の育成が目指された。そして，その基礎となる文法はコミュニケーションを支えるものとして捉え，文法指導を言語活動と一体的に行うことが示された。中学校においては授業時数を週3時間から4時間に増加し，指導する語数についても従来の「900語程度まで」から「1,200語程度」へと増加させた。高等学校においては4技能を総合的に育成することをねらいとして，「コミュニケーション英語基

礎」「コミュニケーション英語Ⅰ」「コミュニケーション英語Ⅱ」「コミュニケーション英語Ⅲ」が新設され，「コミュニケーション英語Ⅰ」が必修科目とされた。また，生徒が英語に触れる機会を充実するとともに，授業を実際のコミュニケーションの場面とするため，授業は英語で行うことを基本とすることが明記された。

　2017年（平成29年）の改訂（高等学校は2018年（平成30年）改訂）では，それまで小学校5・6年次において実施されていた「外国語活動」が3・4年次に引き下げられ，外国語の音声に慣れ親しませ，学習への動機づけを高めることを目指すとされた。5・6年次には正式教科として「外国語」が導入され，音声言語に加え，段階的に「読むこと」「書くこと」を加えることとし，授業時数は週2時間とされた。これをもって，わが国の初等中等教育における外国語（英語）の一貫した指導体系が確立されることとなった。

　この改訂では，育成を目指す資質・能力の明確化を図るために，英語を使って「何ができるようになるか」という観点から，国際基準の一つであるCEFR（The Common European Framework of Reference for Languages: Learning, teaching, assessment「外国語の学習・教授・評価のためのヨーロッパ共通参照枠」）を参考に，小・中・高等学校を通じた5つの領域（「聞くこと」「読むこと」「話すこと［やり取り］」「話すこと［発表］」「書くこと」）別の目標が設定された。また，アクティブ・ラーニングの考え方に基づく，「主体的・対話的で深い学び」の実現に向けた授業改善の推進が求められ，外国語で自分自身の考えや気持ちなどを伝え合う対話的な活動を重視し，具体的な課題の設定を通して，学習した語彙，表現などを実際に活用する言語活動の充実を図ることとした。

　内容については，小学校における正式教科としての外国語科の導入により，全体を通して扱う言語材料も増え，特に語数については，小学校では600〜700語程度，中学校においては小学校で学習した語に1,600〜1,800語程度の新語を，高等学校においては小学校と中学校で学習した語に1,800〜2,500語程度の新語を加えたものとされた。

　高等学校における科目構成については，中学校における学習を踏まえた上で，5つの領域を総合的に扱うことを一層重視する必修科目として「英語コミュニケーションⅠ」を設定し，更なる総合的な英語力の向上を図るための選択科目として「英語コミュニケーションⅡ」及び「英語コミュニケーションⅢ」を設定した。また，「話すこと」「書くこと」を中心とした発信力の強化を図るため，特にスピーチ，プレゼンテーション，ディベート，ディスカッ

ション，まとまりのある文章を書くことなどを扱う選択科目として「論理・表現Ⅰ」「論理・表現Ⅱ」及び「論理・表現Ⅲ」を設定した。さらに，前回の改訂では，高等学校において授業は英語で行うことを基本とすることが明記されたが，今次の改訂では中学校においても授業は英語で行うことを基本とすることとされた。

2. 現行の学習指導要領の目標にみる指導理念

現行の2017年度（平成29年度）版中学校学習指導要領によれば，外国語科の目標は次のようになっている。高等学校の目標も，全体的な到達度は高く設定してあるものの，基本的には同じ内容である。

外国語によるコミュニケーションにおける見方・考え方を働かせ，外国語による聞くこと，読むこと，話すこと，書くことの言語活動を通して，簡単な情報や考えなどを理解したり表現したり伝え合ったりするコミュニケーションを図る資質・能力を次のとおり育成することを目指す。

(1) 外国語の音声や語彙，表現，文法，言語の働きなどを理解するとともに，これらの知識を，聞くこと，読むこと，話すこと，書くことによる実際のコミュニケーションにおいて活用できる技能を身に付けるようにする。
(2) コミュニケーションを行う目的や場面，状況などに応じて，日常的な話題や社会的な話題について，外国語で簡単な情報や考えなどを理解したり，これらを活用して表現したり伝え合ったりすることができる力を養う。
(3) 外国語の背景にある文化に対する理解を深め，聞き手，読み手，話し手，書き手に配慮しながら，主体的に外国語を用いてコミュニケーションを図ろうとする態度を養う。

（文部科学省，2017a）

上記の目標を通して見えてくる指導理念は，学習指導要領解説（文部科学省，2017b）を参照すると次のように整理することができる。

(1) 外国語科の目標は，「簡単な情報や考えなどを理解したり表現したり伝え合ったりするコミュニケーションを図る資質・能力」を育成することで

あり，特に「理解する」「表現する」という単方向のコミュニケーションだけでなく，「伝え合う」という双方向のコミュニケーションも重視している。

(2)「コミュニケーションを図る資質・能力」の育成のためには，外国語の言語形式や言語の働きなどを理解するという「知識」及びその知識を実際のコミュニケーションに活用するという「技能」を習得すること，そして外国語を実際に使用することを通して，コミュニケーションの目的や場面，状況などを意識し，簡単な情報や考えなどを理解したり，理解したことを活用して表現したり伝え合ったりするための「思考力，判断力，表現力等」を発達させることが必要となる。そのことが，文化に対する理解やコミュニケーションの相手に対して配慮しながら，主体的にコミュニケーションを図ろうとする態度を身に付けるという「学びに向かう力，人間性等」を涵養することにつながる。

(3)「コミュニケーションを図る資質・能力」の育成にあたっては，生徒が外国語によるコミュニケーションの中で，どのような視点で物事を捉え，どのような考え方で思考していくのかという，物事を捉える視点や考え方である「外国語によるコミュニケーションにおける見方・考え方」を働かせるようにすることが重要である。

　このうち，特に上記2に整理した理念は，生徒指導要録にある「観点別学習状況の評価」（いわゆる「観点別評価」）の3観点，すなわち，「知識・技能」「思考・判断・表現」「主体的に学習に取り組む態度」に反映されており，各観点について，単元並びに単位授業時間ごとに具体的な評価規準を設定し，学習到達度を評価することになる。

✎ REVIEW

1．中学校学習指導要領（平成29年告示）において，「英語の特徴や決まりに関する事項」（言語材料）を指導する際，どのようなことに配慮して行うべきか，具体的に記せ。

（2022年度　山梨県教員採用試験問題より）

2．中学校学習指導要領（平成29年告示）解説　外国語編において，英語の話すこと［発表］の領域目標では，「日常的な話題について，事実や自分の考え，気持ちなどを整理し，簡単な語句や文を用いてまとまりのある内容を話すことができるようにする」とある。これらを踏まえ，

中学校英語教員として生徒の発表する力を高めるために，授業でどのよ
うな言語活動に取り組むか。留意点を含めて，100 語程度の英語で書け。
（2021 年度　大阪府・大阪市・堺市・豊能地区教員採用試験より）

■ SUGGESTED READING

大村喜吉 他（1980）．『英語教育史資料 1「英語教育課程の変遷」』東京法令
出版
高梨庸雄（編）（2005）．『英語の「授業力」を高めるために』三省堂

■ FURTHER READING

読解のポイント Communicative approach の特徴について communicative
activities と non-communicative activities の違いの観点か
ら理解し，さらに，Communicative approach に対してどのよ
うな批判がなされているかを読み取る。

The Communicative approach

　　The Communicative approach—or Communicative Language
Teaching (CLT)—is the name which was given to a set of beliefs
which included not only a re-examination of what aspects of language
to teach, but also a shift in emphasis in how to teach.
　　The 'what to teach' aspect of the Communicative approach
stressed the significance of language functions rather than focusing
solely on grammar and vocabulary. A guiding principle was to train
students to use these language forms appropriately in a variety of
contexts and for a variety of purposes.
　　The 'how to teach aspect' of the Communicative approach is
closely related to the idea that 'language learning will take care of
itself', and that plentiful exposure to language in use and plenty
of opportunities to use it are vitally important for a student's
development of knowledge and skill. Activities in CLT typically
involve students in real or realistic communication, where the
accuracy of the language they use is less important than successful
achievement of the communicative task they are performing. Thus

role-play and simulation have become very popular in CLT, where students simulate a television programme or a scene at an airport— or they might put together the simulated front page of a newspaper. Sometimes they have to solve a puzzle and can only do so by sharing information. Sometimes they have to write a poem or construct a story together.

What matters in these activities is that students should have a desire to communicate something. They should have a purpose for communicating (e.g. to make a point, to buy an airline ticket, or write a letter to a newspaper). They should be focused on the content of what they are saying or writing rather than on a particular language form. They should use a variety of language rather than just one language structure. The teacher will not intervene to stop the activity; and the materials he or she relies on will not dictate what specific language forms the students use either. In other words such activities should attempt to replicate real communication. All this is seen as being in marked contrast to the kind of teaching and learning we saw above. They are at opposite ends of a 'communication continuum' (see the figure below).

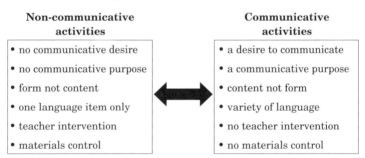

Non-communicative activities	Communicative activities
• no communicative desire	• a desire to communicate
• no communicative purpose	• a communicative purpose
• form not content	• content not form
• one language item only	• variety of language
• teacher intervention	• no teacher intervention
• materials control	• no materials control

FIGURE: The communication continuum

Not all activities occur at either extreme of the continuum, however. Some may be further towards the communicative end, whereas some may be more noncommunicative. An activity in which students have to go round the class asking questions with a communicative purpose, but with some language restriction, may be nearer the right-hand end of the continuum, whereas a game which forces the use of only one structure (with the teacher intervening occasionally), will come near the non-communicative end.

A key to the enhancement of communicative purpose and the desire to communicate is the information gap. A traditional classroom exchange in which one student asks *Where's the library?* and another student answers *It's on Green Street, opposite the bank* when they can both see it and both know the answer, is not much like real communication. If, however, the first student has a map which does not have the bank listed on it, while the other student has a different map with *post office* written on the correct building— but which the first student cannot see—then there is a gap between the knowledge which the two participants have. In order for the first student to locate the bank on their map, that information gap needs to be closed.

The Communicative approach or Communicative Language Teaching (CLT) have now become generalised 'umbrella' terms to describe learning sequences which aim to improve the students' ability to communicate, in stark contrast to teaching which is aimed more at learning bits of language just because they exist and without focusing on their use in communication. But while it has been widely accepted for some time that communicative activities are a vital part of a teacher's repertoire, it is less clear whether it is possible to pin down exactly what a communicative approach is. After all, most language teaching aims to improve the students' communicative ability, whatever techniques the teacher uses to promote this. And CLT has also included snatches of drilling and focused language work despite the non-communicative nature of such activities.

Communicative Language Teaching has come under attack from teachers for being prejudiced in favour of native-speaker teachers by demanding a relatively uncontrolled range of language use on the part of the student, and thus expecting the teacher to be able to respond to any and every language problem which may come up. In promoting a methodology which is based around group and pairwork, with teacher intervention kept to a minimum during, say, a role-play, CLT may also offend against educational traditions which it aimed to supplant. We will return to such issues in detail below. CLT has sometimes been seen as having eroded the explicit teaching of grammar with a consequent loss among students in accuracy in the pursuit of fluency.

Despite these reservations, however, the communicative approach has left an indelible mark on teaching and learning, resulting in the use of communicative activities in classrooms all over the world.

(Harmer, J. (2001). *The practice of English language teaching*. Pearson Education Limited. pp. 84–86)

第4章
授業論

第1節　授業設計

1. 目標分析と授業設計

　授業を行うにあたり，その授業で児童・生徒に何を学ばせたいのか，どのような知識・技能を身に付けてもらいたいのか，英語を使って何ができるようになってもらいたいのか，すなわち，授業目標の設定がその第一歩となることはいうまでもない。授業目標は，学習指導要領で定められている目標に基づき，教師が各学校及び児童・生徒の実態に即した具体的な学習到達目標といった形で設定するが，その作業は目標分析を通して行われることになる。

　目標分析は，1単位時間（小学校45分，中学校50分）の授業と，単元，学期，年間の各指導過程を互いに整合性を持つよう体系的に位置付けることから始まる。その上で，各指導過程において目標とする事柄を整理・分類し，相互に関連付け，最終的な学習到達目標を設定する。目標分析の結果は，図1に例示したような目標構造図（目標形成関係図ともいう）で表現すること

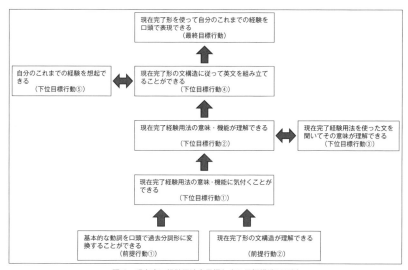

図1　現在完了経験用法を目標とする目標構造図の例

もある。その際，特に到達目標について，児童・生徒が具体的に表出できるようになることが期待されている行動を「目標行動」という。目標行動は「～することができる」と表記される。目標構造図では，目標行動をさらに「最終目標行動」と「下位目標行動」に分類し，それらの形成関係を明らかにする。下位目標行動のうち，特に授業開始時に獲得されていなければならない行動を「前提行動」という。

　目標分析を通して設定した授業目標の達成のために，教材を選択・開発し，その分析・解釈・組織化を通して指導評価計画を立案し，最終的に学習指導案の形にまとめる一連の作業を授業設計という。上で見たように，目標分析には1単位時間の授業と，単元，学期，年間の各指導過程を互いに整合性を持つよう体系的に位置付ける作業が含まれることから，授業設計も1単位時間の授業のみならず，単元，学期，年間の各指導過程をその対象として含むことになる。もちろん，目標分析の作業自体，授業設計の重要な構成要素の一つであることは言うまでもない。このように考えると，授業設計とは，1単位時間の授業目標から，単元，学期，年間の各指導過程における指導目標の設定と，その達成のための指導評価計画の立案，学習指導案の作成に関わるあらゆる準備作業を指すものであることが理解できるであろう。

2．授業設計の手順

　授業設計は大まかに，(1) 教材研究，(2) 単元の目標分析，(3) 単元の指導評価計画の策定，(4) 1単位時間ごとの目標分析，(5) 1単位時間における指導評価計画の策定（＝「学習指導案」の作成）の5つの手順で行われる。次にそれぞれについてその概略を示す。

(1) 教材研究

　教材研究は授業設計の全てに関わる授業準備のための活動を指す。したがって，次に示す単元の目標分析，指導評価計画の策定ならびに1単位時間ごとの目標分析，指導評価計画の策定と往還的に行われるものである。この意味において，教材研究は授業設計と同義であると言っても過言ではない。

　狭義の教材研究は，単元及び1単位時間ごとの授業目標の達成のために教材を選択・開発し，その分析・解釈・組織化を通して単元及び1単位時間ごとの指導評価計画を策定し，最終的に学習指導案を作成する作業を意味する。

(2) 単元の目標分析

　目標分析は前項で説明したように，授業目標の設定のために行われる作業である。単元の目標分析では，各単元の指導目標をその性格ごとに分類し，それらが互いにどのような関係・構造をなしてその単元の最終的な目標を構成しているかを明らかにすることである。その結果は，前項で例示した目標構造図で表現することもある。

　目標分析の際，目標の分類によく用いられるカテゴリーとしては，到達目標（明確で一義的な変化を目指すもので，「〜することができるようになる」と記述されるもの），向上目標（態度や関心のような，ある方向への向上や深まりを期待するもの），体験目標（発見や感動など特定の内的体験が生じることを期待するもの）がある。また，観点別評価の際に用いられる観点ごとに目標を分類することもある。

(3) 単元の指導評価計画の策定

　単元の目標分析に基づき設定された指導目標の達成及びその評価のために，その単元の指導内容，指導順路及び評価計画を策定し，その単元の指導評価計画を作成する。その指導評価計画に従って，その単元を構成する 1 単位時間の各授業における目標，指導内容及び評価計画の立案に取り組む。各授業の目標については，次に述べる「1 単位時間ごとの目標分析」により行うことになる。

(4) 1 単位時間ごとの目標分析

　(2) で説明した目標分析の手順に従って，ここでは 1 単位時間ごとの授業目標を設定する。ここで設定した各授業目標は単元の指導目標と矛盾することなく整合性が保たれていなければならない。

(5) 1 単位時間における指導評価計画の策定

　1 単位時間における指導評価計画の策定は，授業目標の達成のための指導内容及び指導過程，授業活動，教材・教具，評価計画など，授業実施に関わる具体的な準備作業を含むものであり，狭義の教材研究の内容が反映されたものになる。その結果は，学習指導案の形で表現されることになる。なお，評価については第 7 章で，また学習指導案の作成については第 8 章でそれぞれ詳しく見ることにする。

第2節　授業展開と教師の役割

1. 基本的な指導過程

　知識・技能の習得に関わる教科では，一般に「既習事項の復習→新出事項の導入→その練習と発展→学習事項の確認→次時への橋渡し」というサイクルで授業が繰り返されるのが普通である。もちろん，その時間の力点の置き方次第でさまざまな様式があり得るが，基本的に，授業とは前段階での学習が次の段階への学習を促進し，それがまた上位の学習を触発するように組まれなければならない。英語にあっても，言語材料の教授・練習を念頭に置いた一斉指導型の授業ならば，最も頻繁に見られる授業はおよそ次のように展開する。

(1) Warm-up と復習

　Small Talk やビンゴ，歌など，英語学習への気分作りと前時の復習，小テストなど

(2) 導入

　本時で扱う目標文法項目，教科書本文や新出語句の導入など

(3) 展開

　言語材料に関するもの：説明，練習，コミュニケーション活動など
　教科書本文に関するもの：内容理解に関する Q&A，音読，応用的な活動

(4) まとめと振り返り

　本時の授業活動のまとめと振り返り，家庭学習の指示，次時の予告など

　典型的な中学校の授業（50分）にあっては，warm-up と復習 5 〜 10 分，導入 5 〜 10 分，展開 10 〜 20 分，まとめと振り返り 5 〜 10 分の割合で時間配分される。入門期にあっては導入の部分

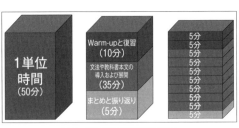

図2　50分授業の構成の考え方

が長く，高校レベルでは練習やテキストの読みなどの展開に当てられる時間

がずっと多くなる。また，複数の指導過程を一体化してしまうやり方もあるし，単元・学期・年間などを通して複数回の授業にまたがってプランニングすることもある。また，「ファストフード店で注文をしてみる」「電車の乗り換えについて道案内をしよう」など特定の目標文型を設けず，授業が言語活動を通してコミュニケーション・スキルの向上を主目的にしたようなものもあれば，主にレッスンの最後にそのレッスンの「文法のまとめ」として目標文法の確認と復習を目的とする場合もある。

　ただ，50分の授業を構成することは，慣れないうちは非常に難しいものである。そこで，50分を全体として考えるのではなく，図2のように5分刻みで考えるとよい。

　そして，5分を1つのスロットと考えて，基本としてそれぞれに1つの活動を割り振るのである。例えば，図3はwarm-upと復習に10分，目標文法の指導（導入，説明・練習，

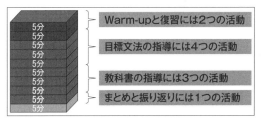

図3　50分授業の活動の割り振り例

コミュニケーション活動など）に20分，教科書を使った活動（オーラル・イントロダクションなどの導入，新出単語の練習，教科書の内容理解と音読など）に15分，まとめと振り返りに5分を配当した場合である。そうすると，warm-upと復習には2つの活動，目標文法の指導には4つの活動，教科書を使った活動には3つの活動，まとめと振り返りに1つの活動を行うことができる。

　このように考えることで授業の構成が非常に容易になる上に，5分単位で授業が展開するため授業のめりはりが出て，児童・生徒を飽きさせないテンポの良い授業づくりにつなげることができる。これを基本に2つ以上のスロットを合わせて，10分〜15分の活動をするなど柔軟に扱ってよい。

　次に，それぞれの段階について具体例を挙げて詳説することにする。

2.　各指導過程にみる授業展開

1）Warm-up と復習

⑴ Warm-up

　授業の開始直後は，英語学習への気分作りに使われる。言語材料の習得に偏りがちな指導と文法・文型にとらわれない自由な言語の運用との橋渡しの

役割を果たすこともある。この場合，その時間に意図された学習事項に関連付けるよりも，その日その場の児童・生徒の気持ちに即したものになるため，そこで交わされる英語はリアルなコミュニケーションにより近いものだといえよう。

Warm-up に向いている活動の特徴として，次のようなものが挙げられる。
・全員が参加できる
　　指名された児童・生徒が主に活動し，多くの児童・生徒はそれを見ているという活動は warm-up 向きとはいえない。
・声を出す
　　英語の授業は会話をしたり，スピーチをしたり，音読したりと声を出す活動が多い。授業の早い段階で声を出させておくことが重要である（発声練習・たんきり）。
・英語を自然と使用する
　　英語の授業以外では日本語があふれている世界にいる児童・生徒を英語の世界に引き込むことが重要である。「英語の時間は基本的に英語で」が理想ではあるが，児童・生徒の実態によっては難しいこともある。そのような場合でも，授業の開始に当たる warm-up の活動については，教師も児童・生徒も英語を使う活動を取り入れるべきである。
・文法にかかわらず使えるもの
　　その授業や学習しているレッスンの文法・語彙だけでなく，既習の学習内容を繰り返しリサイクルさせることが，その定着において重要である。
・楽しい活動，ワクワクする活動
　　期待感や英語の授業は楽しそうだという思いを持って授業が始められることは，その後の授業展開に大きく影響する。

Warm-up でよく行われる活動としては次のようなものがある。
・Small talk
・ビンゴ
・チャット
・歌
・多読

　次に，small talk とビンゴについて詳しく解説する。

・Small talk（What day）

　授業の始めにWhat day is it today?やWhat's the date today?のように，曜日と日付を確認することが多いと思うが，これは何のためにやっているのか。小学校であれば曜日や日付の言い方の確認という意味でもよいだろうが，中学校以上についてはどうだろうか。

　例えば，帯活動として「今日は何の日」という活動を毎時間行うことができる。活動の流れとしては，あいさつをして，曜日と日付の発音と綴りを確認した後，教師が今日は何の日であるかについて英語で説明する。その後，ペアでそのテーマについてやり取りをする。最後は，数名を指名して教師またはALTとやり取りをするというのが1年生の授業の流れで，所要時間はあわせて約10分程度である。

　はじめのうちは，1ターンから2ターンくらいのやり取りで終わってしまう児童・生徒がほとんどであるが，毎時間継続すれば1〜2分継続して会話をすることができるようになる。2年生は会話ではなくスピーチに，3年生は話したことをライティングさせるというように活動を深化させることができる。このような形で3年間活動を継続すれば，入試の自由英作文でどのようなテーマが出題されても，諦めることなく書き進める力を育むことができる。

・ビンゴ

　ビンゴは，多くの単語を書き写し，多くの単語の音声と意味をゲームを楽しみながら導入できる活動である。「単語を25個書きとりなさい」という指示と「ビンゴゲームをやるからシートを埋めてきなさい」という指示では，やることは同じはずなのに，児

図4　ビンゴゲームのシート例（Word Bingo 研究会，2022）

童・生徒はかなり異なった印象を受けるはずである。さらに，授業の展開におけるコミュニケーション活動や教科書の本文を扱う際に，「この単語はビンゴに出てきてた！　意味は何だっけ？」という状況を作り出すこと

ができる。5分程度の活動であるが、新学習指導要領によって小学校・中学校・高等学校共に扱う語彙数が大きく増加している中で、多くの語彙を楽しみながら導入することができるビンゴが児童・生徒の語彙学習にもたらす効果は非常に大きい。

　また、ビンゴに勝つために必要なのは「運」であり、しっかり単語を書き込んでさえあれば、英語力に関係なく誰にでも活躍するチャンスがあることもその魅力である。英語の授業づくりにおいて大切なことの一つに「英語が得意な児童・生徒だけが活躍する授業はダメだ」というものがある。ビンゴはまさにそれを体現した活動である。英語が苦手だったり、英語が嫌いだったりする児童・生徒も、授業の始まりの段階であるビンゴでクラス1番になれば、その後の活動も多少なりとも前向きに参加する気になるのではないだろうか。

　ビンゴの進め方にはいろいろなバリエーションがあるが、授業開始のwarm-up であるので、時間をかけず、5分以内に終わらせるようにする。そのため、児童・生徒に英語を読ませたり、文の中に単語を埋め込んで読んだりといったような複雑なルールにはせず、教師が単語を読み、児童・生徒がそれをチェックするというシンプルな進め方を基本にする。

⑵ 復習

　復習は大きく分けて2種類ある。1つは前時に学習したことを復習することで、文法事項に限らず教材の内容も含める。もう1つはもっと以前に学習した本時の関連事項を復習することである。例えば、受動態の指導に入る前に、以前に指導した be 動詞の変化、過去分詞の形について復習しておいて、本時教材で be ＋過去分詞が出てきたときの指導を容易にするものである。この意味で復習は新教材への導入の一段階とも考えられるが、それは視点のウェイトをどこに置くかで変わってくる。次に代表的な復習の活動例を挙げる。

・既習教材の音読

　教材の本文全部あるいは一部を音読させる。音読は、英語の基礎体力づくりともいえる重要なトレーニングである。既習事項であれば教科書のどのページであっても自信をもって音読できるように継続的に指導したい。
・前時教材の内容に関する英問英答

　教師対児童・生徒に限らず、児童・生徒同士の問答もある。

・単語・連語の読み練習

　フラッシュカードやデジタル教材を用いて練習する。復習の段階のため，文字通り瞬間の提示で読み取らせる訓練をする。

・内容理解度のチェック

　前時教材の指導ポイントを含む英文を拾い出させて読み上げさせる。

・書き取り（dictation）

　教師によって，またはデジタル教科書などを使って読み上げられた英文を児童・生徒が書き取るもので，状況に応じて語，文，パラグラフなどが選ばれる。

・自己表現

　前時に学習した構文・連語を用いて児童・生徒の生活体験などを表現させる。この場合，児童・生徒が指示に即座に反応できるように自己表現文のテーマは個別的，具体的である必要がある。

　復習の最後に学習事項の確認のための quiz を行うこともあるが，これはテストではない。あらかじめ宿題として与えておいた範囲から出題し，ほとんどの児童・生徒が正解し，また児童・生徒相互の採点で評価できるような簡単な出題にしなければならない。宿題のチェックを授業中に行うのもこの段階である。

2）導入

　新教材の導入の方法には，大別して，文型・文法などの理解に重点を置く「新出文型・文法事項の導入」と，教科書本文の内容理解に重点を置く「教科書本文の導入」がある。いずれの場合においても，「導入」は新しい学習事項との出会いの場である。人間関係において，ある人とどのように出会ったか，その時，どんな第一印象を覚えたかがその後の付き合いに大きく影響するように，効果的な導入はその後に続く展開だけでなく，学習者のその後の言語使用に大きなアドバンテージとなる。

　効果的な導入方法を考えるにあたっては，文型・文法事項であっても，教科書本文の内容であっても，その指導項目を使って最終的に何ができるようになればよいのかを明確にイメージ

一般的な方法	backward design
どう導入し	どう導入するか
↓	↓
どう練習し	どう練習させて
↓	↓
何をさせるか	何をさせるために

表 1　一般的な授業設計方法と backward design との比較

するとよい。この考え方は backward design と呼ばれる。表1が示すように，一般的には「どう導入すればよいか」，そして「どういう練習をさせればよいか」，最後に「どういう活動ができればよいか」と授業を設計するが，backward design ではこの授業／単元の最後に「どういう活動ができればよいか」というゴールをまず先に設定し，それができるようになるためには「どういう練習をさせればよいか」，そして「どう導入すればよいか」を逆算して授業を設計する。

(1) 新出文型・文法事項の導入
① 帰納的か演繹的か
　演繹的方法（deductive method）とは，まず規則を教え，次にそれを具体例に適用していくやり方で「一般→具体」の形をとる。一方，帰納的方法（inductive method）とは，ある規則を教えるのに，いくつかの類似例を挙げ，そこから規則を導き出していく方法で「具体→一般」の形をとる。演繹的な導入の代表的なものとしては PPP（Presentation-Practice-Production）がある。これは，文法規則をしっかり説明して，練習させて，それを使って自己表現をさせるという授業展開で，スムーズに授業が進む上，教室外では英語に触れる機会が非常に少ない日本のような EFL（English as a Foreign Language）の学習環境に非常に適しているという考えを持つ教師も多い。例えば，現在完了形の経験用法を指導する際に，次のような授業展開が考えられる。

(ア) 現在完了形は，have/has+ 動詞の過去分詞形で，経験用法の意味は「～したことがある」となります。例文としては，I have been to Tokyo many times.「私は何度も東京に行ったことがあります」となります。
　→ Presentation
(イ) では，この例文を参考に，現在完了形の経験用法を使った英文を作る練習をしてみましょう。「私は何度も大阪に行ったことがあります」は英語でどのように表現しますか。そうですね，I have been to Osaka many times. です。皆さんいいですよ。では，「私は…」
　→ Practice
(ウ) 最後に，今日学習した表現を活用して，自分が行ったことがある場所について，ペアの人に英語で説明してみましょう。
　→ Production

　一方，帰納的な導入方法としては，文脈の活用（contextualization）を生かしたやり方が挙げられる。例えば，次は助動詞 can の導入場面の一例である。

T: Who is this?

S: 誰？　誰？

T: This is my wife. This is a story about my wife and me yesterday. How was she?

S: ？？？

T: Happy? Sad? Tired?

S: Busy!

T: Yes, that's right. She was very very busy yesterday. She had many things to do. So, she said, "Please cook dinner," to me. Of course, I said, "YES!"

S: え〜，先生料理できるの？

T: Good point. I am not good at cooking. I cannot cook well. How about you, Yuki? Can you cook well?

S: Yes.

T: Good, you can cook well. But I cannot cook well. So, I said to my wife, "I can cook this." What's this?

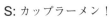

S: カップラーメン！

T: Yes, that's right. I can cook instant noodles. Can you cook instant noodles, Kota?

S: Yes.

T: OK, you can cook instant noodles, too. I said to my wife, "I can cook instant noodles. Is that OK?" What was her answer? Can you guess?

S: え〜，ダメでしょ。

T: You are right. She said, "No." She said, "That's not cooking!" So, I said to my wife, "I can cook this." What's this?

S: たまごかけご飯！

T: Yes, that's right. I can cook *tamagokakegohan*. Can you cook *tamagokakegohan*, Momoka?

S: Yes.

T: OK, you can cook *tamagokakegohan*, too. I said to my wife, "I can cook *tamagokakegohan*. Is that OK?" What was her answer? Can you guess?

S: 絶対それもダメだよ。

T: You are right. She said, "No." She said, "It's not cooking, either!" I thought and thought, what can I cook ...? I got a nice idea. I said to my wife, "I can cook this." What's this?

S: パスタ！

T: Yes, that's right. I can cook pasta. It's super simple and easy; just put meat sauce on pasta. Can you cook pasta, Haruki?

S: Yes.

T: OK, you can cook pasta, too. I said to my wife, "I can cook pasta. Is that OK?" What was her answer? Can you guess?

S: Yes! Yes!

T: You are right. She said, "OK." I cooked pasta, and we enjoyed it.

　「昨日，夕飯を作らなければならなくなった」という場面・文脈の中で，目標文型である can をカップラーメン，たまごかけご飯，パスタと料理名を変えながら，同じようなパターンで導入している。

② 導入文の文脈・場面
　言語の形式・構造は文脈や場面を与えられて初めてコミュニケーション上の意味・機能を持つようになる。したがって，新しい項目を導入するとき，適切な文脈の中で行うことは極めて重要で，文脈が適切であれば日本語による訳や解説は要しないことが多い。例えば，韓国語をまったく分からない状況でも，レストランに入ったときに店員さんが笑顔で「어서 오세요（オソオセヨ）」と声をかけてきたのであれば，おそらく「いらっしゃいませ」のような意味だろうと推測することが可能である。また具体的な場面の中で提示する（contextualization）ことは日本語の介在を排除するだけでなく，その言語項目と共起するさまざまな表現様式を自然に会得させることもできるのである。例えば，過去進行形を導入するのであれば，その動作の進行時点を示す何らかの語，句，節がなければならず，それに伴い，日本語と異なる

時制の枠組みが意識されるようになるのである。

　しかし，この「場面の設定」はそう簡単ではない。教卓の上に本を置いて，「What is on the table? ─ A book is.」と自問自答しても，それはこの表現に適切な場面を提供したことにはならない。ところが，児童・生徒の側にテーブルの上にあるものが何か知りたい欲求があり，教師の側にそれを当てさせる必然性がある場合，例えば机上に奇妙な動きをする物体が布をかぶせて置いてあり，児童・生徒の好奇心がそそられたという状況なら，What's on the table? がコミュニケーション上の意味を持った発話になる。つまり意味のある場面というのは言語的に適切な文脈というだけでなく，その文脈の出現する場面がその言語行為をする者にとって有意味なものでなければならないという二重の意味を持っているのである。

③ 既習事項との対比と類推

　新しい文法事項を導入するとき，既習の知識を活用して，その意味や用法を類推させ，その類推で処理できない新出事項を既習事項と対比することによって，その構造的特徴に気付かせる。例えば John is washing his car. が新出であれば，既習構文 John washes his car every day. からの類推で「ジョンは車を洗う」という統語的情報が理解されていることを確認する。そして動詞部分を対比して，形式がどう違い，意味がどう変わるかを把握させるのである。知覚動詞の構文 I saw a girl crying. であれば，既習の I saw a girl. と A girl was crying. を活用することになるし，現在完了形であれば過去形と現在形との意味の対比は欠かすことができない。

(2) 教科書本文の導入

① オーラル・イントロダクション

　オーラル・イントロダクションは，Palmer の Oral Method（p. 27）に特徴的にみられる活動である。オーラル・イントロダクションにおいては，教科書本文の内容全体を既習表現などで易しく言い換えたり，イラストや動画などの視覚的な補助教材，さらにはジェスチャーなどを組み合わせたりして提示する。特に初級学習者にとっては，いきなり文字情報からその内容を読み取ることは，我々教師が思う以上に困難でハードルの高いことである。オーラル・イントロダクションによって教科書本文の内容を次の流れで無理なく導入することができる。

・音声から文字
・インプットからアウトプット
・概要から詳細

　よって，オーラル・イントロダクションの際には，教科書は閉じた状態で
英語を聞く指導を徹底しなければならない。
　また，児童・生徒が「なんだか面白そうだぞ」「この英文を読んでみたい」
「続きはどうなるんだろう」と思うような動機づけも導入の重要な役割であ
る。教科書は語彙や文字数など多くの制限の中で作られているので，かなり
簡素化されていることが多い。登場人物や歴史的背景，児童・生徒にとって
身近な話題などに言及することも重要である。
　オーラル・イントロダクションは英語教師の指導力の向上としても効果的
である。なぜならば，うまくオーラル・イントロダクションを行うには英語
教師にとって身に付けていなければならない次のような技術が不可欠だから
である。

・基本的な英語の運用能力
　　児童・生徒に聞かせるものである以上，文法や発音などが正確でなけれ
　ばならない。
・児童・生徒の理解をモニターする力
　　一方的に教師が話して，児童・生徒を置いてけぼりにしてはいけない。
　児童・生徒の反応を観察したり，発問したりしながら，教師の英語を理解
　できているか確認しつつ進めなければならない。
・臨機応変に足場架けをする力
　　児童・生徒の実態を正確に捉え，どの表現が難しいのかを予想し，適切
　な補助をしなければならない。

　初めのうちは，英語を英語で説明して児童・生徒に分からせるなんて魔法
のように感じるかもしれないし，自分の英語がうまく児童・生徒に伝わらな
いこともあるだろう。しかし，それはよくよく考えれば，実際の英語の使用
場面で起こっていることそのものである。母語を共有していない話者同士で
コミュニケーションをするときには，うまく伝わらないから，よく理解でき
ないからといって，日本語に訳してその場をやり過ごすことはできない。ま
してやそこで「意味が分からない」とあっさり諦めるような学習者は，実際

の英語の使用場面でとてもコミュニケーションを遂行することができない。どうすれば分かってもらえるだろう，分からない部分もあるが粘り強く相手の言いたいことを聞いて理解しようというオーラル・イントロダクションは，英語学習者にとってはコミュニケーションの縮図ともいえる。

② Picture Description

　オーラル・イントロダクションは教師が一方的に話し，児童・生徒が受け身になりがちである。中学校の後半から高校生に対しては，より児童・生徒の主体性を生かした導入方法を取ってみるのもよいだろう。

　Picture Description は，提示されたイラストや写真を，英語を使って表現する活動である。たいていの教科書には図5のようにレッスンやユニットの初めのページにそのユニットの内容を象徴するようなイラストや質問が掲載されていることが多い。プロジェクターや電子黒

図5　*NEW HORIZON English Course 2* Unit 2 の冒頭ページ（笠島他，2021）

板などを使ってこのページを提示し，「What can you see?」「What is this lesson's topic?」「Can you guess the story?」などと問いかけてペアでやり取りをさせたり，ページ下の質問，Food travels around the world. How does it change? について，「Where is curry originally from?」「What is the difference between Japanese curry and Indian curry?」と投げかけて児童・生徒とやり取りすることも効果的である。英語・日本語を問わず，実生活で何かを読む際には，表紙を見てどんなことが書いているのだろうと予想したり，ぱらぱらとページをめくって挿絵などから書いている内容を推測したりすることはよく行う行為である。Picture Description はオーセンティックで理にかなった導入方法である。

　この段階で避けなければならないことは，児童・生徒に教師が求める正解や言語形式の正確さを過度に要求することである。例えば，「料理の作り方について書いていると思う！」という児童・生徒の発言に，「In English, please.」と英語で言わせたり，「I look *kareraisu*!」と言った児童・生徒に，「look のあとには at が付きます」や「*kareraisu* じゃないでしょ，curry and rice でしょ」と指導したりすることは，まだ本文を読む前の導入段階であることを踏まえれば不適切であるだけでなく，児童・生徒の話そうという意欲の減退につながってしまう。児童・生徒が日本語で言った場合，単語レベルなど不完全な英語や文法的に正確でない発話があった場合には，「Nice idea!」や「Thank you for your cooperation!」とむしろ褒めて，教師が正しい英語に言い換えるリキャストをして活動を継続する心のゆとりをもって指導に当たってほしい。

③ 動画の視聴

　デジタル教科書には，図6のようにレッスンやユニットに関連する動画を視聴する機能が搭載されているものがある。この導入方法は「オーセンティックな英語」と児童・生徒が接触する貴重な機会となり得るが，一方で児童・生徒側の理解が上滑りになってし

図6　*NEW HORIZON English Course 2*　Unit 4 の動画（笠島他，2021）

まう心配もある。そのため，ただ見せて終えるのではなく，pre-listening question（p. 34）として事前に質問を与えたり，視聴後に理解の程度を TF quiz や英問英答である程度把握するなどの工夫が必要である。したがって，実際の授業ではきちんと理解すべきところとだいたいの流れを掴めばよいところを区別した，めりはりのある指導が求められる。

3）展開

(1) 練習・応用

　1単位時間の指導過程で，導入・提示の次にくるのは練習・応用の段階である。何事もそうであるが，技能を習得するには繰り返しや反復練習が欠かせない。野球やテニスの練習で素振りが不要であるとは考えにくい。しかし，ただひたすら回数をこなすだけのドリルや，何ができるようになるのかゴールが明確に示されていないエクササイズのためのエクササイズがほとんどの割合を占める授業の反省から，繰り返しや反復練習がタブーであるかのように見なされることが多い。避けるべきドリルやエクササイズとしては次のようなものが挙げられる。

・繰り返しのための繰り返し

　ひたすら素振りをさせておいて，その成果を発揮する試合形式のないテニス部のようなものである。反復練習をしたからより良くコミュニケーション活動ができたという有用感を持たせるように，練習と応用を有機的に結び付けるように指導過程を構成する。

・意味が伴わない，機械的な練習

　このような練習としてすぐに想起されるのはパターン・プラクティス（p. 30）であり，批判されることもあるが，パターン・プラクティスそれ自体が絶対悪であるという発想は間違いである。このような批判は，パターン・プラクティスは教師が矢継ぎ早に cue を与えることによって，児童・生徒が迅速に反応し，その言語項目を無意識の習慣にすることに対してであり，その際に児童・生徒が英文の意味を分かっていない状況で，ただオウムのように英語を口にしているだけの場合が多いためである。口にしている英文はどのような意味のものであるのか，児童・生徒が把握した状態であることに留意する。

・全体練習だけのドリル（全体に当てたら個に返す）

　ドリル活動でも英文のリピートでも，一斉指導で全体がうまくできていることを確認しただけで次の活動に移る授業を目にすることがある。英語の授業は合唱指導ではない。全体ではよく声が出ていたとしても，その中にはうまく言えなかったり，間違えた発話をしていたりする児童・生徒がいることがある。全体で練習して，ある程度できるようになったら，列指名などで必ず児童・生徒一人一人ができているかを確認して，次の活動に移るようにする。

　それでは，どのような練習・応用が望ましいのだろうか。次に具体例を挙げながら紹介する。

① 失敗例

　図7は「将来の夢」の発表を最終ゴールとした，練習から応用の流れである。一見良さそうに見えるかもしれないが，実際にやってみると，最後の発表活動でほとんどの児童・生徒がうまく言えないか，言えたとしても小さな声で自信なさげに発表するということになりそうである。便宜上テーマを「将来

の夢」としているが，スピーチ活動に共通することと考えて差し支えない。いったい何がだめなのか，どのように改善すればよいかを考えた上で読み進めてもらいたい。

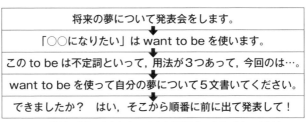

図7 「将来の夢」の発表をゴールとした練習からの応用の流れの失敗例

上記の練習から応用への指導過程における問題点として，大きく次の点が挙げられる。

・教師によって一方的に「将来の夢について発表します」と課題提示がされており，児童・生徒としては「え？　なんで？」「やれと言われれば，まぁ発表するけど」のように課題に主体的に取り組むことが難しい。

・最終的にどのようなスピーチをすればよいのか，イメージがつかめないまま授業が展開している。

・演繹的な文型の導入と明示的な説明の後にいきなり，将来の夢について書けと指示しても，内容もそれを表現するために必要な語彙も表現も児童・生徒は持ち合わせていない。「分かること」＝「できること」であると誤解をしている典型である。文法的なルールを教えれば英語が作れるというのは，英語ができる人の目線である。これでは多くの児童・生徒が「何を書けばいいの？」「英語でどう言うの？」と迷ってしまう。

・今回の目標文は，不定詞の３つの用法の中でも名詞的な用法のみである。具体的な例文なども示されない状況で「ちなみに」と他の用法を紹介されても児童・生徒は混乱するだけである。熱心な教師ほど，いろいろなことを児童・生徒に教えたいという熱意から，あれもこれもと欲張りがちである。ただし，授業時間は限られていることを忘れてはいけない。「ちなみに」という言葉が口から出てきたときには，その後に続くことが本当に目の前

の児童・生徒たちにとって今必要なことか，一度立ち止まって考えるようにするとよい。

・書いた後に発表となっているが，話すための練習が一切されていない。スクリプトがありさえすれば，それを発表することはさほど難しくないというのは，英語ができる教師の目線である。

・スクリプトや台本を作ってそれを読むという指導過程は，果たして妥当か。多くの場合，スクリプトや台本をしっかりと作れば作るほど，児童・生徒はそれを頼りにして，目線を上げずそれを読み上げるような発表になりがちである。これではスピーチではなく音読ではないか。スピーチの練習を多く取り入れ，言えるようになったものをライティングさせるという流れもあり得るのではないか。

　ここまで極端なものではないかもしれないが，上記の問題点を何点か含む指導過程は少なくないのではないだろうか。このような指導過程は「児童・生徒の目線に十分に立てていないこと」が原因である場合が多い。英語の教師の多くは，英語が得意であるのが一般的である。目の前の児童・生徒の様子をしっかり観察し，児童・生徒の目線に立って，理にかなった順番で，なだらかな指導過程を組むよう留意することが重要である。
　では，どのように改善できるのか，次に一例を示す。

② 改善案

第 1 時：オーラル・イントロダクションでモデル提示（5 分）
第 2 時：ドリルやゲームで練習（10 分）
第 3 時：スピーチ内容を考え，ペア練習×4 セット（10 分）
第 4 時：スピーチ内容を考え，グループ練習×2 セット（10 分）
単元末：レッスンの終わりにクラス内発表会（50 分）

図 8　「将来の夢」の発表をゴールとした練習からの応用の流れの改善例

・例えば「教師自身が中学生だったころの将来の夢」を語ったり，「有名なスポーツ選手が中学生だったころの卒業文集」などを紹介したりして，課題の導入と同時に最終的なスピーチのイメージを児童・生徒に持たせる。

・「分かる」ことよりも「できる」ことを優先し，導入したらドリルやゲームなどを通して want to を使った英文にたくさん触れさせて，目標文型に慣れ親しませる。文法用語を使って明示的な説明が必要であると判断する場合は，スピーチ終了後，児童・生徒がある程度その文型を使えるようになった段階で帰納的に説明する。

・いきなりクラスの前で，しかも英語を使って発表するのは，児童・生徒にとっては非常にハードルの高い活動である。ペア→グループのように段階を踏みながら，何度もスピーチの練習をさせる。

③ 練習・応用の際のポイント
㋐ 児童・生徒にやらせっぱなしにしない
　ペアやグループでの練習は，児童・生徒に活動させっぱなしにせず，適宜活動を止めて，机間指導の際に気が付いた児童・生徒に共通してみられるミスやエラーの指導をしたり，「言いたかったけど英語にできない表現はないですか」と児童・生徒に問いかけたりする。このように「活動→指導→活動」の流れにすることで，練習を重ねるたびに児童・生徒のパフォーマンスを上達させることができる。

㋑ ペアの組み方に一工夫
　同じ相手とペアで繰り返し練習すると，お互いに何度も同じような話をすることになる。これでは，聞く方はもちろん話す方も「また同じ話になっちゃうんだけどさ…」というような気持ちになって，練習の度に意欲が減退してしまう。そこで，ペアで繰り返し練習する際には，隣のペアだけでなく，前後・斜めなど相手を変えながら行う。図9のように，片方の列の児童・生徒を活動の度にずらす方法もお薦めである。

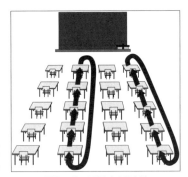

図9　ペアの組み方の工夫例

㋒ 同じ活動を同じように繰り返さない
　活動を繰り返す際には，同じことを同じようにするのではなく，回数を重

ねるたびに，少しずつでも活動が深化するようにするとよい。

・時間を変える（4/3/2）

　Nation（2013）が紹介している，流暢さを向上させるための活動である（詳細については p.112 を参照）。同じ活動でも 1 回目は 4 分間で，2 回目は 3 分間で，3 回目は 2 分間でというように，回数を重ねるたびに活動時間を短くしていく活動である。

・分量を変える

　例えば，初めは 1 文，2 回目は 2 文，3 回目は 3 文というように，回数を重ねるたびに英文の分量を増やしていく活動である。また，1 回目は「将来何になりたいかをペアに伝えなさい」，2 回目は「その理由を話しなさい」，3 回目は「具体例を挙げなさい」というように内容を指定する方法も可能である。

・技能を変える

　同じ内容を技能を変えて行う活動である。今回の場合は，まず「将来の夢」についてスピーキングし，うまく話せるようになったら，それを「書いてみる」というようにするとよい。

⑵ 教科書を用いた活動

　オーラル・イントロダクションで本文の概要を音声でインプットし，フラッシュカードなどで新出単語の音声と綴りを関連付ける導入の後は，教科書本文を理解し内容を鑑賞した上で，それを基にアウトプットするなど発展的な活動につなげる段階である。学習形態としては児童・生徒の「読み」を中心として展開するが（具体的なリーディングの指導技術は第 5 章第 3 節参照），次は一般的な手順である。

① CD，DVD，デジタル教科書を活用した聞き取り

　モデルとなる音声を聞いて，音声と文字を結び付けたり，次の音読へとつなげたりする段階である。英語の上達にはしっかり聞けることと，聞いた音声をまねできることが重要である。ただ，何も指示を与えずに「音声を聞いてみましょう」と音声を流しても，児童・生徒は漫然と目が文字を上滑りしていることが多い。そのため，文字を指でなぞらせる，声を出さずにモデル

をまねて読んでみる（whispering）などの工夫を行う。

② 教科書本文の音読

　初級段階で極めて習慣的に行われている活動であるが，それが英語の習得にどう関わっているか（音読は何のためにするものなのか）を教師が再検討し十分な理解をもって活動に当たる必要がある。しっかりとした音読は授業のめりはりをつけるためにも大変有効な方法である。また recitation やスピーキングへと発展させることをねらっている場合は look-up and read や plus-one-dialogue などの音読方法を，内容理解をねらっている場合は教師の日本語に対応する文だけを拾い出して読ませる（translation reading）などの技術もある。

③ 教科書本文の内容確認

　教科書本文に出た基本文の反復，内容に関する TF quiz，英問英答が中心であるが，学習内容が発展的に理解されるために，教科書の材料を使って自己表現をさせるなど応用練習を行うこともある。

④ 発展的な活動

　中学校の新学習指導要領の話すこと［やり取り］の目標に「ウ　社会的な話題に関して聞いたり読んだりしたことについて，考えたことや感じたこと，その理由などを，簡単な語句や文を用いて述べ合うことができるようにする」とあるように，技能を統合した活動の重要性が示されている。実際の言語使用場面においても，読んで終わりということはほとんどなく，読んだ後にその内容を要約してライティングしたり，読んだ文章について誰かと意見交換するなど，他の技能と関連付けることが一般的である。よって，教科書の本文も内容理解にとどまらない，それを基にした発展的な活動を積極的に取り入れるべきである。具体的には reproduction や retelling と呼ばれる，教科書本文の内容を自分の言葉で説明する活動，対話文を登場人物になりきって演じるスキットなどが挙げられる。

4）まとめと振り返り

⑴ 整理・確認

　授業のまとめであるこの段階における活動には，児童・生徒に「授業を通して学習した内容ができるようになった＝授業が分かった」という達成感を

持たせることが重要である。学習内容に関連するものであるからと，非常に発展的で高度な確認テストを実施して，「授業をがんばったのにテストが全然できなかった」という思いを児童・生徒に残して授業を終えることは避けたい。よって教師には，ここで一段階スピードダウンして，ほとんどの児童・生徒が自信を持って取り組むことができる活動を実施するのがよい。具体的には次のようなものが考えられる。

・音読

　　理解確認のための音読である。基本文のみを一斉読みする。

・英語表現

　　該当時間に出てきた重要構文・難解個所など，その中心的な部分を教師の援助のもとで英語で表現させる作業で，いわゆる和文英訳とは違い，完成された英語文である必要はない。口頭で行うことが多いが，ノートに書き留めさせることもある。

・書き取り

　　ここでの dictation は学習事項の確認が目的であるため，当然該当時間のテーマになった英文が用いられる。

(2) 目標文や語句の書き取り

　　児童・生徒の個人差が大きいために，書くための十分な時間を授業時間内にとることは敬遠されがちである。しかし，書くことは学習内容を確認する上で極めて大事である。よってこの段階における書く活動は，ターゲットセンテンスや教科書本文のキーセンテンスなどの書き取りや，児童・生徒同士で即座に正誤が確認できる程度にする。整理のために，板書に示した語句を用いて教師の指示した内容を書き取る方法もあり得る。

(3) 家庭学習の提示

　　語学においては，少しずつでも継続的かつ習慣的に学習をすることが重要であり，そのため家庭学習なしの授業というのは考えられない。週数時間程度の授業時間である限り，家庭学習は授業計画の重要な一部である。伝統的に，「予習」と称して，家庭学習時にノートの左側に英文を書き写し，新出単語の意味調べをさせた上で，右側に日本語訳を書いてくることを課すこと

があるが，発音も意味も分からない英文を書かせることは，言語習得の原理に反することである。特に初級学習者の段階においては児童・生徒の負担という点からもこのような課題を課すことは避けるべきである。

　むしろ，家庭学習としては，授業で行った内容の定着をねらった課題を中心に出すことを考えるべきである。筆者は家庭学習を出す際に生徒に次のように伝えていた。

　「授業中に教科書の英文が読めた，英文が書けたなど，できたからといって安心しないように。それは教えられた直後だからできたのかもしれないし，クラスメートと一緒に協力してやったからできたのかもしれない。英語に限らず，何でも最終的には誰の助けも借りず一人でできるようになっていなければ身に付いたとはいえない。授業でやったことを，家に帰ってから誰の助けも借りず一人でできるようになったか確認し，うまくできないときはその日のうちにできるまで練習する，家庭での学習を習慣化しよう」

第 3 節　授業評価と授業分析

　教師であれば誰でも，より良き授業を求めて日々の授業を反省し，不満足というのであれば，その原因を探り，次回の授業の改善に役立てようとする。それは教師の本能というべきものであって，「教える」ことに内包されていることである。この授業の反省をより分析的，かつ，体系的に行う試みが授業研究である。ここでいう「分析的」とは，授業全体を構成する指導過程や教授学習活動，教材・教具，さらには，児童・生徒及び教師の発言などの各部分に分け，それぞれが児童・生徒の学習にどのような効果・影響を与えているのかを明らかにすることを意味している。また，「体系的」とは，これらの個々の要素がどのように相互作用しながら，どのような秩序をなして授業全体を構成し，その成立に貢献しているのかを評価することを意味している。本節では，上述した「授業研究」の枠組みで行われる授業のふり返りと授業改善の営みを「授業評価」及び「授業分析」として整理し，その目的・方法について概観することで授業改善の実際について学ぶ。

1．授業評価とその目的
　「評価」というと，一般には児童・生徒の学習状況を評価する「学習評価」

を指す場合が多いが，本節では，授業を対象にその効果を評価する「授業評価」について学ぶ。授業評価とは，授業を振り返り，その分析を通して，目標設定や指導過程，教授学習活動，教材などが適切なものであったかについて価値判断を行うことである。授業評価の対象となる授業は，1 単位時間の授業の場合もあれば，1 単元を構成する数時間にわたる授業の場合もある。さらには，1 学期間，あるいは 1 年間という，より長期的なスパンで授業評価を行うこともある。つまり，上述した授業研究における「体系的」の範囲をどう設定するかによるのである。

　それでは，授業評価は具体的に何のために行うのか。児島（2004）は授業研究の目的として，(1) 授業自体のメカニズムの解明，(2) 授業改善，(3) 教師の指導力の訓練・研修，の 3 つを挙げている。これらの目的のうち最も重要なものとしては，(2) の授業改善であるといえるであろう。そして，これがまさに授業評価の目的そのものであると考えることができる。すなわち，授業評価とは，授業を分析し，その結果に基づいて授業を改善し，児童・生徒のより質の高い学びを促すことを目的として行われるものなのである。

2. 授業分析とその方法

　授業評価は「授業を分析し，その結果に基づいて」行われるものであると述べたが，この「授業を分析する」という行為がまさに「授業分析」と呼ばれる作業に他ならない。すなわち，授業分析は，授業評価の方法として位置付けられるものである。二杉（2002）によると，授業分析とは「授業の記録にもとづき，授業における一つひとつの事実の持つ意味を明らかにすること」である。また，藤川（2002）は，授業分析を「授業を細かく分けて，その授業の特徴や他の何らかの知見を明らかにしようとする営み」であるとしている。いずれの定義も，上で見た「授業の反省を『分析的』に行う」という授業研究の基本原理に合致するものであり，その作業のためには，授業から得られた何らかのデータが必要であることが分かる。次に，授業分析のためのデータ収集の方法について，授業者によるデータ，学習者からのデータ，授業観察者からのデータ，そして，機器によるデータに分けて概観し，さらにそれらのデータをどのように分析するのか，すなわち，授業分析の方法として，システム観察法と授業リフレクションを取り上げ，その概略を見ることにする。

1）授業分析におけるデータ収集法

⑴ 授業者によるデータ

① 授業記録

　教師にとって最も基本的な資料で，必ずしも一定のフォーマットに従った
ものでなくても，教科書にメモ書きとして残されたものでもよいし，授業案
の余白に書き込むかたちでもよい。後者の場合，時間の流れやその時の状況
が示されて便利である。また後日整理するための時間と労力を考えると，一
定のテーマないし特定の児童・生徒集団などに視点を絞った観察が有効であ
る。

② 授業日誌

　1時間単位，もしくは1週間の特定の曜日を授業反省日と決めておいて，
その時に感じたことを率直に書き留めることもある。私事や児童・生徒の個
人情報がふんだんに出てくるので，扱いには十分な注意が必要である。

③ ティーチング・ポートフォリオ

　ポートフォリオ（portfolio）はもともと「書類ばさみ」を意味する語で，
教育用語としては教師や学習者の教授・学習活動を記録したさまざまな資料
の総体を指す。より一般に知られているものは学習者のそれであり，ラーニ
ング・ポートフォリオ（learning portfolio）と呼ばれ，学習者が教師の指
導の下，学習課題の成果物（作文，作品，ワークシートなど），テストの答
案，成績表などを整理し，自分の学習を振り返り，今後の学習に役立てる
ためのものである。その教師版がティーチング・ポートフォリオ（teaching
portfolio）であり，シラバス，指導案，教材などの資料がまとめられたもの
である。それを整理することで自身の指導過程を省察するとともに，指導改
善の資料，さらに，今後の指導計画の作成のための資料となる。

⑵ 学習者からのデータ

① アンケート（質問紙調査）

　児童・生徒が授業をどのように理解し，認識しているのかを知るためのデー
タ収集法である。授業内容全般について質問項目を設定し，「はい」「いいえ」
「どちらでもない」などの選択肢を与えて回答させるやり方が一般的である。
授業の特定の場面（教授学習活動など）や教材・教具に焦点を当てて質問す
ることもできる。

② 児童・生徒の感想（自由記述）

　授業の成否を最も直截的に示す資料である。あらかじめ質問項目をセットしておいてもよいが，「楽しかった部分はどこですか」「一番役に立ったと思ったところはどこですか」など，回収するプリント類の余白に児童・生徒の素直な感想をひと言書いてもらう方法もある。

③ 児童・生徒との会話記録

　通常の勤務体制では組織的インタビューはできるはずもないが，授業の合間や休憩時間での気軽な会話に授業改善の重要なヒントが隠されていることがある。もちろんこれには特定の生徒に集中しないよう配慮が必要なことはいうまでもない。

④ 児童・生徒の学習日誌

　児童・生徒の心の中を知るには児童・生徒自身が本音を語った文章に勝るものはない。特別なノートなど作らなくても，宿題として与えた学習プリントに児童・生徒の不満や困っている点などを自由に記入できる欄を作っておくとよい。

(3) 授業観察者からのデータ

① チェックリスト

　授業運営及び授業内容について，例えば「授業目標の提示」や「学習遅進児への対応」などのようなチェックするべき項目をあらかじめ設けておき，それがきちんと行われていたかどうかを記録する。授業者が自分の教授行為を正しく記憶していない場合が意外に多く，授業後の振り返りのために観察者によるチェックリストは有効である。

② 評定尺度

　これも，授業運営及び授業内容について評価対象となる項目をあらかじめ設定しておき，その項目の内容がどの程度適切に行われていたかを 5 段階などの尺度を用いて評定する。後述するシステム観察法のうち，特に評定尺度システムで用いられるものである。

③ 自由記述

　授業全般について，あるいは，特定の教授学習活動に焦点を当てて，観察

者が気付いたことや感じたこと，特に，問題点として認識したことやその改善策などを文字通り自由に記述する。授業者自身にはない視点が授業観察・授業分析にもたらされるため，有用なデータとなる。

⑷ 機器によるデータ（音声・映像記録）
　現在では小型のビデオカメラやタブレット端末などの普及により簡単に授業の映像を記録することができるようになったが，収録後の視聴は意外と時間とエネルギーが必要とされるものだということを意識しておく必要がある。カメラを定点に固定しておくよりも，同僚の協力を得て必要な時間，必要な場面を焦点化して記録するのが有効である。もちろん後者の場合，事前に授業者が授業のポイントになる場面や時間帯を撮影者と十分に打ち合わせておく必要がある。さらにこうした映像記録を文章化すると，焦点化はますます鮮明になるが，非常に手間がかかるため日常的に行うことは無理である。

2) 授業分析の方法
　授業分析には個別の目的に応じていくつかの方法がある。ここでは，その代表的なものとして，システム観察法と授業リフレクションの2つを取り上げ，それぞれについて具体例を基に説明することにする。

⑴ システム観察法
　主として数量的に表現されたデータ，すなわち，量的データを用いて体系的に，言い換えれば一定の手続きに従って授業分析を行う方法である。① カテゴリーシステム，② サインシステム，③ 評定尺度システムの3つがある。

① カテゴリーシステム
　授業中の教授・学習行動をカテゴリーに分類し，その分布により授業の特徴を明らかにしようとするものである。どのようなカテゴリーを立てるかは当然分析の目的と連動する。さらに，カテゴリー作成者の授業観が反映されるものであるため，まず「良い授業」の条件として何を想定するかを決めておく必要がある。代表的な例としては，Flanders（1970）による授業相互作用分析（interaction analysis）が挙げられる。Flanders は，教師主導型の授業より生徒の主体的学習行動が見られる授業の方が効果的であるという信念に基づいて，教師の発言を生徒の行動に直接影響を与えるもの（講義，指示，批判・修正など）と間接的に影響を与えるもの（感情の受容，賞賛，

勇気づけ，冗談，発問など）のカテゴリーに大別して分析することを提案している。Flanders の考え方を外国語教育に応用した Wragg（1970）は図10 のように，教師，生徒の発言をさらに母語によるものと目標言語によるものに分けている。それは授業を教師と生徒の発言の割合と，どれだけ目標言語で授業が展開されていたかを数値として評価することによって，授業改善の手がかりにすることを目的にしている。

		カテゴリー分類		カテゴリーの説明
		日本語	英語	
教官の発言	間接的影響	(1) (2) (3) (4)	(11) (12) (13) (14)	感　情　の　受　容 賞　賛　・　勇　気　づ　け 発　想　の　受　容 発　問
	直接的影響	(5) (6) (7)	(15) (16) (17)	講　義 指　示 批　判　・　修　正
生徒の発言		(8) (9)	(18) (19)	応　答 生　徒　の　発　言
沈　黙		(10)	(20)	沈　黙　又　は　混　乱

図10　Wragg（1970）の発言カテゴリー

(ア) 分析の手順

　授業分析は次の手順に従って行われる。

a. 授業を録画する
b. 録画を基に忠実に発言を文字化する
c. 録画データを確認しながら授業記録に 3 秒ごとに斜線を入れる
d. 斜線で区切られた発言を，それぞれカテゴリーに分ける（判断に客観性を持たせるためにできるだけ複数の教師で行う）
e. 各発言をカテゴリーごとに集計する

　一見して分かるように，これは極めて労力のいる作業であり，分析の結果を数値として得るまでには膨大な時間を必要とする。

(イ) 分析結果の実例

　図 11 は Wragg による授業相互作用分析の手法を基に，教育実習における実習生の授業と指導教員の授業を分析したものである（カテゴリー番号は図10 の番号に対応）。

　同じ教材を同質のクラスで同じ方針で行った 2 つの授業の比較であるた

め，基本的にはほぼ同じ傾向が見られるが，実習生の授業にはカテゴリー4，
10が多く，3，13，14が少ないことに気付く。英語による質問（カテゴリー
14）が少なく，日本語での質問（カテゴリー4）にしても生徒からうまく反
応が返ってこない（カテゴリー10）上に，生徒の発想を受け入れる（カテ
ゴリー3，13）精神的余裕がないので，再び同じ質問を繰り返す，という授
業風景が目に浮かぶようである。

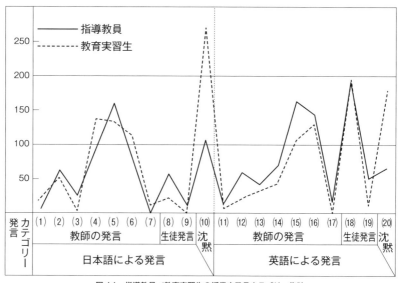

図11　指導教員／教育実習生の授業中発言カテゴリー集計

② サインシステム

　授業がどのような要素から成り立っているのかを多次元的，探索的に明ら
かにしようとするものである。例えば，教材はどのような性質のものか，授
業活動はコミュニケーション指向か，それとも言語構造中心か，学習形態は
個人学習かグループ学習かといったように，授業の全体像を項目ごとに分析
し，その構成要素を特定する。その際，各要素の出現頻度は問わない。代表
的なものとして，授業がどれくらいコミュニケーション指向のものかを把握
するために開発されたCommunicative Orientation of Language Teaching
（COLT）Observation Scheme（Spada & Fröhlich, 1995）が挙げられる。
COLT Observation Schemeは，Part AとPart Bの2つのパートからなる。

Part A では授業全体を教授学習活動（activities）に分け，さらに必要に応じて各活動に含まれる，より具体的な内容であるエピソード（episodes）に区切り，エピソードごとに後述する 5 つの観点から分析する。一方，Part B では，授業での教師─生徒間，ならびに生徒同士の言語によるやり取りを記録し，その特徴を分析する。図 12 は，Spada & Fröhlich（1995）による COLT Part A の記録用の表である。

TIME	ACTIVITIES & EPISODES	PARTICIPANT ORGANISATION							CONTENT								CONTENT CONTROL			STUDENT MODALITY					MATERIALS							
		Class			Group		Indiv.		Manag.		Language				Other topics		Teacher/Text	Teacher/Text/Stud.	Student	Listening	Speaking	Reading	Writing	Other	Type				Source			
																									Text		Audio	Visual				
		T-S/C	S-S/C	Choral	Same task	Different tasks	Same task	Different tasks	Procedure	Discipline	Form	Function	Discourse	Socioling.	Narrow	Broad									Minimal	Extended			L2-NNS	L2-NS	L2-NSA	Student-made
1	2	3	4	5	6	7	8	9	10	11	12	13	14	15	16	17	18	19	20	21	22	23	24	25	26	27	28	29	30	31	32	33

図 12　COLT Part A 記録用紙（Spada & Fröhlich（1995）を基に作成）

　Part A の分析観点は，活動参加形態（Participant Organization），授業内容（Content），授業内容の管理（Content Control），生徒の言語技能（Student Modality），教材（Materials）の 5 つである。このうち，活動参加形態の観点では，一斉授業（Class）なのか，ペアワークまたグループ活動（Group）なのか，個人活動（Individual）なのかを特定する。ペアワーク／グループ活動が多い授業がよりコミュニカティブであるとされる。
　授業内容は，授業運営（Management），言語知識（Language）の種類，そして，扱う話題が身近な話題か，それとも比較的広い話題かを分析するその他の話題（Other topics）に下位区分される。この観点では，授業内容が授業運営に偏ったものになっていないか，また，言語形式中心か，それとも意味・機能中心か，さらに，扱う話題がバランスのとれたものになっているかどうかにより，コミュニケーション指向の程度が判断される。
　授業内容の管理については，授業内容の話題や活動が誰によって決定されるのかを分析するもので，教師や教科書（Teacher/Text）によって決められるのか，または生徒（Student）もその決定に関わる権利が与えられているのかが示される。後者の度合いが強いほどコミュニカティブな授業ということになる。

生徒の言語技能は，その活動で4技能のうちどの技能を用いるかを分析するもので，複数の技能を統合した活動がよりコミュニカティブなものと見なされる。

　教材の観点では，短い例文や語彙リストか，対話文やまとまりのある物語や説明文か，また，音声だけか，映像によるものかを示す教材の種類（Type）と，その教材が第二言語学習者用のものか，母語話者用のものか，生徒自作のものかを示す教材の出典（Source）が示される。対話文やまとまりのある文章，音声・映像によるもの，また，母語話者向けや生徒自身が作成した教材が，よりコミュニケーションを指向したものと解釈される。

③ 評定尺度システム

　評定尺度システムは，授業を授業目標，教授学習活動，教材，評価，授業運営などの下位分野に分け，分野ごとに，例えば「授業目標の明確さ」「説明の分かりやすさ」などのような，さらに具体的な評定項目を設け，それぞれについて評定尺度を用いて評定することで，授業がどの程度所期の目的を実現しているかについて評価する方法である。評定にあたっては，例えば，ある分野や項目については3段階で，また，別の分野や項目は5段階でといったように分野，項目ごとに用いる尺度が異なる場合もある。

　評定尺度システムによる授業観察・授業分析は，授業評価をより客観的なものとするために，複数の評定者が独立して評定作業を行うことが望ましい。また，その際，必要に応じて，評定結果が評定者間でどのくらい一致したものになっているかを評定者間信頼性係数を用いて算出し，一致度が低い場合は互いに協議の上，評定結果が一致しなかった原因を突き止める作業を行うこともある。

⑵ 授業リフレクション

　授業リフレクション（reflective teaching）とは教師が自分の授業について得られたデータ・情報を基に，授業に対する自分の考え方や態度，また，自分の授業実践を吟味し，教授行為を批判的に省察することである（Richards & Lockhart, 1996）。これは，教師は自身の教授経験の性質と意味を焦点化してふり返ることで経験から学ぶことができる（Richards & Farrell, 2005）という考え方に基づくものである。

　授業リフレクションにおいても，システム観察法同様，授業日誌，授業記録，アンケート，録音・録画，ティーチング・ポートフォリオなどにより授

業データの収集が行われるが，システム観察法で扱われるデータは主として量的データであるのに対し，授業リフレクションにおいては言語データに代表される質的データが主なものとなる。得られたデータは，自己省察（self-monitoring）あるいは相互授業観察（peer observation）により分析することになる。その際，教師の信念，学習者の信念，教師の役割，授業設計・構成，学習活動・教材，目標言語使用の程度，学習評価などが省察の観点となる。

✎ REVIEW

1．目標分析（p. 69）の手順に従って「関係代名詞の主格 who を用いて家族や友人など自分にとって身近な人を口頭で紹介することができる」ことを到達目標とした場合の目標構造図（p. 69）を作成しなさい。

2．日本に来る予定のアメリカ人のパトリックが，日本の習慣やマナーについて知りたいと思っています。次のブログを読んで，「日本で過ごす際に知っておくと良い習慣やマナーについてメモ書きをまとめ，それをもとに発表する」ことを単元の最終ゴールとした 6 時間程度の単元の指導評価計画を作りなさい。

> I want to eat delicious food in Japan, but I don't know Japanese table manners. Also, I'm not good at using chopsticks.

> In American restaurants, we usually leave 15% as a tip. How much should we leave in Japan?

> I'm going to live with a host family. What Japanese customs should I know about?

（笠島他，*NEW HORIZON English Course 2*, Unit 4 Unit Activity）

■ SUGGESTED READING

大喜多喜夫（2004）.『英語教員のための授業活動とその分析』昭和堂

金谷 憲・青野 保・太田 洋・馬場哲生・柳瀬陽介（編）（2009）.『英語授業ハンドブック 中学校編』大修館書店

金谷 憲・阿野幸一・久保野雅史・高山芳樹（編）（2012）.『英語授業ハンドブック 高校編』大修館書店

■ FURTHER READING

読解のポイント 授業相互作用分析とは何か，また，筆者は読者に授業分析データの収集を求めているが，その際，考えられるデータ収集法としてどのような方法を提案しているか，さらに，それぞれの方法にはどのような問題点があるかを読み取る。

CLASSROOM RESEARCH: INTERACTION ANALYSIS

One of the criticisms frequently leveled by educationalists at second language acquisition research, and educational research generally, is that research and researchers are too far removed from teachers' and learners' immediate concerns. One response to this criticism has been to try to focus research more directly on issues clearly important to teachers and learners. In particular, the ways in which teachers and learners interact in the classroom have become a major concern in the attempt to make educational research more accessible and practical.

This chapter, then, is about teachers and learners and how they interact in the broad set of contexts we have labeled *classrooms*. The cover term CLASSROOM we take to cover a wide range of learning contexts where learners and teachers meet in the context of second language acquisition—classes in schools, multi-media labs, distance learning situations, one-to-one tutoring, on the job training, computer-based instruction, and so on. Like 'classroom', the term INTERACTION is used with a variety of different senses; it has been used with respect to

1 theories of linguistic description,
2 models of second language acquisition,
3 instructional exchanges between teachers and learners,
4 task completion conversations between learners and learners, as well as
5 the internal conversations between authors and readers.

The study of classrooms and of interaction have independent and rich research histories.

We will be considering the intersection of these traditions—second language acquisition studies involving research into interactions within a classroom environment. We will be looking in particular at two issues that have been of long-term interest to classroom interaction researchers—the nature of teachers' correction of learner errors and learner-to-learner communication in task-based group work.

Although we have defined classrooms and interaction quite broadly, most classroom interaction research studies are done in regular school classrooms and focus on interactions between teachers and learners or between learners and learners.

Given our experiential approach to the study of second language acquisition research, our first choice would be to ask you to go out and gather some detailed data from language teaching classes. Unfortunately, we cannot require you to go and collect data from live second language classes for variety of obvious reasons: (a) it may be a time when no classes are in session, (b) you may have difficulty gaining access to classrooms, (c) you may not fit inconspicuously into a language class, (d) it may be difficult to make high-quality recordings of class interactions, (e) the data might be such that you can't analyze them usefully because the class happens to be watching a film and so on.

A second approach might be to use the daily doings of your own class—the class you are in using this book—as the source of interaction data. Again there are some problems with this: (a) the class is not a language teaching class, (b) it is hard to participate in a class fully and simultaneously do all the jobs a classroom researcher has to do—one role or the other will suffer, and (c) the teacher of this class may not be keen to be a research object right now.

A third approach would be to get a film or video featuring a lot of school classroom footage and use this as the data source. There are problems with this choice as well: (a) while there are many films featuring classrooms as settings—*Blackboard Jungle, Up the Down Staircase, The Breakfast Club, Lord of the Flies, The Dead Poets' Society, Stand By Me,* for example—these are movie classrooms and not much like classrooms in real life; (b) there are not many feature films focusing on language teaching and learning; and (c) films and videos made for research purposes taken in language classes are hard to come by and often of poor technical quality.

A fourth approach is to have each of you generate some classroom interaction data in the roles of teachers and learners. While this also has its disadvantages (most of you already know the language of this class pretty thoroughly), it seems the best option. It stays with the plan of the book to have you, the readers, be the sources of the data as well as analysts of the data. If you are in a class, everyone can have access to the same data, as necessary. And we can focus on particular aspects of classroom interaction that we want to highlight by careful selection of interaction tasks.

(Brown, J. D., & Rodgers, T. S. (2002). *Doing second language research.* Oxford University Press. pp. 79–81)

第5章
言語スキルと指導技術

第1節　リスニング

1．リスニングの考え方

　リスニングで特徴的なことは，話者のスピードや語彙レベルを聞き手がコントロールできないことである。また言語の差異が音韻体系に最も先鋭的に現れているため，日本人学習者にとって英語のリスニングはマスターすることが困難な分野といってよい。リスニングの指導には音声そのものの聞き取りに集中する段階とその意味するところを聞き取る段階に分けることができる。

1）音声の聞き取りを目的にしたリスニング

　最も基本的なものは collect / correct のような minimum pair を用いた音素の認識である。/l/ と /r/，/ou/ と /ɔ:/ などの音素の識別は日本人が最も不得意とするところであるが，これらは物理的に極めて類似した構成をしており（高橋・高梨，1988），できないからといって厳しく咎めることは厳に慎まなければならない。もともと語句や文の聞き取りは特定の音素より全体的な前後関係によって影響されることの方が普通であるから，こうした音声のみに聞き耳を立てさせる訓練は，意味理解を目的とする聞き取りをより効果的にするための補助作業として行うのが一般的である。このほか，リスニングは強勢の位置によって品詞が変わったり，音調の変化が統語的情報を担ったりすることに気付かせることを目的として行うこともある。例えば，米音 water の /t/ が意外に日本語のラ行子音に酷似しているのに気付かせるなど，音韻比較も生徒の興味付けに有効である。

　いずれにせよ，こうした作業は単調なため，長時間を費やすことは得策ではない。退屈させないために言葉で反応するのではなく，体の動きで答えを示す（例えば，二者択一問題で上体の左右の傾き方で正解を示すなど）方法を取ることもよく行われる。

　いわゆるディクテーション（dictation）には単に語句をスペルアウトするものからパラグラフや文章全体を書き取るものまであり，後者の場合には

聞き落とした部分を文脈から補正する余地を保証することによって，次の2)の活動に近いものになる。採点する際に，原文通りの減点法でいくか，同義の語は良しとするかどうかは，そのディクテーションの目的次第である。

2) 内容理解を目的としたリスニング

　日常的な言語行為を想起してみれば分かるように，聞くことはただ与えられた音声から意味を構成することではない。聞き取れなかった部分，おそらく誤りであろう発言，また言及されなかった情報などを補正しながら，発話全体を理解しようとする能動的で積極的な活動である。また「聞く」行為は通常何らかの目的がある上に行われるわけで，自分にとって必要な情報を選択して理解し記憶にとどめようとする。したがって，リスニングにおいては，ある程度相手の発言内容を予測し，それに対する一定の身構えができているのが普通である。

　このことを教室でのリスニングの訓練に置き換えてみると，予測される内容に対して事前に質問を与えておく，またはその理解に必要な情報を易しい英語で与えておく，などが考えられる。リスニングというと即録音教材の聴取を考える教師がいるが，リスニングが能動的・積極的行為だと考えれば，教師自身が読んで語りかけるほうが，数倍もましである。教師は生徒の反応に応じて発話を修正することができるし，必要な部分だけを繰り返し言い直すこともできる。そして極めて重要なことは，リスニングの学習はそれのみを取り出して授業の一部分に振り当てるのではなく，warm-up から宿題の指示に至る授業全体の中で繰り返し行われるべきことである。英語の授業はできるだけ英語で行うべきだというのは，それが単に格好いいだけでなく，少しでもリスニングの機会を多くしようとする配慮の表れであるからである。決まり文句の classroom English であっても，状況に合わせてさまざまなバリエーションに発展させていくのがよい。

2. リスニングの指導
1) 身体表現

　話し手の指示にしたがって体を動かす Total Physical Response（p. 43）は入門期で効果的であることはいうまでもないが，高学年であってもテンポよく進めることができるこの活動を，時間の節約や単調な授業を避けるために随所に挿入するのがよい。意味内容を動作で表現するだけでなく，選択肢を与えた上で，その選択を腕を挙げる，上体を傾けるなどで指示するだけで

も教室の雰囲気は随分変わってくるものである。

2）絵を用いた活動

　低学年でよく行われるのがカルタとりである。単に単語を読み上げるのではなく，既製の日本語カルタをなぞなぞ遊びに作り変えると高学年でも十分活用できる。具体的には，教師が dog（犬）と言って児童・生徒がそのカルタをとるではなく，「It is an animal.」「It says bow wow.」「I have this animal. His name is Kojuro.」などのように，ヒントを英文で出しながら進め児童・生徒が分かった段階でそのカルタをとるのである。また特定の文法項目（例えば，過去と現在完了形の対立など）をテーマに自作の絵カードを作成するのも効果的である。図 1 は I saw a mouse being chased by a cat. /I saw a cat chase [chasing] a mouse. の聞き分けを求めるカードの例である。

I saw a mouse being chased by a cat.　　　I saw a cat chase [chasing] a mouse.

図 1　絵カードの例

　逆に，聞き取った内容を絵に描くことで表現させる，あるいはすでに与えてある絵に書き足す活動もある。さらにリスニングを続けていくとますます常識を覆すような絵柄（豚が空を飛んでいる，着物の少女が水中で歌っているなど）になっていく incongruous picture drawing と呼ばれるタイプもあり，高学年で有効である。

3）物語を聞く

　英語の授業中は英語で話すことを原則とする。これは英語を通して情報を得る習慣を生徒に付けさせるだけではなく，教師にとっても英語で思考する良い習慣付けになる。短いものでは warm-up での教師の「一言スピーチ」から，かなりの授業時間を割いて特異な経験を生徒に語る場合もある。最も

大事なことは，語りの内容が生徒にとって興味深くなければならないということである。筆者の経験で言うと，教室が水を打ったように静まり返ったのは怪談めいた話をした時であった。授業中に導入や復習の目的で行われるオーラル・イントロダクション（p. 28）もこの仲間であるが，聞くことによって概要や要点を把握する訓練としてよく用いられる。板書やカードを援用してポイントを視覚化するのはそのためである。

第2節　スピーキング

1. スピーキングの考え方

　Audio-lingual Method（p. 29）の時代には，誤りの習慣化を防ぐためにモデルとなる文型を正確に繰り返すことがスピーキング練習の基本とされてきた。しかし Communicative Approach（p. 32）の中で「意味ある言語行為」が重視されるようになると，発話者の意思を効率的に表現することが重要であるという認識が広まってきた。スピーキングに関していえば，それはaccuracy から fluency 重視への転換であり，発話をコミュニケーション行為全体の中で考えようとしていることになる。したがって，そのスピーキングの指導には音声に関するものだけでなく，生徒に自信を持たせ，適度な競争の中で成就感を達成させる，情緒面での指導も重要視されるようになってきている。

　2017 年（平成 29 年）（高等学校は 2018 年（平成 30 年））告示の学習指導要領から，話すことが，「やり取り」と「発表」の2つに分けられた。これは，話し手と聞き手の役割を交互に繰り返す双方向の「やり取り」と，話し手と聞き手の役割がある程度固定されている「発表」とでは，求められる知識・技能が異なると考えられるためである。「やり取り」と「発表」それぞれに必要となる知識・技能を十分に検討した上で指導に当たることが重要である。

2. スピーキング［やり取り］の指導

　「やり取り」における重要な条件は「即興で（impromptu）」である。日常生活における実際の「やり取り」において，相手がどのようなことを質問してくるのか，反対に，こちらの質問に対してどのように応答してくるかは，予想することはあっても，事前に知っている状況は一般的にはあり得ない。

つまり、「やり取り」においては、発話の理解と、それに対しての応答をその場で瞬間的に行うことが必要となる。確かにこれは非常に高度なことのように感じられるかもしれない。ただ、だからといって、セリフを全て教師が指定し、生徒はそれを暗記して吐き出すだけの活動や、スクリプトが書かれたプリントを持たせて、生徒は相手を見ることもなく、それを読むだけの音読のような活動に終始することは避けなければならない。

　このような場合、教師は「2つの我慢」が必要である。1つ目は、「生徒が言いたいことを言おうとするまで待つ我慢」である。「週末に何かしたいことは？」という質問を投げかけたとき、母語であっても何と答えようか「う～ん」と悩む時間が必要なのは自然である。外国語である英語であればなおさらであろう。Audio-lingual Method の授業の影響であろうか、必要以上にテンポの良さを意識し、生徒に即座の返答を求めるような授業が少なくない。生徒が言いたいことを口にするまで待つ勇気を持ってほしい。2つ目は、「間違いを許容する我慢」である。自転車も転んで乗れるようになるように、英語も間違いを恐れていては上達しない。間違った英語を話させることに抵抗がある気持ちは理解できるが、まず、生徒に自分なりに考えて言わせてみる。もちろん、そこにはたくさんの間違いがあるだろう。それを教師がリキャスト（p. 40）などを通して修正し、少しずつ正確さを高めていこうとすることが肝要である。初めから正確さを求めすぎて、生徒が口をつぐんでしまっては、生徒の英語を修正する機会そのものを失ってしまう。

1）スモール・トーク（small talk）

　小学校の外国語の授業でよく目にする活動であるが、中学校・高等学校でも継続すべき活動である。テーマを与え、それについて既習表現を使って自由に会話させる活動である。教師と生徒、ALT と生徒、生徒同士の組み合わせが考えられる。詳細については紙面の関係で割愛するが、ポイントとして次のようなことが挙げられる。

⑴ 自然で生徒の興味関心に応じたテーマを選ぶこと。何の脈絡もなく「Today, let's talk about animals! Do you like tigers?」のような質問をすることは好ましくない。日々の生徒との会話や学校行事など、生徒にとって関心の深いテーマを選ぶよう心がけたい。もし、学級に誕生日の生徒がいらたそれを取り上げてもよい。お勧めは、その日の記念日について取り上げることである。「今日は何の日」というキーワードでインター

ネットを検索するとさまざまな情報を見つけることができる。5 月 20 日であれば，成田空港の開港日である。ここから，「Where do you want to go?」という会話につなげることができる。日付と曜日を確認する流れから自然にスモール・トークにつなげることができる。

(2) まずは一方が「What did you eat last evening?」と聞いたら，もう一方は「I ate ○○.」と答えるといった「型」はもちろん，語句や文型を事前に明示的に示さない。スモール・トークは学習者がこれまでの学習内容や既習表現を繰り返し使用することをねらっている。もちろん，いきなり生徒たちがペラペラとスムーズに会話することはできない。だからといって，いつも教師が型や必要な語句や表現を事前に与えてばかりいると，いつまでたってもそれなしでは会話できない学習者になってしまう。まさに「我慢」である。指導をするのであれば，一度活動させた後に，「何か言いたかったけど言えなかったことはあるかな？」のように中間評価を入れ，再度活動させる「活動→指導→活動」で行うべきである。

(3) Repetition を指導する。会話がうまくつながらない生徒には，repetition を指導するとよい。これは，「I have a corgi.（僕はコーギーを飼ってるんだ）」という相手の英語を，「Oh, you have a corgi.（へぇ，君はコーギーを飼ってるのか）」と繰り返すことである。たかがこんなことかと思うかもしれないが，これを行うには，ちゃんと相手の英語を聞いていなければならない。聞き手にとっては聞く姿勢の意識付けになり，話し手にとっては自分の英語がちゃんと理解されているモニターの役割を果たす。ぜひ試していただきたい。

2）ロール・プレイ（role play）

　一般的に，ロール・プレイはコミュニケーションの目的・場面・状況を設定し，学習者が役割を分担し，コミュニケーションの目的を達成するために「任意のせりふ」でやり取りをする活動である。しかし，小学校・中学校の初学者には，この段階をいきなり求めることは一般的に非常にハードルが高いといえる。そのため，まずは教科書のダイアローグなど，対話で構成されているテキストを発話者が分担して行うところから始め，最後に一言，任意のせりふを付加するなど，徐々にオリジナルの割合を増やしていく指導を継続して行うことが，発展的なスピーキングへの足がかりになる。また，指導

の初期段階から，相手の目を見て話すように指導することが大切である。

3) ディスカッション（discussion）・ディベート（debate）

　高等学校学習指導要領（1999年（平成11年））において，言語の使用場面の例の中にディスカッションやディベートが挙げられて以来，教室内で取り上げられることが多くなったが，学習活動として成功するためには入念な準備が必要である。ディスカッションは通常4・5名からなる班を作り，班長が議論をリードしていく。議論のテーマは具体的なものに絞り，議論の過程はある程度予測のつくものとする。フォーマットを例示して語句の入れ替えで議論が成立する段階などを踏まえていくのがよい。ディベートは2派の賛否に分かれて討論するのであるが，「かたち」ばかりの討議になりがちであり，日常的な学習活動としては機能しないことが多い。一定の時間を割いてディベートを計画するのであれば，予想される相手側のargumentに対してあらかじめrebuttal（反論）を用意しておくよう指導しておく必要がある。

3. スピーキング［発表］の指導

　スピーチやプレゼンテーションのような，話し手が聞き手に向かって何かを説明したり紹介したりする活動を指す。学習指導要領には，小学校では「伝えようとする内容を整理した上で」話す，中学校では「即興で」話すことができるようになることが求められる。つまり，話す内容を全て事前に原稿に書いてそれを読み上げたり暗唱したりするのではなく，アウトラインやキーワードなどのメモ書き，または既習の知識や技能を生かして，完全に即興で話せるようにすることが求められる。上記の「やり取り」と同様に，これを実現するにはスモールステップを踏みながら，段階的・継続的な指導が必要である。

　また，スピーチは「やり取り」と比較して「聞き手意識」を軽視されがちである。英語に苦手意識を持っている生徒は，緊張からか，スクリプトが書かれたプリントから一切目を離さず，一方的にそれを読み上げるような発表をすることが多い。一方，英語が得意な生徒は，辞書で調べたものや，英会話学校や塾などで指導された非常に高度で難しい表現を，聞き手を置いてけぼりにして非常に流暢に披露することも少なくない。いずれの場合も聞き手はその内容を理解できず，そこにいるだけということになってしまう。発表は聞き手に言いたいことが伝わってこそ意味があるということを，しっかり理解させることが重要である。そのためのストラテジーを指導することも英

語教師の重要な役割である。「I'm from Kuroishi, you know Kuroishi.」のように重要な語句を繰り返すことや「Is it clear? / Do you understand what I mean?」のような理解をモニターする表現の指導など，ごく基本的なことから学年に応じて段階的に指導したい。

1）リテリング（retelling）

テーマを与えてのスピーチが難しい場合は，モデルとなる英文をインプットした後にその内容を英語で説明させ，最後に生徒オリジナルの英文を付け加えるところからスタートするとよい。具体的には，「夏休みの思い出」というテーマでスピーチさせたい場合は，次のようにまず教師（または ALT）が夏休みの思い出についてスピーチし，その内容を生徒に説明させる。

Hello, everyone. Eric went to Aomori City with his friend during summer vacation. He watched the *Nebuta* festival for the first time. It was very exciting.

この最後に I watched the *Nebuta* festival, too. It was very big! と生徒にオリジナルの英文を付け加えさせてスピーチするのである。そして，生徒が慣れてきたら，オリジナルの英文の割合を段階的に増やしていくのである。

2）4/3/2

Nation (2013) で紹介されているスピーチの練習方法である。主に流暢さを高めること（fluency development）をねらった活動である。ペアになり，与えられたテーマについて英語でスピーチさせる。「Are you ready? Go!」の合図で，話し手はスピーチを始める。聞き役の生徒は，何も言わずただうなづきながら聞くことに集中させる。4 分後，教師の「Stop.」の合図でスピーチをやめて，ペアを変える。生徒の準備ができたら，教師は同じように「Are you ready? Go!」と指示を出し，話し手は前回と同じ内容のスピーチを行う。しかし，時間は 1 分短縮して，3 分で行うという活動である。このように，同じ内容のスピーチを，時間を短縮しながら行うのが 4/3/2 である。時間は必ずしも 4 分→ 3 分→ 2 分である必要はない。60 秒→ 40 秒→ 20 秒などのように，スピーチの長さと生徒の実態に合わせて設定する。

3) 5 times speech

　スピーチの練習を繰り返し行う場合は，上記のようにその都度ペアを変えるのが一般的である。なぜならば，ペアを変えなければ，2回目以降information gap がなくなって，聞き手は内容が分かりきった同じスピーチを繰り返し聞かなければならなくなる。これを逆手に利用したのがこの活動である。この活動ではペアは変えず，同じテーマでスピーチを5回繰り返す。聞き手は毎回同じであるので，話し手の生徒には「毎回，何らかの改善を加えるように」と指示をするのである。改善は，理由や具体例を加えるなどの内容面に限定しないほうがよい。発音やイントネーション，さらにはジェスチャーなど，まさに生徒に思考・判断・表現させてみよう。

第3節　リーディング

1. リーディングの考え方

　伝統的に「読む」とは語と語，句と句，文と文をつなぎ合わせて，文章全体の理解に至る bottom-up の行為だと考えられてきた。しかし 1960 年代から読み手の能動的な働きかけ（top-down 方式）が注目されるようになった。Smith（1978）は Reading is a psychological guessing game. という有名な言葉で，読みは既有の知識を活用し，展開を予測しながら確認や理解に至るプロセスであるとした。こうした読み手のテキストに対する「構え」はスキーマ（schema）と呼ばれ，それが効率的に機能するためのストラテジー（reading strategy）をいかに指導するかが学習指導の大きな関心事となった。しかし読みの研究が進むにつれて，top-down だけでは処理できない読みのプロセスが存在することが知られるようになり，top-down と bottom-up の両者が相互に関連し合う，相互作用方式（interactive model）が現在の考え方の中心になっている。その流れは読みの指導技術にも反映され，概要把握や情報の検索を求める読みの指導は top-down 方式の読み方に慣れさせるためであり，事前に図・写真・導入文を与える pre-reading 活動はスキーマの活性化を狙ったものである。未知語の意味を積極的に推測させることによって読解ストラテジーを意識化させようとする試みも行われている。もちろんbottom-up 方式の精読が廃れたわけではないが，速読・多読などさまざまな読解指導のスタイルが実践されている。

2. リーディングの指導
1）音読

　音読で問題になるのは，音声がむしろ意味理解の妨げになるのではないかという疑念である。確かに，学力の低い生徒では声を出して読むと文意を理解することがおろそかになるという傾向が見られるため（高梨・高橋，1987），音読はその本来の目的，つまり音声と文字の結び付きを強めるという目的に絞って行ったほうが効果的である。入門期においては特に口頭練習を通してテキストの文字と照合する聴覚像（acoustic image）を作っておかなければならない。語句の読み練習ではフラッシュカードがよく使われるが，一部の文字だけを見せて語句全体を推測させたりするのにも便利である。

　文単位の読みでは，文意が十分把握されているという前提条件が必要である。いわゆる棒読みを避けるためにも，音読に先立って意味と構造の理解を優先しなければならない。さらにパラグラフ単位の読みともなれば，文章全体の記述の構造も理解していなければならないのは当然である。モデルリーディングに続く生徒の音読で，単なるおうむ返しを避けなければならない。そのためにも，教科書付属の音声を聴取させるよりも，生徒の反応を見ながら教師が行う範読のほうが効果的である。

　指導テクニックとしては，一斉読み（chorus reading）から個人読み（individual reading）の間に，読み手と聞き手を分けた班読み（group reading），ペア読み（pair reading）などがあるが，いずれも正しい音調で読むことに注意を払わなければならない。またリーディングからスピーキングへの移行に有力なのは Read-and-look-up である。これはテキストの区切られた部分を記憶した後，テキストから目を離して音誦するもので，暗黙のうちに内容理解を要求していることになる。

2）黙読

　黙読は「理解読み」（reading for comprehension）である。読解で肝要なことは，まず文章全体の概要把握・要点の理解であって，一語一句に対して日本語訳を与えることではない。このため読みに入る前に（pre-reading），ストーリーの筋を口頭で紹介するとか，紙芝居を利用するとか，また物語の展開上で重要な個所について質問を用意して，生徒の読みに対する「構え」（schema）を与えておく必要がある。その上で前後関係から積極的に文意を推測させる指導を行う。Guessing is not just a preferred strategy for beginners and fluent readers alike; it is just the most efficient manner in which to read and learn to read. という Smith（1978）の言葉は極めて明快である。

　精読から速読へとよくいわれるが，母国語で「読み」といえば後者のことで，外国語にあっても究極的にはそこを目指さなければならない。速読には目的によって概要を把握する skimming，特定の情報を検索する scanning などがある。こうした読み方では，読み手の目はテキストの文字を等しく追っているのではなく，焦点化される部分から部分へジャンプするように進んでいくことが知られている。そして焦点の周辺部は視野の外にあることが多い。この一目で把握するまとまりを eye-span といい，目が逆行することなしにこの範囲を徐々に広げていくことが，速読指導のこつとなる。

　eye-span の拡大を意図した指導として，意味のまとまりごとに空白部分を入れたテキストを印刷して，読んだ部分は前に戻らないようにカードで隠したり，実物投影機やコンピューター画像でその部分のみを投影する方法などがある。しかし速読指導の基本になるのは，前か前々学年用の易しいテキストで生徒が自発的に読みたくなるような教材を豊富に与えることである。

　読むことの楽しさを学びさえすれば，リーディング指導の大半が成功したと思ってよい。

3）和訳

　日本語による「説明」が有効な場面はもちろん存在するが，「正確な和訳」を求めることは黙読が意図している学習効果を全面的に破壊することにつながりかねない。逐語訳の問題点は表面的になんとなく分かったような印象を与えてしまい，本来の趣旨を理解しようとする努力を放棄させてしまうことにある。また和訳は習慣性になりやすいため，学習の初期から教師は意図的に日本語訳を回避するようにしなければならない。こうしたいわゆる「直読直解」の習慣は教科書の読みだけで達成されるはずはなく，普段から生徒が興味を持って速読・多読できる教材を与えておくことが，指導の基本である。

　読みのあと（post-reading）では理解を確認するための comprehension test が与えられるのが普通であるが，これは英問英答である必要はなく，要約文の完成や，絵など言葉によらない方法もある。ただ質問文の作成には，それが本文の概要を的確に反映するものになるような注意が必要である。

第4節　ライティング

1．ライティングの考え方

　同じ表出に関わる言語スキルであっても，「話す」と「書く」は大きく違い，また同じ文字情報に関する作業でも「読む」と「書く」はかなり異質の作業である。したがって一方が向上すれば，その成果が自動的に他方に現れるというものではない。書くことは意識的に訓練を受けない限り，母語話者であっても容易に到達できるスキルではない。伝統的な日本的教育思想では，学習された事項を「書く」ことで整理することが一般的であり当然視されている。しかし諸外国の外国語教育カリキュラムではライティングがスキルとして登場するのはかなり後になってからである。それも当初は記憶の補助として用いるメモ書き程度のものしか要求しないことが多い。文法的にも誤りのないパラグラフを書くことが期待されるのは，かなり学年が進んでからである。もちろんそれは諸外国の外国語学習の開始が小学校の初・中学年であることと無縁ではないが，外国語学習の目的を異言語間の意思疎通に限定した場合，ライティング・スキルの向上はコミュニケーション行為にあって緊急度が低い，との認識が基礎になっていると考えられる。

　日本ではこれまで，英語の学習を開始したばかりである中学1年生の4月からアルファベットや単語の書き取りなどの指導に多くの時間を割くなど，ライティングは学習当初から取り組まなければならないスキルであるという認識に基づく指導が長く行われてきた。しかし，小学校で外国語の指導が始まった今，学習指導要領にも「語順を意識しながら音声で十分に慣れ親しんだ簡単な語句や基本的な表現を書き写すことができるようにする」（書くこと　ア），「自分のことや身近で簡単な事柄について，例文を参考に，音声で十分に慣れ親しんだ簡単な語句や基本的な表現を用いて書くことができるようにする」（書くこと　イ）とあるように，上記の側面をライティングの持つ特有な問題として十分意識しておく必要がある。

2．ライティングの指導
1）書き写し

　小学校の外国語では，「書くこと」の目標及び内容で「身近で簡単な事柄について，音声で十分に慣れ親しんだ簡単な語句を書き写す活動」とある。中学校や高等学校の指導につながる重要な活動であるため，しっかりと指導に当たりたい。指導に当たっては，次に挙げることに留意すること。

(1) あくまでコミュニケーション，言語活動であることを忘れない。誰が読むのか分からない，さらには，テニスが好きでもない生徒に，モデル文だからとI like tennis.と何度も書かせるような指導は，コミュニケーション，言語活動ではない。書き写しであっても，ALTや学級担任の教師など相手を設定し，自分の思いを伝えるものにする。

(2) 音声で慣れ親しんだものであることが重要である。音声から文字は言語学習の基本である。スモール・トークやスピーチなどで十分に音声で導入したものを書かせるように留意する。書かせる前に，音声で聞かせて意味が分かり，それを自分で言えるようになって初めて書き写しの段階に至る。合言葉は「言えるようになったら，書けるようになろう！」である。

(3) 書き写しは，上から下へ。書き写しの際には，上にモデル，その下に書き写させる。横に書かせると，子どもたちは単語と単語のスペースがとれないことが多い。よく，黒板にモデルを書いて，4線ノートに書き写させる授業を目にするが，それは，小学生には非常に難易度の高い活動である。

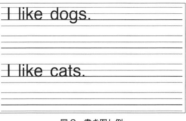

図2　書き写し例

2）書き取り（dictation）

リスニングの練習でもあるが，綴り字だけでなく，音声として聞き取りづらい短縮形・機能語の類を前後関係から判断して文字にしていく作業はライティングの一部である。

3）メモ作文（note taking）

情報の核心部分のみについて数個の単語を書き並べるだけでもよしとする活動である。例えば「大雪で電車が運休だ」に対して，train, heavy snow, don't run などが表出すれば60%の得点を与えたり，統語的に英文に近い順にそれらが並べばさらに20%の加点を与えたりするなど，情報としてはマイナーな細部は気にせずに，まず表現させることを奨励する。面と向かった対話なら情報伝達が全くゼロということはあり得ない。ライティングという活動においても，その情報伝達の度合いに応じて得点を与えるということが

あってもよい。それはまた出来上がった作品の出来栄えよりも，そこに至る途中経過に光を当て，積極的に評価しようとする（product approach から process approach へ）最近の外国語教授の流れにも一致する。

4）和文英訳

　まず教師が意識しておかなければならない重要なポイントは，教室での和文英訳は「翻訳」ではなく，語彙，文型，文法事項の定着のためであるということである。したがって，言語の使用場面に即した言い回しにこだわる必要はない。英語表現として不自然さがあったとしても，その段階ではある程度許容されると考える。一つの日本語に対して当然数十の英語表現が可能であるが，「私はサッカーをするつもりです」であれば「するつもり」なので「be going to ではなく will でなければならない」のように日本語表現の微妙な差異にこだわるのは中学・高校レベルでは適切ではないばかりか，有害に作用することもあることを忘れてはならない。

5）制限作文（controlled composition）

　モデルとする英文の一部（時制・人称・態など）を変えることによって全文を書き直す活動である。単に単語を入れ替えればよいものから，態や法を変えると全文の構成を大きく変更しなければならないものまで種々ある。また文の骨組みに修飾語句を付加していく，あるいは出だしの部分だけ与えて文を追加させていく文拡張（sentence expansion）などのやり方もある。

6）自由作文（free composition）

　「自由」とはいっても英語での作文には一定のルールがある。一つのパラグラフは一つの主題とそれをサポートする文からなっているという原則を意識させ，その上で思い付くままに書き出していく。途中経過を積極的に評価して，書き直す度に英文として表現が豊かになることを実感させる。完成した作品について，綴りの誤りや文法的な誤文に対するアドバイスはあっても減点法での評価はしないことが肝要である。

第 5 節　コミュニケーション・スキル

1．コミュニケーション・スキルの考え方

　1989 年（平成元年）の学習指導要領で言及された「コミュニケーション能力」が 1998 年（平成 10 年）の改訂（高等学校は 1999 年（平成 11 年）改訂）では「実践的コミュニケーション能力」となり，2017 年（平成 29 年）改訂（高等学校は 2018 年（平成 30 年）改訂）の学習指導要領においても校種を通して「外国語によるコミュニケーションにおける見方・考え方を働かせ」とあるように，今やコミュニケーション能力の育成は英語教育の至上命題と言っても過言ではない。つまり英語学習で目指すものは単に読む・書く・聞く・話す（やり取り・発表）のそれぞれのスキルを個別に習得することではなく，それらを統合し実際的な使用場面で活用できる能力を育てるところにあるという姿勢が強調されるようになっている。もともと一つの言語技能が単独に習得されるということはあり得ないのであるが，「実際的使用場面」をイメージした学習活動を組み立てようとすれば，当然複数のスキルが有機的かつ統合的に組み合わさった活動が教室内でも可能になるような方策を考えなければならない。

　それではコミュニケーション・スキルとはどのようなものと考えればよいのであろうか。コミュニケーションが成立するためには，一般に次の 3 つが必要である。

　⑴ 情報を伝達する人とそれを受け取ろうとする意志のある人が存在する
　⑵ 伝達者と受信者の間に共通の伝達手段がある
　⑶ 伝達すべき情報がある

　これら 3 点からあらためて外国語クラスでの状況を吟味してみると，⑴については情報の出口と入口に人は存在していたとしても，その両者に情報伝達に参加する意志があるとは限らない，⑵は不自由な外国語を介してのコミュニケーション行為であり，両者に伝達手段が共有されているとは限らない，⑶は練習で取り上げられる情報自体が参加者にとって絶対必要なものであることは極めてまれ，などを考えれば，外国語教室における言語行為は本来のコミュニケーションとはほど遠い存在であることが分かる。

　つまりコミュニケーション・スキルを本物の場面で使おうとすれば，その練習で交わされる情報が聞き手にとって是非必要なものであるという状況を

設定してやらなければならない。そこで生徒に対する動機づけを行い，不完全な伝達手段を使って，どのように「生きた」情報の授受を行わせるか，教師の最も工夫するところである。さらに情報の授受が目的であるとすれば，その情報をどのような形式で表現するか教師が事前に枠をはめておくようなものではない。本来表現の主体者たる生徒の判断に任せなければならないのである。

　しかし学校の英語授業は通常，構造中心に編集されている教科書に基づいて展開するため，そこで行われるコミュニケーション練習も文型や文法項目から完全に離れるわけにはいかない。また教室の中で本当に英語による情報の授受が必要である場面を作ることは難しい。そのため，活動を意味付けるために，ある命題を与えその命題を解決するためには教師の意図した言語形式を使わざるを得ない仕組みを用意することがコミュニケーション活動の基本的な図式である。

2. コミュニケーション・スキルの指導
1) 言語活動
　「コミュニケーション」の文字が学習指導要領に登場する以前から，無意味な機械的ドリルを補完するために意味を重視した活動が必要であるとの声は高かった。例えば，現在完了形の文型練習の後で友人の旅行経験を聞きだすインタビューを行い，メモして英文で発表するなど，生徒自身にとって情報的価値がある活動を盛り込むことが広く行われてきた。これらは「学習活動」に対して「言語活動」や，より一般的に「コミュニケーション活動」などと呼ばれ，言語行為の直接的な関心がその学習項目の習得でないところに向けられているところが文型練習と異なるとされてきた。

　しかしこの種の「コミュニケーション活動」は，発想の起点が一定の文法形式の獲得にある点において，広い意味での文型練習の発展型に過ぎない，つまり「意味に配慮した型の練習」という見方も可能である。つまり生徒が用いる言語表現があくまでも教師が事前に設定した範囲内に留まっているようでは本当の意味でのコミュニケーションではないというわけである。

2) タスク活動
　そこで与えられた課題（task）を完了させることを全てに優先するタイプの活動が唱えられるようになってきた。そこでは使用した言葉の形態は直接の関心事ではなく，意味の理解や伝達がもっぱらの関心事となる。これらは

タスク活動と呼ばれ，より実践的なコミュニケーション活動に近いものである（p. 34）。

　タスクを設定する際によく利用されるのが複数の人間に関する情報の差（information gap）である。生徒はその gap を埋めるというタスクを目的にして情報の収集や交換を行い，その間に各技能を統合的に練習することになる。

　次は関係代名詞の練習に際し，図中7人の少女の名前を当てるというタスクを課した活動（標準所要時間5分）の例である（答え A: Yuko, B: Tomoko, C: Keiko, D: Mika, E: Harumi, F: Mami, G: Junko）。

共通カード

下図の A ～ G の少女は Junko, Yuko, Tomoko, Keiko, Harumi, Mika, Mami のどれかです。カードの説明と矛盾しないように名前を当てましょう。

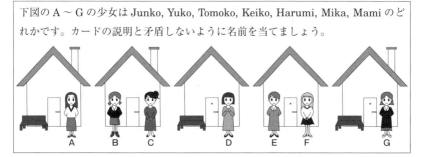

カードA

1．Keiko lives in a house which has a chimney on it.
2．Harumi's skirt is longer than her friend who shares her house.
3．Yuko's house and Junko's look similar with their chimneys on them.
4．Junko is a next-door neighbor of Mami.
5．Keiko lives together with Tomoko, her friend.
6．Harumi's best friend is Mami, who shares their house.

カードB

1．Harumi's door has a peephole through which she observe the visitor unseen.
2．Mika, Mami, and Junko are very careful. They have put a peephole in their doors to see who the visitor is.
3．Mika has set a bench in front of her house.
4．Both Yuko and Junko love sitting on their benches which are placed by their doors.

5. Yuko's house is next to Tomoko, who shares her house with her friend.
6. Tomoko wears a shorter skirt than her roommate does.

　これはペアワークを念頭に置いているためヒントになる cue を半分に分けてあるが、4 人に分ければ班内の議論（レベルにより英語か日本語）を期待したグループワークになる。cue の中の Junko is a next-door neighbor of Mami. や Tomoko wears a shorter skirt than her roommate does. などは他の cue の情報を確認しないと成立しないヒントで、このような情報を複数の人の間にまたがせることによって、クイズの知的難度を高くすることができる。ここでの主要な文法項目は関係代名詞であるが、既習の他構文も組み入れてある。また学年レベルによっては a window through which や a bench on which などの構文を入れて、英文自身の自然さを犠牲にしても前置詞＋関係代名詞のパターーンに慣らすことも可能であろう。一方、実際的な言語の使用場面にこだわれば、逆にできるだけ自然な文になるように、余分な情報も入れて対話体に作ることになる。

　タスク活動には言語ゲームの類に限っても、カード遊び、あみだくじ方式、記憶を援用するもの、絵描きゲームなど、さまざまなタイプがある。しかしでき得れば、生徒の実生活に直結した情報（例えば掃除当番の割り振り、修学旅行の班行動、星占い、将来の職種、食べ物の好みなど）を選んだほうが友人同士のコミュニケーション行為により意味を生じさせることになる。これらについて近年多くの参考図書が出版されているが、基本的には教師が自分のクラスを念頭に置いて自作することが原則である。

3）「かたち」の練習から「意味」へ

　教育実習生の授業を観察していると、意味に配慮したというものの生徒の関心とかけ離れたテーマで型の練習が進行するような授業がある一方で、生徒が「タスク」を達成することに熱中してしまい本来意図した文法項目の習熟がなおざりになってしまうという事例もよく目にする。実際、機械的なドリルから自由で創造的なコミュニケーション活動の間の橋渡しとして、教室で可能な「意味」に配慮したさまざまな活動のタイプが可能である。それらは「言語活動」とも「タスク活動」とも「コミュニケーション活動」とも、さらに時として言語「ゲーム」と言い切ってしまう場合もあるが、それぞれの概念が曖昧で、相互の違いもはっきりしていないのが実情である。しかし「かたち」から「意味」への流れの中で、意図した活動がどこに位置してい

るかを意識することは，授業が雰囲気に流されないために極めて重要である。
このため本書ではその流れを３つの段階に区切り，「かたち」対「意味」の
対立の中で教師がどちらにどの程度焦点を合せているかによって次のように
呼ぶことにする。

段階 1. 「言語活動」
　　　　ねらいが「型」の練習であっても，生徒がその意味を意識できるよ
　　　　うに配慮したもの
段階 2. 「タスク活動」
　　　　生徒の関心が言葉の操作よりも，その言葉を使うことによって達成
　　　　される命題（タスク）にあるもの
段階 3. 「創造的コミュニケーション活動」
　　　　タスク成就に使われる言葉が教師の設定した枠組みを越えて，話
　　　　し手と聞き手のより創造的な interaction に発展していく可能性を
　　　　持っているもの

　この３つの段階を４つの観点から眺めると図３のようになる。

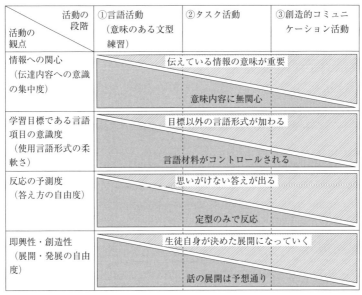

図３　コミュニケーション活動の模式図

つまり「かたち」の習熟にこだわることと交わされる情報の内容への関心は裏表の関係にあり，片方に意識が向くときには他方が軽視されるという図式になる。外国語学習の究極の目的が実際的コミュニケーション場面での運用力の獲得であるとするならば，大まかな授業の流れは「かたち」から「意味」へと進むのであろうが，授業場面によって段階を逆に辿ることもあるだろうし，飛び越えてしまうこともあり得る。これらの段階をいかに使い分けていくのか，また読む，書く，聞く，話す（やり取り・発表）の4技能5領域をいかに有機的に統合していくのか，教師は総合的な英語力という観点から授業を組み立てていかなければならない。

✏ REVIEW

英語の授業を実際のコミュニケーションの場面とするために，大切だと考えられることを1つ挙げ，その理由を答えるとともに，あなたならどのような授業を実施するかについて，200語程度の英語で述べよ。

（2022年度　山梨県公立学校教員選考検査より）

📘 SUGGESTED READING

高橋正夫（2001）．『実践的コミュニケーションの指導』大修館書店
高橋一幸（2003）．『授業づくりと改善の視点—よりコミュニカティブな授業をめざして—』教育出版

📖 FURTHER READING

読解のポイント 指導における英語使用の重要性を読み取る。

Developing Academic Language Proficiency

To develop English learners' proficiency with academic language, teachers need to understand the role of language in school. They must consider the differences between social and academic language, as well as the characteristics of academic English. They need to take account of standards that define English language proficiency for different contexts and purposes. In monitoring their students' progress toward proficiency, teachers also need to consider research-based levels of language development and reasonable time frames for their students to achieve proficiency.

The Role of Language in School

This is my puppet friend, Mister Green. He has a big mouth, doesn't he? Mister Green loves to eat them. Big numbers are yummy, aren't they, Mister Green? If I have the number 15 and the number 12, and if Mister Green loves big numbers, who can tell me which number he would eat? (Second grade math)

Roberto, come on up here. Here is your patch of dirt, right here on the floor. I want you to stand in your patch of dirt here, and you are going to be a plant. You are going to be a plant and you are going to grow. He is a nice, happy plant, wouldn't you say? Plants grow if they are feeling happy, and they make seeds. But what happens if the plant grows too big for its small place, and it gets very crowded where the big plant is? Can the big plant just walk away to some place with more dirt? (Second grade science)

Effective teaching of English learners in the classroom begins with an understanding of the role of the English language in instruction. Teachers who grew up and were educated themselves in a classroom where all students spoke English proficiently may overlook the prominent role of language in their lessons. Like the teachers in the vignettes above, they may hold an expectation that every student will be able to follow teacher talk, ask questions, answer in intelligible speech, and participate in classroom discussions. Likewise, they may have an expectation of shared cultural experiences and a common ground of beliefs and assumptions. With English learners in the classroom, however, teachers can feel at a loss when they realize how much they rely on English to teach. Effective teachers recognize that teaching linguistically diverse students is a three-part challenge:

1. They must depart from the predominantly language-based

instruction and use a full repertoire of resources for meaning-making. These include pictorial, gestural, experiential, interactional, and linguistic supports.

2. They need ways in which they can help the students draw on their own available resources, such as linguistic, social, experiential, cognitive, and strategic knowledge.

3. They must become aware of the target language features that students need to develop to be fully functional in the classroom and with the specific content they are learning, and they need approaches to explicitly teach these target language forms at the same time that they are teaching their content.

(See a brief video on the three-part challenge at www.the6principles. org/K-12.)

(TESOL International Association (TESOL). (2018). *The 6 principles for exemplary teaching of English learners*. Tesol Press. pp. 10–11.)

第6章
ICT を活用した英語教育

　ICT（Information and Communication Technology）を学校教育に導入することの必要性が叫ばれてずいぶん時間がたったように思う。ICT を使った英語授業の研修会や実践発表などが行われ，書店を見渡せば関連する書籍が多く並んでおり，実践例を容易に見つけることができる。さらに電子黒板，タブレット端末，プロジェクター，書画カメラなど多くの教育機器が学校に導入されている。しかし，果たして ICT が有効に活用されているかどうかと問われれば，疑問が残るというのが正直なところではないだろうか。

　デジタルネイティブという言葉があるように，子どもたちは生まれた時から Wi-Fi に接続された端末を使ってインターネットにアクセスできる環境が身の回りに当たり前のようにあり，動画サイトを閲覧したり疑問に思ったことを検索したりしている。黒板・チョーク・ピクチャーカードなどを使った指導法の効果を否定するものではないが，これらを用いた指導が最良の指導法であるという考えに固執した指導で果たして国際化・情報化の時代を生き抜くコミュニケーション能力をどのように児童・生徒達に養わせることができるのだろうか。これからの英語教師を目指すには，ICT に関する知識を持ち，それを指導に活かすプロフェッショナルな力が不可欠である。本章では情報技能を指導の中に取り入れる理論と方法を考えてみよう。英語教師を目指す若い人々は，すでに情報基礎力がある情報リテラシー世代である。ICT を活用した教授法を理解し，その力を存分に発揮してもらいたい。

第1節　ICT を英語授業に効果的に取り入れるには

　ICT を使った英語授業について具体的な紹介に移る前に，2つのエピソードを紹介したい。一つは筆者と同じように中学校の英語教師であった若き日の父親の話，2つ目はある大学生との教員採用試験の面接指導でのやり取りである。ICT 教育の普及が思うように進まない理由のヒントがここに隠れているように思う。どのようなヒントであるのか考えながら読んでほしい。

1. LL と父

　父が英語教師になったのは，LL（Language Laboratory）が当時最新のシステムとして導入され始めた時代であり，使い方や授業実践の研修会，研究授業が盛んに行われていたそうである。若さと情熱に満ち溢れていた父は，積極的にその研修会に参加し，授業実践を積み重ね，LL といえば自分という存在を目指した。しかし，ご存知のように，LL を使った英語授業は ALTの導入や行動主義に基づく習慣形成だけでは言語習得を説明できないこと，さらには，LL の使い方に問題があったことなどとも相まって下火となってしまった。読者の多くは LL がどのようなものかも知らないのかもしれない。

2.「あなたは ICT をどのように授業に取り入れますか」

　これは，ある学生に対して教員採用試験の面接指導をした時のことである。過去に出題された質問に，「あなたは ICT をどのように授業に取り入れますか」というものがあったため質問してみたところ，その学生は「テレビ会議システムを使って海外の学校と交流学習をします」と答えた。若さと情熱を感じる前向きな回答だなと思う一方で，それは本当に実現可能なのだろうかと疑問に感じた。

　1つ目のエピソードの LL の例は，LL も ICT も道具であり，それに振り回されてはいけないことを示しているのではないだろうか。つまり，LL があるからそれをどう使おうか考えるという方向ではなく，あくまで授業のねらいや指導したい内容があって，それを実現するために有効であるから，それらを使うという発想が必要である。

　2つ目のエピソードの学生の回答に代表されるように，「ICT の活用 ＝ 一大イベント」という発想が ICT の普及の大きな妨げになっているのではないだろうか。多くの研修会や実践発表でもこのようなイベント的使用例が取り上げられることが多いことも危惧すべきである。例えば，この学生のアイデア通り，ビデオ会議を使って外国の学校と交流授業を企画実践するとなると，単純に考えても(1) 相手をどう探すか，(2) ソフトウエアや機材の選定と設定，(3) 相手校の教師との打ち合わせ，(4) 本番までのリハーサルなどの児童・生徒の指導など，さまざまな取り組みが必要である。そもそも時差の問題はどうクリアするのであろうか。誤解してほしくないのは，このようなチャレンジングな取り組みを否定するものではない。若い先生には，どんどんこのような発想をもって挑戦してほしいが，問題として指摘したいのは，ICT

はそういうイベントでしか使わないという発想である。このような発想である限り，購入したさまざまな ICT 機器は一年に一度だけ使って後は教材室に保管するだけという状況になりかねないのである。黒板とチョークを毎日の授業で普通に使うように，普段の授業でも無理なく ICT を活用するような方法を考えてみよう。

第 2 節　ICT を活用した英語授業の実際

1．Word Flash の活用

　まず，ICT を導入する第一歩目は，利用できるソフトウエアを活用することが現実的であろう。ここで紹介したいのは，フラッシュカードの代わりに活用することができるソフトウエアである。フラッシュカードは，オーラル・イントロダクションなどで導入した音声と，後に続く教科書の本文の文字とをスムーズに関連付けるために使用する教材である。実習生の授業を見ると，ただの単語カードのように使って終わりという授業（フラッシュさせないフラッシュカード）を見ることが多いのだが，その名前のとおり，フラッシュさせることがフラッシュカードを使う上で重要である。具体的には白紙のカードを一番上に置き，それを使って単語が書かれたカードを隠す→素早く見せてすぐ隠すを繰り返して，生徒にスペルを音声化させなければならない。しかし，やってみるとこれが意外と難しい。筆者自身，教育実習の時にこれを指導され，放課後の教室でカードをぽろぽろ落としながらフラッシュの練習をしたものである。

　そこで，その代わりとして活用できるのが，浜島書店が無料で配布している Word Flash である。浜島書店のホームページ（https://www.hamajima.co.jp/teachers/word-flash/）で無料でダウンロードして使用することができる。具体的な使い方としては次のとおりである。

(1) Microsoft Excel を起動し，図 1 のように A 列に英語，B 列に日本語の意味を入力したシートを作成し，保存しておく。

(2) Word Flash のアイコンをクリックして起動し，「単語・熟語ファイルを開く」で(1)で作成したエクセルファイルを指定して「開く」をクリックすると，図 2 のようにソフトウエアが起動する。

	A	B
1	bottle	ボトル・ビン
2	close	閉じる
3	eye(s)	目
4	shampoo	シャンプー
5	conditioner	コンディショナー
6	tell ~ from ...	～と…を見分ける
7	which	どちらが
8	know	知っている
9	small	小さな
10	bump(s)	ぶつぶつ・突起
11		

図1　Microsoft Excel への入力　　　　図2　Word Flash の起動画面（浜島書店，2006）

操作ボタンは次のとおりである。

・先頭へ：　エクセルの一番上の単語に戻る
・戻る：　　1つ前の単語に戻る
・スタート：次の単語を表示する
・Auto：　　一度スタートボタンを押すと，設定された間隔で，自動で最後の単語まで表示する
・Manual：　単語の切り替えを教師のタイミングで手動で行う
・表示時間：Auto モードで表示する際の単語の表示時間を 0.5 秒，1秒，2秒，3秒から選んで設定する
・間隔：　　Auto モードで単語を表示する場合，次の単語が表示されるまでの間隔を，0秒（間隔なし），0.5秒，1秒，2秒から選んで設定する
・ランダム：これにチェックを入れると，単語がランダムに表示される
・和訳：　　これにチェックを入れると英語→和訳の順で表示される

　実際に授業でこのソフトウエアを使ってみると，まず，プロジェクターでスクリーンいっぱいに表示されるので，紙ベースで行うとよく起こりがちな，後ろの生徒が見えなくて苦労するということがなくなる。また，指導する側としても，先に述べたような練習を要するほど難しいカードの操作がクリックに変わったことで，より生徒の活動を観察し，生徒の理解度をしっかり見取れるようになる。さらに，単語のデータはエクセルデータを USB などで携帯・保存できるため，同じ学年を担当する教師とカードを使う時間が競合することもなくなり，何枚も紙のフラッシュカードを教室まで運ぶ必要もなくなる。

同様の機能がデジタル教科書にもあるだろうと考えるかもしれないが，多くの場合，間隔の機能がないことが多い。紙のフラッシュカードに置き換えたときに，一番上に置いた白い紙で単語が隠れている状況にあたるこの間隔機能がフラッシュカードを使った活動では非常に重要であることは先に説明したとおりである。

　また，単語を手軽に入れ替えができることもこのソフトウエアを使うメリットの一つである。デジタル教科書の機能では主に新出単語に限定されることが多いが，実際の生徒を相手にした場合，新出単語でなくても生徒には定着していない単語や，反対に新出単語として挙げられているが生徒はよく知っている単語，さらには high school という単語を high と school で別々に導入した後，さらに high school という単語が表示されるということもある。Word Flash であれば，元のエクセルファイルに必要な単語を付け足したり，不要な単語を削除したりするだけなので，このような作業を非常に手軽に行うことが可能である。

2.　Google Earth の活用

　Google Earth は，Google が無料で提供しているバーチャル地球儀である。世界中の衛星写真をまるで地球儀を回しているかのように閲覧することができる。これを活用すれば，例えば「I want to go to Italy!」と言った生徒を実際にイタリアに連れて行ったような状況を作り出すことが可能である。具体的な活動例は次のとおりである。

⑴ Google Earth をダウンロードして，図 3 のような初期画面を提示する。「Today, we are going to travel around the world! Let's enjoy the world trip!」などと生徒に伝える。

図 3　Google Earth の初期画面

(2)「Where are we now? Yes, we are in our school now.」と言って Google Earth を操作し，図4のように自分の学校にズームする。

図4　学校にズームした画面

(3)「For example, I want to go to ... う〜ん，this country.」と言って Google Earth を操作し，アメリカにズームして図5のような画面を表示する。

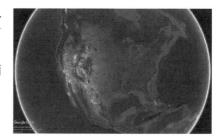

図5　アメリカにズームした画面

(4)「What is the name of this country? Yes, the USA. Good! Where in the USA do I want to go? Can you guess? OK. I want to go to this city.」と言って Google Earth を操作し，ニューヨークにズームして図6のような画面を表示する。

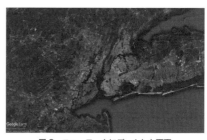

図6　ニューヨークにズームした画面

(5)「Yes, this is New York City. I really want to go to New York. In New York, I want to go to this place.」と言って Google Earth を操作し，自由の女神にズームして図7のような画面を表示する。

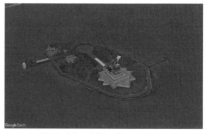

図7　自由の女神にズームした画面

⑹「That's right. 自由の女神！　It's the Statue of Liberty in English. Do you want to see the Statue of Liberty, too? Next, I want to go to this place.」と言い，ストリートビューにしていくつか場所を紹介すると，まるで現地にいるような雰囲気を味わうことができる。その後，「So, it's your turn. Where do you want to go?」と生徒に尋ねる。

　ICT を活用することで，「本当にここに行ってみたい！」という思いを掻き立て，その上で I want to go to ... と言わせることが可能になるのである。

3. 自作教材の例

　これまで紹介したように，さまざまな教材が公開されており利用可能であるが，ICT を使った教材作成にも挑戦してほしい。ここでは，筆者が作成した ICT 教材の作成方法と使用方法を紹介する。

1）WPM タイマー

　WPM（word per minute）は 1 分間でいくつの単語を読むことができるかどうかの数値であり，英文を読む速さを示す指標の一つである。具体的には，英文の総語数を，読むのにかかった時間（分）で割ることで算出される。これを用いることで，速読の成長や上達を客観的な指標をもって生徒に示すことが可能となり，生徒が自分の成長をより実感できることで，強い動機づけになる。さらに，入試対策としても非常に強力な威力を発揮する。読者の皆さんは，入試の問題を解くのにどれくらいの速さで英文を読むことが必要か，明確に答えられるだろうか。

　ちなみに，青森県立高校入試の場合，大問 5 に 400 語程度の長文読解が出題される。解答時間は 50 分で大問が 5 題あるため，平均すると 1 つの大問にかけられる時間は 10 分である。もちろん，他の大問を早く済ませて長文読解に時間を多くかけるなどの個人差があるのは事実であるが，問題に解答する時間を考慮すると，青森県の中学生が高校受験で必要となる WPM は 400 語 ÷ 7 分〜 10 分 = 57 WPM 〜 40 WPM となる。

　このように WPM を用いれば，「とにかく速く」「できるだけ速く」というあいまいな指導ではなく，「あなたは現状，1 分間に 40 語の速さで読めているね。これでもぎりぎり時間内に読めるけれど，問題を解いたり見直しの時間を確保するには，60 WPM くらいを目指して練習しよう！」のように

生徒の現状と目標とする到達度を客観的に示し，かつ具体的な指導が可能になるのである。

しかし，このように有効な指標である WPM であるが，実際やってみると，計算そのものに非常に時間がかかることに気が付く。通常，生徒は電卓を持っていないため，手計算をせざるを得ない。少数を含む計算に悪戦苦闘をし，気が付くと読解そのものよりも時間がかかるということが非常に多い。これでは，数学の時間のようになってしまい，本末転倒である。

そこで紹介したいのが，次の WPM Timer である。この WPM Timer は弘前大学教育学部 佐藤剛 研究室ホームページの「外部の方向けのページ」でダウンロードできる（http://hirosakieigo.weblike. jp/satoclass/stu3.html）。使い方は

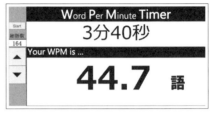

図8　WPM Timer の起動画面

簡単で，左の総語数のセルに，生徒に読ませたい英文の総語数を入力し，その上の赤字の Start をクリックするとタイマーが作動し，その時点での WPM が表示される。プロジェクターを使ってこの画面を表示し，生徒は読み終わった段階で顔を上げて，自分の WPM を記録するだけである。

2020年から始まった大学入学共通テストのリーディングで，英文の分量が増加したことが話題になったように，これからは文型や語彙を確認しながら丁寧に英文を読み進める精読だけでなく，ある程度の速さで概要をつかむ速読の力を生徒に身に付けさせることが重要である。陸上の指導においても「これまでのあなたのベストタイムは14分30秒で，目標タイムは12分52秒だから，それを目指して頑張ろう！」と指導するように，これからの英語の授業においては目標とする力と生徒の現段階の力を客観的に示しながら指導することが重要である。

2）Microsoft PowerPoint を使った教材例（タマのかくれんぼ）

Microsoft PowerPoint は文字や画像を提示するだけでなく，音楽や動画を埋め込めるなど非常に便利なソフトウエアであり，多くの授業で使用されているのを目にする。ここでは，少し変わった活用法を紹介したい。これは，ネコのタマがどこに隠れているのかを当てる guessing game を ICT 上で行うものである。

これは，PowerPoint のリンク機能を応用したもので，box のところにタ

マが隠れたスライドへのリンクを張っておき，それをクリックしたときにそのスライドが表示されるように設定するのである。一見，作成するのが難しそうに感じるかもしれないが，コツさえつかめば誰でも作成することが可能であるためぜひ挑戦してみてほしい。

(1) PowerPoint のスライドショーを起動すると，図9のような画面が表示される。box, table, bed, window のどこにタマが隠れるかクリックして選ぶ。今回は box をクリックした場合を例として紹介する。

(2) 一度隠れる場所を指定すると，図10のような画面が表示される。これを提示しながら，生徒に「Where is Tama?」と聞いて，タマがどこに隠れているのか当てさせる。

(3) タマが隠れているのは box と指定しているため，他のところをクリックしても，図11のようにタマは見つからない。

(4) 図12のように box をクリックするとタマが現れる。

図9　PowerPoint のスライドショー画面

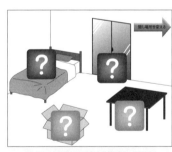

図10　　隠れる場所を指定した画面

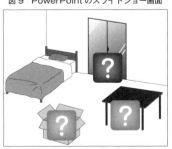

図11　bed をクリックした画面

図12　box をクリックした画面

第３節　デジタル教科書の利用

　近年，教科書における大きな変革の一つとしてデジタル教科書の普及が挙げられる。デジタル教科書は主に，(1) 教師がスクリーンや電子黒板に提示することを目的としたもの，(2) 生徒が各自のタブレット端末やコンピューターにダウンロードして使用することを目的としたものに分類される。GIGA スクール構想に基づき，生徒一人一台端末環境の普及が進むことで，後者のデジタル教科書を活用した授業が広く行われることが期待されるが，この章では，東京書籍の *NEW HORIZON English Course 2* のものを例に挙げて，教師が生徒に提示するタイプのデジタル教科書の活用法について扱いたい。

図13　デジタル教科書の画面（笠島他，2021）

　まずは，図 13 のように教科書の紙面を拡大して提示することができる。この画面を提示しながら，「Open your textbook to page 64.」や，「Now, we are going to try, *Round 1 Get the Gist.*」などと指示を出すことで，英語に苦手意識を持っている生徒は正しいページを開いているか，自分がやるべき課題は何なのかを把握することができ，安心して授業に参加することができる。

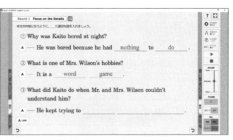

図14　デジタル教科書の内容理解問題の拡大画面（笠島他，2021）

　さらに，該当箇所を拡大して表示することも可能である。図 14 は，教科書の内容理解を問う Q&A の箇所を拡大して表示したものである。A のボタンをクリックすることで答えを表示することも可能である。ここでも同様に，生徒の手元にある教科書と同じものを拡大して表示できることが非常に効果的である。教師から正しい答えを導き出すためのヒントとなる語句を与えるときなども，「何行目の何番目に～」などと言う必要もなく，デジタル教科書を指しながら「この語句に注目してごらん」とするだけでよい。また，生

徒の答えの書き写しの間違いも大きく減らすことができる。

　また，デジタル教科書では
図15のようにピクチャーカー
ドも利用可能である。多くの
場合，教科書の音声を流すこ
とができ，教科書の導入やプ
レリーディングの活動として
利用することができる。ただ
し，紙媒体のピクチャーカー

図15　デジタル教科書のピクチャーカード（笠島他，2021）

ドとの違いは，次の画面に移ってしまうと前のカードが消えてしまう点であ
る。紙媒体のピクチャーカードを黒板に貼りながら教科書本文の導入を行う
場合は，前の場面のピクチャーカードが黒板に提示されているので，黒板を
見ることで本文やオーラル・イントロダクションのストーリー展開を確認す
ることができる。一方で，多くのデジタル教科書の場合は，このような機能
がないことが多く，あったとしても一つ一つの絵が小さくならざるを得ない。
どちらか一方に固執することなく，それぞれの特性を吟味して選択すること
が肝要である。

　図16は，デジタル教科書
を使って教科書本文を拡大し
て表示した画面である。主に
音読の指導の際に活用する画
面であるが，ポイントは読ん
でいる箇所がカラオケのよう
に色を変えて表示されること
である。特に，初級学習者に

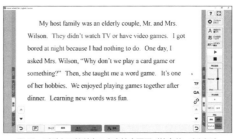

図16　デジタル教科書の本文拡大画面（笠島他，2021）

とって，音読は音声と文字とを結びつける重要な活動である。しかし，中に
は教科書の文字を見ずに，教師やCDなどの音声をオウムのように繰り返す
だけの生徒もおり，このような場合は，耳で聞いて文字を見て音読するよう
にと指導することが重要である。そのために，これまでは読んでいる箇所を
指やペン先でなぞるというような指導がなされてきたことと思うが，この機
能を活用することで，自分は今どこを読んでいるかを具体的に把握して，音
読の練習をすることが可能になる。

また，デジタル教科書には
ペンやマーカーなどで書き込
むことが可能であり，重要語
句や目標文などを強調して示
すことも可能である。具体的
には図17のように目標文型
である動名詞の文にマスキン
グをして隠した状態で音声を
流し，どのような英文が聞こ
えたかを生徒に考えさせるな
どのように活用する。

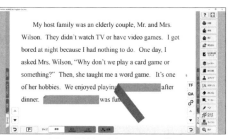

図17　デジタル教科書の本文にマスキングをした画面
（笠島他，2021）

図18は，新出単語をマス
キングで隠したものである。
単語全てを隠すこともできる
が，生徒の実態によっては図
18のように頭文字を見せてお
くとよい。この状況で生徒に
本文の音声を聞かせたり音読
させたりすることで，聞き流
しを防いだり，お経のように

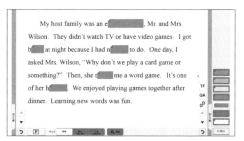

図18　デジタル教科書の本文の新出単語にマスキングをした画面
（笠島他，2021）

ただ機械的に音読するのではなく，意味を考えた音読をさせることができる。

　最後に，デジタル教科書を音読の評価として活用する方法を紹介したい。
筆者の授業の目標の一つに「既習の教科書であればどこでも教科書のモデル
と同じ流暢さで音読できるようにする」というのがある。そこで，生徒たち
には，音読の指導の際に先に紹介したデジタル教科書のカラオケ機能を使っ
て，最終的にはこれと同じ程度の速さで音読できるようにと指導した。具体
的には次のとおりである。

(1) デジタル教科書でモデルを提示し，生徒はそれを聞く
(2) 教師の後に続いて生徒にとって無理のないスピードで，発音に注意が必
　　要な語句などを指導しながらリードアンドリピート
(3) デジタル教科書を使ってオーバーラッピング
(4) 各自で音読練習（教科書の難しさによっては宿題として音読練習）
(5) 評価としてデジタル教科書の音声を切って（ボリュームを0にして），色

が変わっていくスピードで音読できるかをチェック

　このようにすることで，音読の到達度について具体的なイメージをもって練習をすることが可能になり，同時に音読テストの評価を客観的に行うことができる。何より，音読テストを自分がクリアしたかどうかは一目瞭然である。

　生徒一人一人がタブレット端末やパソコンを持ち，生徒用のデジタル教科書を各自が使用できる環境が整えば，生徒は家庭学習で上記のテストと同じ状況で練習することが可能になる。また，発音を忘れてしまったり，自信がなかったりする場合も，自分で音声を再生しながら音読の練習をすることもできる。特に中学校の初級段階においては音声指導を丁寧に行うことが重要である。この点においてデジタル教科書は非常に有効な教材であるといえる。

第 4 節　ICT を活用した英語授業の将来的な可能性

　ICT の技術は日々進歩しており，現在は設備の問題などいろいろな制約から利用できないことも，読者の皆さんが教師として活躍する頃には可能になることも多いだろう。ここでは，将来的な ICT の活用方法として 2 つの事例を紹介する。

1.　デジタル機器の録音機能を使用した音声の提出

　実習生の授業を指導する際に，スピーキングの評価をどうすればよいですかと質問されることが多い。具体的にはスピーキングをメインにした授業を行い，本時の目標を「自分の街について紹介するスピーチをすることができる」とした場合，全員を指名してスピーチをさせるのが本筋であるが，1 人 1 分のスピーチをした場合でも，30 人学級では生徒のスピーチだけで 30 分かかることになる。教師がコメントをしたり，生徒同士で質疑応答をさせたりする場合，それ以外の活動が全くできないばかりか，1 時間で収まりそうにない。どうすればよいのかという悩みである。よくある解決案としては，代表生徒を何名か指名して発表させることや，話した内容を書かせて提出させるなどであろうが，どちらも評価の妥当性としては問題があると言わざるを得ない。ただ，このような問題も ICT を使うことで大きく改善できる可能性がある。

GIGAスクール構想に基づいて児童・生徒が一人一台録音録画機能を持つタブレットなどの端末を持っている環境が整っている今，それにスピーチの音声や動画を録画させて提出させることが可能である。Wi-Fiに接続されているのであれば，データをクラウド上にアップロードさせることで容易に提出させることもできる。まるでプリントやノートを提出させる感覚でスピーチや対話，グループでのディベートなどのパフォーマンスのデータを提出させることができる環境はすでに整っているのである。

2. 動画によるライティング指導

　これは現在，筆者が大学の英語の指導で実施しているものである。学生の英作文を回収した後，教師は英文の添削をするのであるが，その様子を動画で録画し，添削した英文と一緒にその動画を配布するのである。

⑴ 図19に示すような機材を使用して教師が学生の英文を添削する過程を録画し，その動画ファイルをクラウド上にアップする。

⑵ 学生は各自のスマートフォンやパソコンを使用し，自分の英作文の添削動画ファイルをダウンロードし，それを見ながら英文を修正したものを最終稿として提出する。

図19　添削動画撮影用カメラ

　このような取り組みを継続することで，一斉指導の授業において，個に応じたライティング指導とエラーについての気づきを促す指導を実現し，ライティングの基礎的な知識・技能の定着を図る学習支援が可能となる。これにより，次のような効果が期待される。

① 教師が学生の目の前で英文を添削しているような状況を作り出す
② 学生は都合の良い時間に動画を視聴したり，何度も繰り返し視聴したりすることが可能となる
③ 教師は指導内容を全て紙面上で説明する必要がなく，状況に応じて，間違いの箇所だけをチェックし，どのように直すべきかを学生自身に考えさせたり，「可算名詞の前に何が付きますか」のように音声でヒントを示し，学生の気づきを促したりすることも可能である。

また，学生には英文を書く際に，表現方法が分からない点や，自信がない表現など，特に指導してほしい個所をハイライトするよう指示し，ビデオの録画の際には，それらについては特に丁寧に解説する。以上の指導の流れを図示したものが図20である。

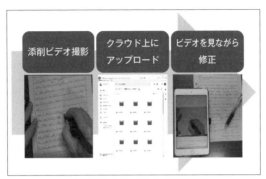

図20　動画によるライティング指導の流れ

以上2つの取り組みは，Wi-Fi環境や生徒一人一人がタブレット端末を持っているという環境が必要であるため，筆者が実践した当時は公立中学校や高等学校ですぐに実践することは難しかった。しかし，GIGAスクール構想により，児童・生徒向けの一人一台端末と，高速大容量の通信ネットワークの整備が進んでいる現在であれば，工夫次第で同様の実践は大いに実現可能である。

将来の英語教育を担う存在である読者の皆さんには，既存の英語指導法を知り，それに習熟するだけでなく，「こんな使い方をしたら児童・生徒の英語学習に役立つのではないか，児童・生徒の動機づけにつながるのではないか」という新たな可能性を模索する姿勢を大切にしてもらいたい。ICTを効果的に使えるかどうかは，普段から授業について「こんなことができればもっと良い授業ができるのに」「こういうことができたらもっと児童・生徒の動機づけになるのに」という問題意識を常に持っているかどうかに左右される。多くの研修会でICTのことをお話する時に，「ICTはドラえもんと同じ」という例えをする。ICTを効果的に授業に使えるかは，現状の自分の授業や指導法に満足せず，常に児童・生徒のために良い授業を提供しようとする教師のあくなき向上心の上に成り立っているのである。

✒ REVIEW

自らが持つ ICT に関する知識を生かし，授業で実践できると考えていることを書きなさい。

（2022 年度　北海道・札幌市教員採用候補者選考検査願書より）

📕 SUGGESTED READING

Lewis, G. (2017). *Learning technology*. Oxford University Press.

Keddie, J. (2014). *Bringing online video into the classroom*. Oxford University Press.

東口貴彰（2020）.『小学校英語 × ICT 「楽しい！」を引き出す活動アイデア 60（小学校英語サポート BOOKS)』明治図書

大修館書店（2021）.『英語教師のための ICT 端末活用授業ガイド 2021 年 08 月号［雑誌］：英語教育　別冊』

📖 FURTHER READING

読解のポイント ICT 機器の効果を最大限に生かすために，教師が心に留めておくことを読み取る。

Creating an individual technology plan

In order to most effectively harness the power of technology, whether at the individual classroom level or at the level of an institution as whole, there are some key questions to bear in mind.

1 What are the concrete advantages?

Look at each element of technology you intend to use and try to define its specific value to your teaching and your students' learning. Will the technology facilitate collaboration? Will it make your job as a teacher easier by making planning more efficient? Will using it make learning more authentic and relevant to learners? Thinking hard about these questions in advance will go a long way to helping you decide if your technology is a fun add-on or an integrated tool.

2 How does technology fit in with the existing system—its norms,

values, and goals?

Think about how you teach and the way you want your students to learn. There is no one right way to learn, and the technology you choose should reflect your beliefs and be appropriate for the educational context in which you work.

3 How hard is it to use?

Not all technology implementation is worth the immediate effort. Although technology integration may have a positive mid- to long-term impact on teaching and learning, you need to weigh this against your larger priorities and, perhaps, choose to wait before diving into something complex which could distract you and your students from these priorities. Even if you feel confident with a tool, you certainly don't want to spend a great deal of classroom time helping students understand how to use it.

4 Is it visible?

How significant a role will the technology play in your teaching? Will the tool overpower the task? What is the risk of distraction? Many educators argue that the best implementations of technology are those where the technology blends into the background and becomes invisible in the teaching process.

5 Can you measure it?

Although technology should not drive the lesson, we do need to find ways to measure its impact. It can be helpful to ask yourself three very simple questions and to think of examples for the answer to each.

1 Did my students like the new technology?

2 Did they learn using the new technology?

3 Are they using the new technology to demonstrate what they have learnt?

Try this

Matching technology and pedagogy: lesson planning

Think about a typical lesson you teach. What activities do you use? Do you include group and project work, or ask students to make oral presentations? Write down the most frequent activity types that you employ and match the activities to a list of technology tools, such as presentation software, wikis, blogs, or smartphone cameras. Try out the selected tool. Do you think using the tool improves the activity?

(Lewis, G. (2017). *Learning technology*. Oxford University Press. pp. 17–18.)

第7章
評価論

第1節　評価の基本概念

　どの教育活動にも目的や目標があるため，その活動が意図したことを学習者がどの程度達成したかを確認することは教育を行う側の責任である。授業に関していえば，教えたことが学習者に定着しているかどうかを確認し，それが目標まで達していない場合は，その原因を見つけて改善策を講じるのは教師の責任である。つまり，教えるという行為と教えた結果はコインの両面のようなもので，両方がバランスよく実施される必要がある。

　一方，学習者，その保護者はもちろん，時には教師も「評価」イコール「得点」という枠組みで考えている場合があるため，ここで評価に関連する「測定（measurement）」「テスト（test）」「査定（assessment）」「評価（evaluation）」の4つの用語を整理しておきたい。

　測定（measurement）は「人間の能力や特性を定量化すること」を指し，テスト（test）は「当該の能力や特性を何らかの方法で行動に引き出して測定すること」である。テストを用いて「英語の期末テストで85点をとった」などのように測定することが多いため，「測定」は「テスト」を含むが，必ずしも「テスト」によらない「測定」もあることも忘れてはならない。身体測定などがその例であり，必ずしも「行動」に引き出さなくても測定することは可能なのである。

　査定（assessment）は複数の測定値を収集し，その結果から当該の能力や特性を推定することである。河川や大気などの汚染度を測定して環境アセスメントを行う場合などが身近な例である。学校でその学期の成績を算出するのも，一見，測定のように感じられるが，厳密にいえば，中間テストや期末テストなどの定期テストはもちろん，授業中に実施する小テストや音読テストなど複数のテスト項目の成績を集めて，英語の能力（あるいは学力）を「査定」しているのである。つまり，テストの点数はいくつかのテスト項目の得点を合計したもので，英語力そのものを表しているのではない。

　評価（evaluation）は収集した測定値の意味付けである。収集した測定値がどんな意味を持つかは，どのような評価基準に基づいて測定値を解釈する

かによって違ってくる。また，その基準も絶対的な基準として作成されたものか，それとも相対的な比較の基準として作成されたものかによって解釈が異なる。観点別評価などは前者の例であり，受験予備校などが算出する偏差値などは後者の例である。

　評価に関する上記の概念は，この後のセクションにおいてもいろいろなテストに関連して出てくるため，その違いを記憶にとどめておく必要がある。しかし，「評価」という日本語は上記３つの概念のいずれをも意味する（あるいは全てを含む）ような使い方をされる場合もあるので，授業研究会などで議論する際にはどの意味で用いているのかをはっきりさせたほうがよい。

テストが備えるべき４つの要件

　「良いテストとはどのようなものか」と問われた場合，どのように答えるであろうか。一般的に，良いテストが備える条件として，(1) 妥当性（validity），(2) 信頼性（reliability），(3) 波及効果（backwash effect），(4) 実用性（practicality）の４つが挙げられる。

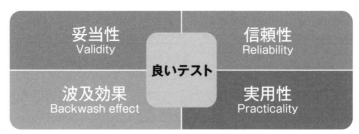

図1　良いテストが備えるべき4つの要件

1）妥当性（validity）

　テストの妥当性（validity）とは，テストが測定しようとしていることをどの程度測定できるか，ということである。言われてみれば当然のことであると思われるかもしれないが，言語能力という複雑なものを正確に測ることは非常に難しい事であり，「測ろうとしているものを測っていない問題」は身近にある。具体的には「下線部の発音が同じ単語を選びなさい」のような発音問題や，「次の４つの単語の中からアクセント位置が異なるものを選びなさい」のようなアクセント問題などである。「発音の能力」を測定したいのであれば，直接発音させてみるべきである。また，「話すこと［やり取り］

の能力」を測る問題として，ペーパーテストで対話文を読ませて，一部を空所にして，適切な英文を書かせたり，選ばせたりなども，妥当性の点で問題がある。もちろん，大学入試問題のような大規模テストにおいては実施・採点上の「実用性」(p. 149) の問題があることが理由の一つであるが，テストを作る際には，これまで伝統的に使われてきた問題形式であっても，「測ろうとしている能力を測っていない可能性がある」と批判的に考えることがテスト作成の第一歩目である。

　Messick(1996)によれば，妥当性には(1) 内容的妥当性，(2) 基準関連妥当性，(3) 構成概念妥当性の 3 種類があり，(2) 基準関連妥当性は，さらに① 予測的妥当性，② 併存的妥当性に分かれる。

妥当性の分類	説明
(1) 内容的妥当性 （content validity）	テスト問題が授業における指導内容や活動をどの程度代表するようなものか，さらにはそれらの指導内容や活動が本来の言語機能をどの程度反映しているかを示す妥当性。客観的スケールによる判定ではなく，専門家の主観的判定による。しかし，学校の定期テストでは通常，指導教師が問題を作るため，例えば speaking のパフォーマンステストを実施する場合，教師自身がどの程度 speaking の特性を理解し，それを自分の作成するテスト問題に反映させているかによって内容的妥当性は変わってくる。
(2) 基準関連妥当性 （concurrent validity）	① 予測的妥当性（predictive validity） 　テスト問題が学習者のその後の能力の伸びをどれだけ予測できるかを示す妥当性。例えば，入学試験における英語の成績が入学後の成績の伸び具合と相関が高い場合は，予測的妥当性が高いと考えられる。 ② 併存的妥当性（concurrent[1] validity） 　外部テストと内部テストの関係を示す妥当性。例えば，自分が作成した定期テストと，同時期に実施した業者テストの相関が高い場合，併存的妥当性が高いと考えられる。

(3) 構成概念妥当性 （construct validity）	テストの項目がそのテストが基づいている理論の特性を どれだけ反映させているかを示す妥当性。そのテストと その理論との関係が密接であればあるほど構成概念妥 当性が高いことになる（Richards & Schmidt, 2002）。

表1　Messick（1996）による妥当性の分類

2) 信頼性（reliability）

　例えば，ライティングテストにおいて，「隣のクラスでは冠詞がなくても，意味が伝わればよいとして減点されていないのに，自分のクラスでは点数が引かれている」のように，採点を分担した同僚の教師と異なる基準で採点をしてしまった場合，同じような英文を書いたとしても，誰が採点するかによって点数に差が出ることになる。また，入試問題において，毎年問題の難易度が大きく変化してしまうと，同じ能力を持つ学習者であっても，いつそのテストを受験するかによってスコアが大きく変動するという状況が発生する。このようにテストの信頼性とは何度測っても同じ結果が得られるかどうかを示す指標であり，テストの安定感を示すものである。この信頼性は，テストの重要度が高ければ高い（high-stakes test）ほど重要である。そのため，入試問題や資格試験などのテストは，項目応答理論（item response theory, IRT）（詳しくは大友（2002），竹内・水本（2012），別府（2015）を参照）のような科学的なテスト理論に基づいて，何度も試行や検討を重ねながら作られることが一般的である。また，採点者の能力も重要であり，複数の採点者の評定が一貫していることを採点者間信頼性（inter-rater reliability），同一の採点者の評定が一貫していることを採点者内信頼性（intra-rater reliability）という。今後は，ペーパーテストで知識を評価するだけにとどまらず，どれだけ英語を運用することができるかをパフォーマンステストで測定することが多くなることが予測される。教師を目指す読者はパフォーマンスの評価方法について十分な理解をもって評価にあたることが求められる。

3) 波及効果（backwash effect）

　いくら授業で「リーディングにおいては概要や要点を捉えることが重要だから，一語一語日本語に訳すことは不要である」と強調して指導しても，定期テストに英文和訳問題を多く出題して，そのことを生徒が知っている場

合，生徒は逐語訳の練習を懸命にすることが予測される。反対に，スピーキ
ングテストを定期的に実施し，その成績が通知表の評定に大きく影響する場
合，生徒は授業内外で積極的にスピーキングの練習に取り組むことが期待さ
れる。このように，波及効果とはテストが学習に及ぼす影響のことである。

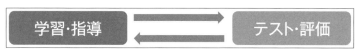

図2　波及効果

　授業にあまり集中することができない生徒でも「ここはテストに出るか
ら，しっかり勉強するように！」という教師からの言葉を聞くと別人のよう
にノートにメモを取り始めるという状況が，この波及効果を端的に示す例で
あろう。それだけ「テストで良い点数をとる」ことは生徒にとっては一大事
なのである。したがって，テストが持つこの影響力を指導に有効に生かすべ
きである。学校の定期テストでは通常，指導教師が問題を作る。テスト作成
の際には，「このような問題を出題した場合，生徒たちはどんな勉強をする
だろうか」ということを常に念頭に置いて，有益な波及効果が起きやすい問
題作りに努めるべきである。生徒が「授業でしっかり勉強してよかった。が
んばって勉強した甲斐があった」と心から思えるようなテスト作りをしたい
ものである。

4）実用性（practicality）

　これまで述べたように，妥当性・信頼性・波及効果は非常に重要であるが，
毎回の小テストを作るための試行テストを繰り返し実施し問題の検討を行っ
たり，その信頼性を保証するために複数の教師が採点にあたったり，学期末
に行うスピーキングテストの採点に毎回プロの採点者を外部から雇用したり
することは，理想的ではあるが，時間・費用・労力の面で現実的とはいえない。
実用性とは，そのテストが現実的に実施できるかどうかの指標である。どん
なに妥当性や信頼性が高いテストであっても，実際に作成・実施できないの
であれば，有効なテストと見なすことはできない。
　「次の4つの中から，他のものとアクセント位置が異なるものを選びなさ
い」のような発音問題が，その妥当性の低さを批判されつつも長い間出題さ
れ続けてきた理由の一つはこの実用性にあると考えることができる。しかし，
ICTをはじめとする技術の進歩により，これまではできなかったことが実現

可能になってきている。英検の4級や5級ではパソコンやスマートフォンを使ってスピーキングテストを受験することが可能である。また，AI技術の進歩によってスピーキングテストをコンピューターに自動採点させる取り組みも行われている。実際にカラオケでは，音程の正確さだけではなく，ビブラートやこぶしの入れ方なども加点要素として組み込まれるなど，かなりの精度で機械による採点が可能になってきている。「30人学級全員のスピーチをパフォーマンステストで直接評価するのは，時間的に無理だ」と諦めるのではなく，「どうにか実施できる方法はないか」「何か応用できる技術はないか」のように，少しでも生徒の能力を正しく評価する方法の可能性を模索する教師でありたい。

第2節　テストの種類

テストは「何を調べるために行うのか」という目的に重点を置く場合と「どんな形式で行うのか」という実施方法に重点を置く場合とで違いが出てくる。どのようなテストも目的，形式を有するのは当然で，あくまでもテスト作成時の視点の違いである。

1．目的による分類
1）熟達度テスト（proficiency test）
これは受験者の学習経験や学習内容に関係なく熟達度を測るテストである。テスト内容や難易度は受験者が受けた教育カリキュラムとは関係がないため，一夜漬けの勉強は役に立たない。それでは熟達度テストは何をテストするのであろうか。それを考える前に，熟達度とは何を意味するのかを考える必要がある。「これまでどのような内容をどんな方法で学習したかに関係なく，今，英語をどれだけ使えるのか」ということである。したがって，熟達度テストは a test which measures how much of a language someone has learned と定義されている（Richard & Schmidt, 2002）。具体的には，目標言語を使って何をどれだけできるかについて測定するものである。一般的な英語力を測る例としては，英語圏の大学に入学を希望する外国人学生に対して，TOEFL（Test of English as a Foreign Language），FCE（Cambridge First Certificate in English）がある。特定の職場における熟達度テストの例としては国連ヤング・プロフェッショナル・プログラム〈YPP〉（Young

Professional Program）の中で測定される英語力などがある。

2）到達度テスト（achievement test）

　これは学習した内容や科目の目的に直接関連するテストで，日本でいう中間テスト，期末テストなどがこれに該当する。学期の構成により年数回実施されるが，その時期によって中間到達度テスト（progress achievement test）と最終到達度テスト（final achievement test）に大別される。

⑴ 中間到達度テスト（progress achievement test）

　これは学期の途中で到達度を確認し，それによって教材や指導法が指導目標に向かってうまく機能しているかどうかを教師が点検するために行う。日本の学校で馴染みがある「中間」という表現を用いたが，必ずしも「学期の中間」（mid-term）という意味に限定する必要はない。国により地方により学期は 3 期制，2 期制，それに四半期制（quarter）があるため，それぞれの学期に即して途中の到達度を確認するのがねらいである。このテスト実施日までに授業で扱った内容を，その重要性に応じて整理して，その習得を確認できるような「短期間」習得テストの性格をもつ。そのテストでの到達度が最終到達度テストのゴールに連動するようになっている必要がある。したがって「形成的評価」[2]（formative evaluation）の形をとることが多い。その結果がコースの最終目標からみて妥当であれば，この後も教材や指導法を変えることなく続行できるが，最終目標に照らして大きな「ずれ」がある場合は，教材や指導法の妥当性を反省してみる必要がある。日本の学校では，いったん採用した教科書を途中で変えることは実際上不可能であるため，市販・自作を問わず補助教材を検討したり，指導のあり方を微調整する必要があるだろう。

　quiz と称される規模の小さな classroom test も，教師がその中身と最終到達度評価との関係をきちんと把握しているならば，中間到達度テストの一種として扱うことも可能である。日本では同じ科目でも複数の教科書があるため，テストを自作する場合は，個々の教科書の内容にべったりの作問にしないで，科目の目標に焦点を合わせて作問する視点が大切である。

⑵ 最終到達度テスト（final achievement test）

　各学年の最後に実施されるものを最終到達度テスト（final achievement test）という。個々の生徒や生徒集団の目標達成度をみるために行うもので

あるため，その教育機関で定められた到達基準をクリアしていれば，そのコースの単位を授与される。日本の小学校，中学校では単位制を採用していないが，英語の場合は年度末テストがこれに相当する。

　最終到達度テストの内容は科目のシラバス（日本では学習指導要領がこれに相当する）に基づく場合と科目の目標に基づく場合とがある。科目のシラバスに基づく場合は，生徒が授業で習った内容であるという意味で公平であるが，それは教科書がシラバスをバランスよく取り入れてあり，教師がそのバランスを崩さないで上手に指導するという条件付きであり，それが無視されれば悲劇である。以前，日本の高校で「オーラル・コミュニケーション」の授業にかなり多くの学校で文法の授業をやっていて「オラコン G」という言葉が生まれたことは，その例である。また，コミュニケーション中心の良い教科書が採用されても，教師にそれを使いこなせる英語力がなかったり，教師が大学入学試験には関係ないからといって文法訳読式で授業を行うことも同じ例である。

3）診断テスト（diagnostic test）

　診断テストは学習者の英語力の強いところや弱いところ，形成済みのものや未形成のものを明らかにするために行う。同じ学習者の4技能を比較することは簡単であるが，絶対評価として各技能を診断することは準備と時間が必要である。また，文法項目の形成状況を診断する際，文法項目の用例が多くの種類に分かれるような場合（例えば冠詞）には，診断テストに入れるテスト項目数も異なるため，厳密に文法項目の形成状況を診断するためのテスト問題を作るにはコンピューター上で用例コーパスを利用しないと膨大な時間がかかる。各学校が既習の範囲から問題を作成し，簡易診断テストにするのであれば，教室内診断テストとしての役割はある程度果たせるであろう。

4）クラス編成テスト（placement test）

　能力別クラス編成や習熟度別クラス編成をするには，個々の学習者の成績に関する詳しい情報が必要である。そのために行われるのがこのテストである。能力別にクラスを編成する場合には，何を基準にしてクラス分けをするのか（総合成績を単純に上中下に分けるのか，ある技能，例えば speaking あるいは writing に重点を置いて編成するのかなど）を考える必要がある。また習熟度別にクラスを編成する場合には，習熟度を何によって決めて何段階に分けるのか（総合的な英語力によってか，観点別評価の特定の観点の習

熟度によるのか，下位の生徒の底上げのためにやるのか，上位の生徒に特定の技能を重点的に教えるのかなど）を十分検討してから実施すべきである。

2. 形式による分類
1）直接テスト（direct testing）

　一例を挙げれば，音声面の技能を測るために学習者に listening や speaking を行わせるのは直接テストであり，音声なしの筆記試験で代用するのは間接テストである。受験者数が多い場合には，日常生活で実際に見られるようなタスクを speaking や listening で行わせるのは時間的に難しい。しかし，できるだけ自然（authentic）な形に近づけることが大切である。

　Hughes（2002）は直接テストの良さとして次の 3 点を挙げている。

(1) どんな技能を測ろうとしているのかが明らかなので，それを引き出す場面や状況を設定するのも容易である
(2) 表現技能（productive skills）を測る場合に査定や解釈がはっきりしている
(3) 試験のための練習に養成したい技能が含まれているため，波及（backwash）効果がある

2）間接テスト（indirect testing）

　ある能力を測定するのにかなりの時間や設備が必要な場合，直接テストを諦めて，その能力そのものではないが，それを支えていると考えられる下位能力（技能，知識を含む）を測ることによって代用することがある。かつての大学入試センター試験（英語）の第 1 問（発音，強勢，抑揚などに関する紙上試験〈paper- and-pencil test〉）などがその例である。

　英語力の指標となり得るあらゆる能力を全て測ることができるのであれば（この仮定そのものが現実的に妥当かという疑問は脇に置いて），間接より直接のほうがよいに決まっている。しかし，4 技能の一つを取り上げても，その運用場面は非常にたくさんあるため，可能な場面全てにおいて能力を測定することは困難であろう。日本の中学や高校で「話す力」を評価するために，いくつくらいの場面で測定しているかを考えてみても，かなり限られた場面数になることは予測できる。そのように考えると，ある能力を支えている（あるいはそれに関連している）下位技能や知識を基に間接的に能力を推定することも，それなりの意味があることになる。ただし，留意しなければ

ならないことは（現時点における言語能力測定研究の結果からいえることと
しては），間接テストの結果と直接テストの結果には，あまり強い関係がな
いことである。このように考えると，直接テストも間接テストも，それぞれ
存在する長所と短所を目的に応じて上手に活用することが必要であろう。

3. 内容による分類
1）個別項目テスト（discrete-point testing）
　「文法力」というものを測定しようとするとき，文法を構成するいろいろ
な下位要素について問題を作り，その合計点を「文法力」と見なすならば，
このようなテストは個別項目テストと呼ばれる。同様に「読解力」が語彙力，
文法力，文章力（discourse ability）で構成されていると仮定して，それぞ
れに関する問題を作成した場合，これも一種の個別項目テストと呼ぶことが
可能であろう。

2）統合テスト（integrative testing）
　integrative testing を「総合問題」と訳すと，一つの passage に関して，
語彙，文法，読解などいろいろな問題が出されているテストを想像すると思
われるので，「統合テスト」という訳語を使うことにする。どんな形式であれ，
その問題に答えるためには語彙，文法，読解などに関するいろいろな力・知
識を統合的に活用しないと正解が得られないテストを意味する。dictation,
composition, cloze test などが統合テストに分類される。

3）集団準拠テスト（norm-referenced testing）と目標準拠テスト
　（criterion-referenced testing）
　集団準拠テスト（norm-referenced testing）は，個人がテストの受験者
集団の中でどの位置にいるのかを示すテストであり，入試などがその代表で
ある。一方，目標準拠テスト（criterion-referenced testing）は，学習者が
授業などで定められた目標をどれくらい達成できたかを測るためのテストで
ある。
　かつては，指導要録や通知表などに用いられる5段階評価を行う場合にも，
その生徒の成績が学年全体のどの位置にあるかを基準にした集団準拠テスト
を用いた評価方法（集団準拠評価）が採用されていた。具体的には，統計的
に評定5（7%），評定4（24%），評定3（38%），評定2（24%），評定1（7%）
という目安に従っている場合が多かった。しかし，1998年（平成10年）（高

154

等学校は 1999 年（平成 11 年））の学習指導要領の改訂で，指導要録や通知
表などに用いられる評価は集団準拠評価から，評定も含めて定められた到達
度に照らして評価する目標準拠評価に改められることになった。その理由を，
教育課程審議会の答申では次の 5 点にまとめている。

⑴ 児童・生徒一人一人の進歩の状況や教科の目標の実現状況を的確に把
　握し，指導の改善に生かすことが一層可能となる
⑵ 基礎・基本の確実な習得を図る指導の改善に有効である
⑶ 校種間の接続の観点から，児童・生徒がその学校段階の目標を実現し
　ているかどうかを評価することが重要となっている
⑷ 児童・生徒の個に応じた指導を進める上で有効である
⑸ 児童・生徒数の減少により相対評価の客観性・信頼性が低下している

（文部科学省（2000）を基に作成）

　言い換えれば，「こういうことができるようになってほしい」という目標に，
児童・生徒一人一人が到達したかどうかを判断することができる目標準拠評
価の方が，少子化の影響で 1 クラスあたりの児童・生徒数が減少している中，
個に応じた指導，学習内容の定着，指導の改善がますます重要視される現在
の授業の在り方に適しているということである。
　一方で，目標準拠評価においては，目標をどこ設定するかが非常に重要で
あり，多くの場合，それは担当する授業者の判断に委ねられている。そのた
め，A 中学校では評定 5 をとれる生徒が，より高い評価規準を設定している
B 中学校では評定 3 という評価になるなどの状況が起こり得るということが
その問題として指摘されている。これが，入学者選抜において，多くの教師
の悩みの種となっていることも事実である。このような事態を防ぐには，学
習指導要領を熟読し，そこでどのような目標が挙げられているのかを正しく
理解し，それを目の前の児童・生徒の実態に当てはめて目標を設定すること
が必要となる。
　テストの作成や評価を行うときには，教師が与える評価が生徒一人一人に
とって人生を左右するほど重大な意味を持つことを忘れてはならない。これ
から教師を目指す人々には，評価についてしっかりとした知識を持ち，それ
に基づいたテスト作成と評価を行うことが期待されている。

第3節　観点別評価

1．指導と評価の一体化

　新課程（小学校では 2020 年度（令和 2 年度），中学校では 2021 年度（令和 3 年度），高等学校では 2022 年度（令和 4 年度）より施行）において，指導と評価の一体化を図り観点が大きく変更された。これまでの評価の課題として，文部科学省（1993）の「小学校教育課程一般指導資料」では，(1) 知識・理解の評価が中心になりがちであったこと，(2) 目標の達成具合を単に数量的に処理することに陥りがちであったことの 2 点を挙げている。評価とは，学習者の過程や成果を適切に見取ること，それに基づき，教師自身の授業改善につなげていくためのものであることが，これまでより明確に示されている。

---

(1) 生徒のよい点や進歩の状況などを積極的に評価し，学習したことの意義や価値を実感できるようにすること。また，各教科等の目標の実現に向けた学習状況を把握する観点から，単元や題材など内容や時間のまとまりを見通しながら評価の場面や方法を工夫して，学習の過程や成果を評価し，指導の改善や学習意欲の向上を図り，資質・能力の育成に生かすようにすること。

(2) 創意工夫の中で学習評価の妥当性や信頼性が高められるよう，組織的かつ計画的な取組を推進するとともに，学年や学校段階を越えて生徒の学習の成果が円滑に接続されるように工夫すること。

（文部科学省，2017 b）（中学校学習指導要領　2　学習評価の充実より。小学校学習指導要領にも同旨）

　一般的には「評価」は教師が生徒の能力を測定し，判断を下すものというように考えられがちであるが，同時に，教師自身の指導を顧みて，改善するためのものでもあることが分かる。例えば，高校 1 年生に対して実施した定期テストで期待するような結果が得られなかった場合，「うちの生徒は英語の勉強の意欲が低いから」「こんな基礎的な問題もできないなんて，中学校の先生は一体何をしているんだ！」と生徒や他の教師の責任と考えるのではなく，生徒の動機を高める教材を導入してみる，授業の開始 5 分を使って中学校の学習内容の復習をする帯活動を実施するなど，自己の授業改善へとつなげるよう考えるべきである。

図3　指導と評価の一体化

2．4観点から3観点へ

　2017年（平成29年）改訂（高等学校は2018年（平成30年）改訂）の学習指導要領においては，これまで教科ごとに設定されていた教科などの目標及び内容を，全ての教科共通の「知識及び技能」「思考力，判断力，表現力等」「学びに向かう力，人間性等」の育成を目指す資質・能力の三つの柱で再整理された。それにより，観点別学習状況の評価についても，小・中・高等学校の各教科を通じて，次のように4観点から3観点に整理されている。

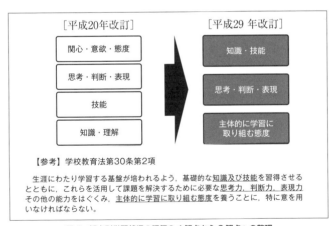

図4　観点別学習状況の評価の4観点から3観点への整理
（文部科学省国立教育政策研究所（2020）を基に作成）

全ての教科で，さらに小・中・高等学校を通して共通した目標を設定し，同じ観点で評価を行うことが，今回の改訂が持つ意義の一つである。

3. 外国語科の目標と観点別評価

　自分に関係する校種の学習指導要領には目を通すが，他の校種のものはほとんど見たことがないということが多いかもしれない。しかし，上記のように，小・中・高等学校を通して共通した目標を設定し，同じ観点で評価を行うこととされていることからも分かるように，これからは小・中・高等学校が連携して英語の指導を行うことが重要である。そのためには自分の校種のみならず，他の校種の状況を理解していなければならない。次の表は2017年（平成29年）告示（高等学校は2018年（平成30年）告示）の小・中・高等学校の学習指導要領の目標を比較したものである。このような形で目標を見比べると，小・中・高等学校を通して共通しているもの，またそれぞれで異なるものが容易に理解できる。

	小学校 中学年 外国語活動	小学校 高学年 外国語科	中学校	高等学校
見方・考え方	外国語によるコミュニケーションにおける見方・考え方を働かせ，			
言語活動	外国語による聞くこと，話すことの言語活動を通して，	外国語による聞くこと，読むこと，話すこと，書くことの言語活動を通して，		外国語による聞くこと，読むこと，話すこと，書くことの言語活動及びこれらを結び付けた統合的な言語活動を通して，

資質・能力	コミュニケーションを図る<u>素地となる資質・能力</u>を次のとおり育成することを目指す。	コミュニケーションを図る<u>基礎となる資質・能力</u>を次のとおり育成することを目指す。	<u>簡単な情報や考えなどを理解したり表現したり伝え合ったりするコミュニケーションを図る資質・能力</u>を次のとおり育成することを目指す。	<u>情報や考えなどを的確に理解したり適切に表現したり伝え合ったりするコミュニケーションを図る資質・能力</u>を次のとおり育成することを目指す。
知識・技能	(1) 外国語を通して，言語や文化について体験的に理解を深め，日本語と外国語との音声の違い等に気付くとともに，外国語の音声や基本的な表現に慣れ親しむようにする。	(1) 外国語の音声や文字，語彙，表現，文構造，言語の働きなどについて，日本語と外国語との違いに気付き，これらの知識を理解するとともに，読むこと，書くことに慣れ親しみ，聞くこと，読むこと，話すこと，書くことによる実際のコミュニケーションにおいて活用できる基礎的な技能を身に付けるようにする。	(1) 外国語の音声や語彙，表現，文法，言語の働きなどを理解するとともに，これらの知識を，聞くこと，読むこと，話すこと，書くことによる実際のコミュニケーションにおいて活用できる技能を身に付けるようにする。	(1) 外国語の音声や語彙，表現，文法，言語の働きなどの理解を深めるとともに，これらの知識を，聞くこと，読むこと，話すこと，書くことによる実際のコミュニケーションにおいて，目的や場面，状況などに応じて適切に活用できる技能を身に付けるようにする。

思考力・判断力・表現力等	(2) 身近で簡単な事柄について,外国語で聞いたり話したりして自分の考えや気持ちなどを伝え合う力の素地を養う。	(2) コミュニケーションを行う目的や場面,状況などに応じて,		
		身近で簡単な事柄について,聞いたり話したりするとともに,音声で十分に慣れ親しんだ外国語の語彙や基本的な表現を推測しながら読んだり,語順を意識しながら書いたりして,自分の考えや気持ちなどを伝え合うことができる基礎的な力を養う。	日常的な話題や社会的な話題について,外国語で簡単な情報や考えなどを理解したり,これらを活用して表現したり伝え合ったりすることができる力を養う。	日常的な話題や社会的な話題について,外国語で情報や考えなどの概要や要点,詳細,話し手や書き手の意図などを的確に理解したり,これらを活用して適切に表現したり伝え合ったりすることができる力を養う。
学びに向かう力・人間性等	(3) 外国語を通して,言語やその背景にある文化に対する理解を深め,相手に配慮しながら,主体的に外国語を用いてコミュニケーションを図ろうとする態度を養う。	(3) 外国語の背景にある文化に対する理解を深め,		
		他者に配慮しながら,主体的に外国語を用いてコミュニケーションを図ろうとする態度を養う。	聞き手,読み手,話し手,書き手に配慮しながら,	
			主体的に外国語を用いてコミュニケーションを図ろうとする態度を養う。	主体的,自律的に外国語を用いてコミュニケーションを図ろうとする態度を養う。

表2 小・中・高等学校の学習指導要領の目標の比較（文部科学省 2017 a, 2017 b, 2018）

　また，今回の改訂では，これまで「聞くこと」「読むこと」「話すこと」「書くこと」の4技能であったものが，「聞くこと」「読むこと」「話すこと［やり取り］」「話すこと［発表］」「書くこと」の5領域に分けられた。つまり，

実際の授業においては，上記の「知識・技能」「思考力・判断力・表現力等」「学びに向かう力・人間性等」をこれら 5 つの領域ごとに評価規準を設定して，評価を行うことになる。

　次は，「『指導と評価の一体化』のための学習評価に関する参考資料　中学校　外国語」（文部科学省国立教育政策研究所，2020）に示されている領域ごとの評価規準の例である。

	知識・技能	思考・判断・表現	主体的に学習に取り組む態度
聞くこと	[知識] 英語の特徴やきまりに関する事項を理解している。 [技能] 実際のコミュニケーションにおいて，日常的な話題や社会的な話題について，はっきりと話された文章等を聞いて，その内容を捉える技能を身に付けている。	コミュニケーションを行う目的や場面，状況などに応じて，日常的な話題や社会的な話題についてはっきりと話される文章を聞いて，必要な情報や概要，要点を捉えている。	外国語の背景にある文化に対する理解を深め，話し手に配慮しながら，主体的に英語で話されることを聞こうとしている。
読むこと	[知識] 英語の特徴やきまりに関する事項を理解している。 [技能] 実際のコミュニケーションにおいて，日常的な話題や社会的な話題について書かれた短い文章等を読んで，その内容を捉える技能を身に付けている。	コミュニケーションを行う目的や場面，状況などに応じて，日常的な話題や社会的な話題について書かれた短い文章を読んで，必要な情報や概要，要点を捉えている。	外国語の背景にある文化に対する理解を深め，書き手に配慮しながら，主体的に英語で書かれたことを読もうとしている。

	[知識] 英語の特徴やきまりに関する事項を理解している。 [技能] 実際のコミュニケーションにおいて，日常的な話題や社会的な話題について，事実や自分の考え，気持ちなどを，簡単な語句や文を用いて伝え合う技能を身に付けている。	コミュニケーションを行う目的や場面，状況などに応じて，日常的な話題や社会的な話題について，事実や自分の考え，気持ちなどを，簡単な語句や文を用いて，伝え合っている。	外国語の背景にある文化に対する理解を深め，聞き手，話し手に配慮しながら，主体的に英語を用いて伝え合おうとしている。
話すこと[やり取り]			
話すこと[発表]	[知識] 英語の特徴やきまりに関する事項を理解している。 [技能] 実際のコミュニケーションにおいて，日常的な話題や社会的な話題などについて，事実や自分の考え，気持ちなどを，簡単な語句や文を用いて話す技能を身に付けている。	コミュニケーションを行う目的や場面，状況などに応じて，日常的な話題や社会的な話題について，事実や自分の考え，気持ちなどを，簡単な語句や文を用いて，話している。	外国語の背景にある文化に対する理解を深め，聞き手に配慮しながら，主体的に英語を用いて話そうとしている。

| | [知識]
英語の特徴やきまりに関する事項を理解している。
[技能]
実際のコミュニケーションにおいて，日常的な話題や社会的な話題などについて，事実や自分の考え，気持ちなどを，簡単な語句や文を用いて，またはそれらを正確に用いて書く技能を身に付けている。 | コミュニケーションを行う目的や場面，状況などに応じて，日常的な話題や社会的な話題などについて，事実や自分の考え，気持ちなどを，簡単な語句や文を用いて，書いている。 | 外国語の背景にある文化に対する理解を深め，聞き手，読み手，話し手，書き手に配慮しながら，主体的に英語を用いて書こうとしている。 |
|書くこと| | | |

表3　領域別の評価規準例
（文部科学省国立教育政策研究所，2020）（小学校編，高等学校編にも同旨）

4. 評価規準とその具体例

　学習指導要領においては学年ごとや各レッスンの目標を示していない。つまり，学習指導要領に示されている各校種別の目標を卒業時に達成するために，それぞれの学年ではどのようなことができるようになっていればよいのか，それぞれのレッスン後ではどうかについては，生徒や地域の実態に応じて学校ごとに設定する必要がある。その中心的な役割を果たすのはいうまでもなく，授業の担当者である英語教師に他ならない。

　ここでは中学校の「読むこと」を一例に，学習指導要領で述べられている目標や言語活動から，より具体的な観点別評価を設定する手順を次に記す。授業に際しては使用教材の進度に即して，さらに具体化する必要がある。

(1) 学習指導要領の読むことの領域別の目標を参照する。

　学習指導要領を参照すると，読むことの目標は次の(ア)〜(ウ) の３点であることが分かる。

(ア) 日常的な話題について，簡単な語句や文で書かれたものから必要な情報を読み取ることができるようにする。

(イ) 日常的な話題について，簡単な語句や文で書かれた短い文章の概要を捉えることができるようにする。

㈦ 社会的な話題について，簡単な語句や文で書かれた短い文章の要点を
捉えることができるようにする。

文部科学省（2017 b）

⑵ 上記 ㈠～㈦ を，生徒の実態や教科書などの使用教材を基に，いつ，どの
レッスンで指導し評価するかを検討する。
　NEW HORIZON English Course 3（笠島他，2021）を具体例にすると，
3 年生の読み物教材に，台湾にダムを建設し，その地域の農業の発展に貢
献した八田與一についての英文が掲載されている。この英文を活用して㈦
について目標を立て，その評価規準を設定する。

⑶ 次の情報を含むことに留意しながら，それぞれの観点ごとに評価規準を
設定する。

① 「知識・技能」の評価規準について
［知識］
　「【言語材料】の特徴やきまりに関する事項を理解している」が基本的な形
となる。つまり，この英文を読むためには，どのような言語材料を指導すれ
ばよいのかという点を検討する。中学校の最後の読み物教材であるので，こ
こでは一例として，パラグラフ構成について指導し，その知識を活用して英
文を読み進める指導を行う授業を想定する。

［技能］
　「【言語材料】などを活用して【話題】について【書かれた文章等】の内容
を読み取る技能を身に付けている」が基本的な形となる。つまり，当該単元
の中心となる言語活動でどのような話題を扱うかを検討する。ここでは，一
例として「世界で活躍する日本人」について扱う授業を想定する。
　また，【書かれた文等】についてはどのような形式（物語文・説明文・手紙・
SNS など）の英文を生徒に読ませるのかを検討する。

② 「思考・判断・表現」の評価規準について
　「【目的等】に応じて，【話題】について【書かれた文等】を読んで，要点
を捉えている」が基本的な形となる。
　【目的】については，何のためにその英文を読むのか，読んだ後にどのよ

うな活動を設定するのかを検討する。その際，学習指導要領に示されている「言語の使用場面の例」や「言語の働きの例」を踏まえて設定することが必要である。

③「主体的に学習に取り組む態度」の評価規準について
　「【目的等】に応じて，【話題】について【書かれた文等】を読んで，要点を捉えようとしている」が基本的な形となる。
（文部科学省国立教育政策研究所，2020）※他の技能については下記を参照。

　それを一覧にまとめたものが次の表である。

	知識・技能	思考・判断・表現	主体的に学習に取り組む態度
評価規準	［知識］パラグラフ構成やその働きを理解している。［技能］パラグラフ構成の理解を基に，それを効果的に活用しながら，世界で活躍した日本人の人生について説明文の内容を読み取る技能を身に付けている。	パラグラフ構成に沿った要約文を作成するために，世界で活躍した日本人の人生について書かれた説明文の要点を捉えている。	パラグラフ構成に沿った要約文を作成するために，世界で活躍した日本人の人生について書かれた説明文の要点を捉えようとしている。

表4　「読むこと」の評価規準設定例

　このように考えると，1時間の授業の目標と評価規準を考えるには，その学年，もしくは3学年全体を見通す目が必要ということになる。それはまるで高い上空からツバメのように英語の指導全体を見渡すようなイメージであろう。ツバメの目で英語の指導全体を見渡した後に，すこし高度を下げて，スズメの目で各レッスンの指導を検討し，最後にバッタの目で1時間1時間，または1つの活動を検討していくのである。

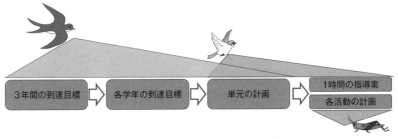

図5　1時間の授業の目標と評価規準の考え方

　経験が少ないうちは,「どんな活動をやろうか」や「1時間をどう構成するか」のようにバッタの目にこだわりがちである。そうなってしまうと,「1時間で指導を完結させなくては」という発想になってしまうことが多く, 無理な指導過程を設定したり, その結果, 期待するレベルまで生徒が到達できず, がっかりしたりしがちである。しかし考えてみれば言語を使って何かができるようになるには, 長期的な練習や訓練が必要なのはごく当然のことである。ここで一歩下がって, レッスン全体や学年全体の流れがどうなっているのかを考え, 長い期間をかけて生徒に確実な能力を育もうという発想を持つことができれば, 教師にとってはもちろん, 生徒にとっても無理のない指導と評価規準を設定することができるようになり, 結果的に確実に能力を育成することができるようになる。

　このように考えれば, 授業は1時間1時間の「足し算」というよりは, 3年間(または各学年)全体の「割り算」と考えるべきである。

第4節　コミュニカティブ・テスティング

　近年, コミュニカティブ・ランゲージ・ティーチング(Communicative Language Teaching; CLT)(p. 32)に基づいてコミュニケーションを意識した授業が多く行われるようになってきた。教科書も場面・文脈を設定した上でのタスク活動や, 技能を統合した言語活動など, よりオーセンティック(authentic)な, すなわち, 実際の英語使用に即したものへと変化している。しかし, その一方で, その到達度を測るテストを見ると, 発音・アクセント問題や和文英訳問題, 対話を読ませる問題など旧態依然の問題形式が出題されることが多い。授業はコミュニカティブでも, テストが文法訳読・オーディ

オリンガルというミスマッチが起こっているのである。妥当性の観点からも，コミュニカティブな授業・学習によって習得された能力はコミュニカティブなテストによって測定・評価されなければならない。そのようなコミュニカティブ・テスティングが備えるべき条件は，(1) 場面・文脈の明示，(2) タスクのオーセンティシティー（authenticity，真正性），(3) テキストのオーセンティシティーである（根岸，2017）。

1）場面・文脈の明示

　テスト問題がどのような状況で行われているのかを示すことである。例えばリーディングのテストであれば，この英文をどんな状況（場面）で，何のため（目的）に読むのかという情報を明示することが必要である。少しでも安い卵を買うためにスーパーの広告を読むのと，授業の発表のために環境問題の取り組みに関する報告書を読むことでは，自ずと求められる読み方に違いがある。「次の英文を読んで，問1〜問3に答えなさい」という指示文は避けるべきである。

2）タスクのオーセンティシティー

　テストで求める行為は現実の言語使用場面でも起こり得ることでなければならない。これがテストから抜け落ちていると，「学校のテストでは成績が良いのに，いざ実際の言語使用場面では何もできない英語ユーザー」を育成しかねない。例えば，「次は，Eric と Hiro の対話である。これを読んで問いに答えなさい」のような問題を目にすることがあるが，一般的には対話文は読むものではなく聞くものである上に，誰か分からない2人の会話の内容を理解しなければならないことは，盗み聞き（読み）でもない限りあり得ない。問題を作成する際には，指示文の最後の「〜しなさい」で生徒に要求する行為が，現実的に起こり得ることかどうかを批判的に評価してほしい。

3）テキストのオーセンティシティー

　リーディング問題やリスニング問題で読ませよう，聞かせようとするテキストが，実際に使用されている英語の特徴を捉えていることが必要である。具体例としては，「書き言葉」と「話し言葉」の違いが挙げられる。これまでは，リスニング問題においてまるで書き言葉を読み上げているような音声が多かった。しかし，コミュニカティブ・テストにおけるリスニングでは，単語レベルなど不完全な発話，余剰性（redundancy），フィラーなど，話し

言葉の特徴を反映した音声が用いられるべきであろう。また，同じ書き言葉であっても，チャットとレポートなどジャンルによる違いや，同じメールでも友達に対するものと教師など目上の相手に対するものでは，テキストが持つ特徴に違いが生まれるはずである。コミュニカティブ・テスティングにおいては，生徒が将来遭遇するであろう英語の特性を反映したテキストを使用することが重要である。

　図6は，2021年度の大学入学共通テストのリーディングの第1問である。これを見ると，「ルームメイトのジュリーがメッセージを送ってきた」という(1)場面・文脈の明示，どんなことをお願いされて，どう返信するのかという(2)タスクのオーセンティシティー，友達同士のカジュアルな英語や絵文字など携帯電話でのやり取りならではの表現など(3)テキストのオーセンティシティーといった，上記のコミュニカティブ・テスティングの要件が反映されていることが分かる。このような動きを受けて，今後はこのようなテストが主流になっていくことが予想される。「自分が受けてきたテスト」を何の問題意識も持たずただ再生産するのではなく，授業がコミュニカティブであればあるほど，テストも生徒が授業で身に付けた力を正しく測定するものへと変わっていかなければならない。

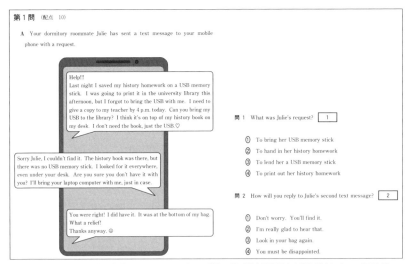

図6　2021年度大学入学共通テストのリーディング第1問（独立行政法人大学入試センター，2021）

第 5 節　リスニングの評価

　わが国では，英語指導理論の変遷の中で，オーラル・アプローチから「言語活動」を経てコミュニケーション中心の指導に移行する際に，基本的なドリルが必要以上に悪者扱いをされて，生徒が十分に訓練されないまま授業が進んでしまうことがある。そこで指導法や指導技術を黒か白かという短絡的な分け方ではなく，模倣からコミュニケーションまでを指導の連続段階と考えて，その中での個々の指導を検討するようにしたい。

　Brown（2004）は連続するリスニングの指導段階を Intensive, Responsive, Selective, Extensive の 4 つに分けている。Intensive（集中型）は音声の流れの中で特定の音素，語句，抑揚などに集中して聴取することであり，Responsive（応答型）は挨拶，質問，指示，聴解チェックなど比較的短い音声の流れを聴取することである。Selective（選択型）は数分間音声の流れに耳を傾けながら特定の情報を選んで聴取することであり，Extensive（拡張型）は会話や講義を聞きながら top-down 的にメッセージを統合的に把握することで，主題や要旨を把握したり類推したりすることが含まれる。

　リスニングの評価は Micro-skills と呼ばれるものと Macro-skills[3] と呼ばれるものに大別できる（Richards, 1983）。前者は bottom-up 的に言語の小さな要素（音素，語，句などの単位）を聴取できるかを問うものであり，後者は top-down 的に音声のディスコース（対話，講義，ニュースなど）を聴解できるかを問うものである。

例：Micro-skills
(1) 子音　　　　　音　声：Sue's from London.
　　/s/ /ʃ/　　　　問題用紙：She's from London.
　　　　　　　　　　　　　　Sue's from London.
(2) 母音　　　　　音　声：Is she living here?
　　/ɪ/ / /iː/　　　問題用紙：Is she leaving here?
　　　　　　　　　　　　　　Is she living here?
(3) 形態素　　　　音　声：I missed her very much.
　　/-ed/　　　　問題用紙：I missed her very much.
　　　　　　　　　　　　　　I miss her very much.
(4) 語句・文　　　音　声：Hello, my name is John. I'm from England.

問題用紙：(a) John is an American.
　　　　(b) John likes England.
　　　　(c) John is a Briton.
　　　　(d) John lives in Oxford.

例：Macro-skills
(1) 相手の発話やその場の状況から発話の役割（functions）を知る
(2) 実生活で得た知識を基に場面，登場人物，目標などを推測する
(3) 出来事，アイデアなどからいろいろな関係や原因・結果などを予測したり，
　　推測したりする
(4) 文字通りの意味と内包された意味を区別する
(5) 身振り，表情などから意味を聞き取る
(6) キーワードを見つけたり，コンテクストから単語の意味を推測したり，
　　身体言語を用いて理解できたかできなかったかを相手に伝える

第6節　スピーキングの評価

　スピーキングでは通常，話し相手がいるものであり，一人だけで話をする
というケースは本来のスピーキングではない。演説，落語，漫才のような場
合は，聴衆の反応とのインタラクションという一面を持っている特殊なケー
スであろう。本来のスピーキングは相手とのインタラクションが前提になっ
ている。これを別の視点でみれば，スピーキングは話し相手の話し方によっ
て影響を受けるということである。換言すれば，スピーキング能力を他のス
キルから独立した形で調べることが難しいということになる。これがスピー
キング評価の泣き所である。しかし，言語はコミュニケーションの媒体であ
るため，スピーキングの場合は，話し相手との，いわば言葉のキャッチボー
ルが最も自然な姿であることを考えれば，リスニングのスキルから切り離し
て評価することは不自然である。
　リスニングの場合と同じように，いくつかの指導段階がある。基礎的
なものから列挙すると，Imitative, *Intensive*, *Responsive*, Interactive,
Extensive である（Brown, 2004）。イタリック体の段階はリスニングの場合
と同じ名称であることを示す。リスニングにあってスピーキングにないの
は Selective である。話す場合は，音声となって出たものが全てであり，リ

スニングのように音声の流れの中から何かを選ぶということはないからである。Imitative は文字通り語句や文をおうむ返しに真似することであり，Intensive は文法，句，語彙，音声などに焦点を当てて応答することである。Responsive は短い対話，標準的な挨拶，簡単な要求やコメントなどを含む短い音声単位の産出である。Interactive は文字通り相互コミュニケーションを扱うもので，情報のやり取りを主とするものと人間関係を維持するものとの 2 種類がある。最後の Extensive はスピーチ，発表（presentation）やお話（story-telling）などで，かなり長く，多くは一人語り（monologue）の形をとる。

　Brown（2004）はスピーキングのタスクを考えるときに必須の事柄を 3 つ挙げている。1 つは話すという行為を単一の技能として取り上げることは不可能であり，スピーキングと同時にリスニングやリーディングの力が付随すること。2 つ目は，スピーキングのテストにおいては受験者が答える内容や形式には個人による選択の幅がかなり広いため，多様な回答があり得ることである。したがって，受験者からどんな回答を求めるのかについて出題意図を明確にすることが重要である。もう 1 つは，前二者の必然的な結果であるが，採点基準をきちんと作成していないとスピーキング評価の信頼度が低くなることである。

第 7 節　リーディングの評価

　リーディングに関連する要素には視点によっていろいろなものがある。文章の種類（ジャンル）という視点で見れば，大別してアカデミックな文章，職場関連の文章，個人的な文章の 3 種類がある。読解のテスト形式でいえば Perceptive（認知的），Selective（選択的），Interactive（対話的），Extensive（多読的）に分類できる。

　Perceptive Reading は文章の構成要素（文字，単語，句読点など）に注意を向ける読み方で bottom-up 的に「ズームイン」する読み方である。

　Selective Reading は短い文脈で構成されているテスト形式の中から「選択」して用いるということで，語彙，文法，文章の特徴などが読みの対象となる。例としては picture-cued tasks, matching, true/false, multiple-choice などがある。

　Interactive Reading は比較的長い文章に基づくもので，読者（受験者）

はその文章と「対話しながら」，自分がこれまでに獲得したスキーマ（schema）を総動員して，文章が伝えようとしている内容を読み取るものである。top-down 的な読み方が主に用いられるが，内容や難易度によって bottom-up 的な読み方も併用される。

　Extensive Reading では短くても 1 ページ以上の長さの文章が用いられ，文章の大意を把握させるのが主な目的なので，top-down 的な読み方が一般的である。（Brown，2004）

	Length			Focus		Process	
	Short	Medium	Long	Form	Meaning	Bottom-Up	Top-Down
Perceptive	●●			●●		●●	
Selective	●	●		●●	●	●	●
Interactive		●●		●	●●	●	●●
Extensive			●●		●●		●●
●● strong emphasis　● moderate emphasis							

表5　長さ，焦点，過程による読解の分類（Brown（2004）を基に作成）

第8節　ライティングの評価

　ライティングの発達段階は次のように考えると分かりやすい（Brown，2004）。

(1) Imitative：これはライティングの基礎・基本である文字，単語，句読点，簡潔な文を書くのに必要な英単語を正しく書けることと，音素と書記素（音声と綴り字）[4] との対応が分かることである。

(2) Controlled：これは文脈，連語，慣用句における適切な語彙及び文までの要素における正しい文法形式を書けることで，意味やコンテクストはそれほど重要ではなく，より言語形式に関するものである。したがって言語テストのデザインでは，複数の意味が関係したりコンテクストが多様にならないように厳重にコントロールされる。

(3) Responsive：これは複数の文を結合して段落を作ったり，2つあるいは3つの段落からなる文章を作ることである。日常生活で必要な書類を書くことが題材内容として入ってくるので，文脈と意味がより強調されることになる。

(4) Extensive：これはエッセイ，学期の課題，研究報告，卒業・修士論文など本格的なライティングである。段落の論理的展開，草稿から推敲そして完成版までの writing process が主たる内容となる。文法的な言語形式への注意は編集や校正などに限られる。

　本章では評価についての基礎理論の理解に重点を置き，4技能（5領域）の具体的なテスト問題は意図的に出さなかった。かなり網羅的に出さないと，どうしても特定のテスト形式に偏っているという印象を与えてしまうからである。具体的なテスト問題については SUGGESTED READING を参照されたい。

✎ REVIEW

次の問1〜問3に答えなさい。ただし，問3については，英語で答えなさい。

問1　これまで自分が受けたことのある定期テストや入試において，よく目にする問題形式はどのようなものか考えてみましょう。また，それらの問題を，①妥当性，②信頼性，③波及効果，④実用性のそれぞれの観点から分析してみましょう。

問2　小学生に将来なりたい職業についてのスピーチテストを実施します。その評価規準を①知識・技能，②思考・判断・表現，③主体的に学習に取り組む態度の3つの観点それぞれについて，具体的に書きなさい。

問3　ある単元の確認テストを行ったところ，生徒の多くが苦手としていることが分かりました。どのようにして単元理解を深めていけばよいか生徒に伝え，学習意欲を高めるような授業を設計しなさい。

（2021年度　青森県教員採用試験改題）

▊ SUGGESTED READING

Hughes, A. & Hughes, J. (2020). *Testing for language teachers*. (3rd ed.)
　Cambridge University Press.
McNamara, T. (2000). *Language testing*. Oxford University Press.
松沢伸二（2000）.『英語教師のための新しい評価法』大修館書店
根岸雅史（2017）.『テストが導く英語教育改革：「無責任なテスト」への処
　方箋』三省堂

▊ FURTHER READING

読解のポイント 言語テストの本質について理解する。

What is a language test?

　　Testing is a universal feature of social life. Throughout history people have been put to the test to prove their capabilities or to establish their credentials; this is the stuff of Homeric epic[5] , of Arthurian legend[6] . In modern societies such tests have proliferated rapidly. Testing for purposes of detection or to establish identity has become an accepted part of sport (drugs testing), the law (DNA tests, paternity tests, lie detection tests), medicine (blood tests, cancer screening tests, hearing, and eye tests), and other fields. Tests to see how a person performs particularly in relation to a threshold of performance have become important social institutions and fulfil a gatekeeping function in that they control entry to many important social roles. These include the driving test and a range of tests in education and the workplace. Given the centrality of testing in social life, it is perhaps surprising that its practice is so little understood. In fact, as so often happens in the modern world, this process, which so much affects our lives, becomes the province of experts and we become dependent on them. The expertise of those involved in testing is seen as remote and obscure, and the tests they produce are typically associated in us with feelings of anxiety and powerlessness.

　　What is true of testing in general is true also of language testing, not a topic likely to quicken the pulse or excite much immediate interest. If it evokes any reaction, it will probably take the form of negative associations. For many, language tests may conjure up an image of an examination room, a test paper with questions, desperate scribbling against the clock. Or a chair outside the interview room and a nervous victim waiting with rehearsed phrases to be called into an inquisitional conversation with the examiners. But there is more to language testing than this.

To begin with, the very nature of testing has changed quite radically over the years to become less impositional, more humanistic conceived not so much to catch people out on what they do not know, but as a more neutral assessment of what they do. Newer forms of language assessment may no longer involve the ordeal of a single test performance under time constraints. Learners may be required to build up a portfolio of written or recorded oral performances for assessment. They may be observed in their normal activities of communication in the language classroom on routine pedagogical tasks. They may be asked to carry out activities outside the classroom context and provide evidence of their performance. Pairs of learners may be asked to take part in role plays or in group discussions as part of oral assessment. Tests may be delivered by computer, which may tailor the form of the test to the particular abilities of individual candidates. Learners may be encouraged to assess aspects of their own abilities.

Clearly these assessment activities are very different from the solitary confinement and interrogation associated with traditional testing. The question arises, of course, as to how these different activities have developed, and what their principles of design might be. It is the purpose of this book to address these questions.

(McNamara, T. (2000). *Language testing*. Oxford University Press. pp. 3-4)

1）concurrent：happening at the same time
2）形成的評価：生徒の学習の進度を学習期間中にモニターし，教師には指導内容や進度の調整が必要かどうか，生徒には自分の学力に偏りがないか，もっと努力すべき対象はどこかを知らせてくれる評価である。クラスや学年の中における生徒の相対的位置ではなく，その教科の個々の目標で到達しているもの，未到達のものを知ることができる。
3）Micro- & Macro-skills：本章では主に listening と speaking に関して用いたが，その基本的な概念は reading や writing にも当てはまる。
4）音素と書記素（phoneme & grapheme）：音素 /f/ を書き表す文字には f, ph, gh などがあり，これを /f/ の書記素という。
5）Homeric epic：ホメロスの叙事詩（ギリシャの青銅時代）
6）Arthurian legend：アーサー王伝説（Britain 島の伝説の王 Arthur と円卓の騎士団をめぐる中世ロマンス伝説）

第8章
学習指導案

第1節　学習指導案とは

　学習指導案は教案または英語で lesson plan や teaching plan などと呼ばれ，児童・生徒の効率的学習を念頭に置いた教師の描く授業の設計図である。しかし，「学習指導案は不要である」というような趣旨の主張を耳にすることが時折ある。それは主に次のような根拠に基づくものであるが，読者の皆さんは，どのように考えるであろうか。それぞれについて自分の意見をしっかり持った上で，続きを読み進めてもらいたい。

・指導案を作成するには，膨大な時間と労力が必要となる。その時間と労力を教材準備などに使ったほうが有効である。
・指導案を書くのは教育実習や研究会での提案授業のときだけである。そもそも，現場の先生で毎時間指導案を書いている人はいないのではないか。
・「指導案を書けること」と「授業を上手にできること」は，別の技術・技能である。つまり，指導案をしっかり書けるからといって，その人が授業を上手にできるということにはならない。
・時間をかけて苦労して指導案を書いても，授業は生物であるから，その指導案通りに授業が展開することはほとんどない。

　先に述べたように，指導案は授業の設計図である。建築家や大工が家などを建てるときに設計図を書かずに作業に取り掛かることはあり得ない。指導案を書かなくても授業ができればよいということは，「設計図を書かなくても，ちゃんと家が建てられるから任せておけ」という大工と同じなのである。確かに，家がちゃんと完成すればそれでよいような気もするが，このような大工に仕事を任せようと考える人は少ないのではないだろうか。これは，建築に限ったことではなく，「ものづくり」一般に当てはまることである。この気持ちはどこからくるものか，この辺りに授業における指導案の必要性が隠れている。

　よって，結論からいうと，次のとおりである。

・指導案は必要か→ YES
・指導案を毎時間書かなくてはいけないのか→ YES, but ...

　それでは，どうすればよいのか。上記の指導案を書くことに対する負担感とその意義に対する疑問は，主に次の2つの点について十分に考慮されていないことによることが多い。

1．指導案の形式

　指導案には主に教師個人が日々の授業の計画・設計のために作成する「略案」と，実習において指導教員に事前に指導をもらうことや提案授業で参観者に授業のイメージを持ってもらうことを目的として，単元のめあて，単元全体の指導や評価の計画，予想される児童・生徒の反応や教師の対応も含めて作成する「細案」とがある。作成に膨大な時間と労力がかかるといわれる場合，または現場の先生が毎時間指導案を書いていないという場合，それは「細案」を指していることがほとんどである。

2．指導案の活用法

　指導案を作成する意義＝有用性を実感できないとされる場合には，指導案を書きっぱなしにしていることが多い。つまり，授業前に指導案を書き，授業中に参照しながら授業をして，授業が終われば二度と目にすることはないという，指導案作成のピークが授業実施前にある状況である。もちろん，指導案は授業の設計図であるから，授業の前段階でも重要な役割を果たすことは事実であるが，授業実施後に活用することについては，あまり深く考えられていないことが多い。指導案と授業のうまさは別，授業は指導案通りにいかないという主張はこの点に起因するものである。

第2節　学習指導案の書き方

　指導案には「略案」と「細案」の2種類があることは先に述べたとおりである。学習指導案は本来授業を円滑に進めるための設計図であるから，特に定まった形式があるわけでない。ただ他者に見せることを意識すれば，誰にも初見で理解できる一定の書き方というものがある。教科を越えた議論を求めるのなら全教科に共通した書式に従うことになるし，また，学校がある共

通の教育目標や指導理念を追求している場合には，その理念との対応が明確
になるような書き方が求められる。どのような形式であったとしても，1単
位時間の授業をどのように展開していくかを書いたものであるため，指導事
項と指導過程が含まれなければならない。さらには指導項目が達成されたか
どうかを見る評価の規準も示されているのが一般的である。作成にあたって
は次のような観点に対する配慮が盛り込まれる。

・当該時間内に達成すべき目標は何か
・目標達成のためにどのような活動をさせるか
・活動はどのような順で導入し，どの程度で切り上げるのか
・それぞれの活動で留意しなければならないことは何か
・目標が達成されたか否かをどのように評価するのか
・使用すべき教材・教具・ソフトウエアは何か
・既習の課との関連，他教科・学校行事との関連で配慮すべきことはないか
・家庭学習に任せることは何か
・十分に理解できない児童・生徒に対する対策をどうするのか

　学習指導案は具体的に記述されなければならない。例えば「現在完了形を
導入する」のが目標であっても，該当時間内で目指すのは「現在完了形を用
いて旅行経験について友人と話し合ったり，文章で表現したりすることがで
きる」とする。児童・生徒に期待する行動が明確であればあるほど，それが
達成されたか否かを見る評価が容易になる。
　また児童・生徒が間違えやすい部分を予測し，未然に防ぐ手立てとともに，
予想される誤りへの対応も考慮されなければならない。これは児童・生徒の
実態を十分に把握して，かつ教材内容をも十分に熟知していなければ容易に
できることではない。

1．略案の書き方と活用方法

　略案は，日々の授業の計画・設計のための教師個人による覚書である。そ
のため，形式や書き方なども教師個人により大きく異なる。目的に応じて，
ある授業の1単位時間分だけを細案にするということもあり得るし，大ざっ
ぱな流れをメモ書き程度に書き留めるだけの場合もある。図1と図2は，
筆者が普段使用している略案のフォーマット例とその記入例である。

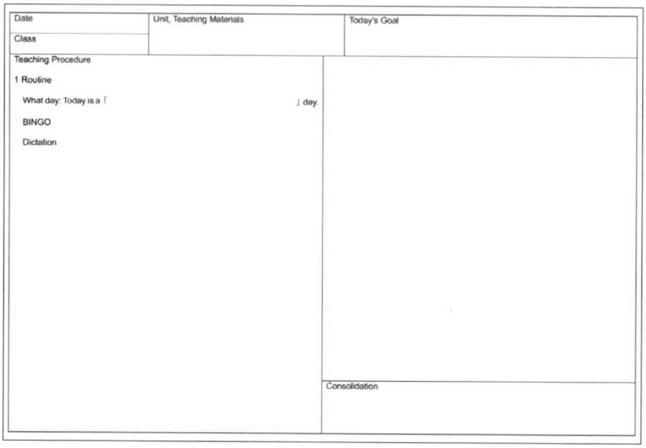

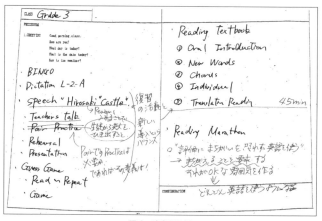

Date	Unit, Teaching Materials	Today's Goal
Class		

Teaching Procedure

1 Routine

What day: Today is a 「　　　」 day.

BINGO

Dictation

Consolidation

図1　略案フォーマット例

図2　略案記入例

　この内容と分量であれば，作成するのに必要な時間は10〜15分程度であり，さほど負担になるものでもない。時間に余裕があるときは，これに加えて図3のように，オーラル・インタラクションなどの教師の発話および板書計画を含める。

　重要なことは，授業後に気が付いたこと，うまくいかなかったこと，改善案，児童・生徒の誤りや間違いといった反応などをメモ書きとして記録しておくことである。図3にあるように，実際の板書をデジタルカメラなどで撮影して，板書計画と実際の板書を比較することも効果的である。これは，できる限り毎時間継続することをお勧めする。基本的には毎時間，略案を作成し，

180

反省点・改善案を追記することを継続し，それを図4のようにノートに貼って保管するとよい。

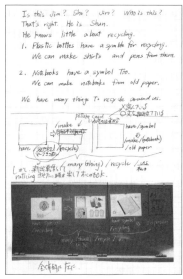

図3　教師の発話と板書計画

図4　略案の保管例

　授業前の略案の作成（10 〜 15 分）＋授業後の反省点・改善案のメモ（5 〜 10 分）＝ 20 〜 30 分程度の作業であるため，先に述べたような「指導案を作成するには，膨大な時間と労力が必要となる」ことはないだろうし，「指導案を書くのは教育実習や研究会での提案授業のときだけで，現場の先生で毎時間指導案を書いている人はいない」についても，形式は異なっていても，何らかの授業計画を作成して授業に臨むことは一般的であり，何のプランもなしに毎時間授業をしている教師の方がむしろまれであろう。

　さらに，これを継続することで次のようなことに気付く。

・生徒は毎年，同じようなところでつまずいたり，間違えたりする
・自分（教師）も毎年，同じようなところで間違えたり，失敗している
・同じレッスンやユニットを前回指導した時にうまくいった声がけ・活動，うまくいかなかった声がけ・活動には共通点がある
・自分の授業の癖やパターン

このような取り組みを継続し，常に「計画」→「実行」→「評価」→「改善」を行っている教師とそうでない教師とを比較した場合，前者の方が授業の上達は当然早い。「指導案をしっかり書けるからといって，その人が授業を上手にできるということにはならない」のは確かに事実であるが，指導案を継続的に書き，授業後の振り返りにしっかり指導案を活用し続けることは，間違いなく授業の上達に貢献する。

2. 細案の書き方と活用方法

　細案は予想される児童・生徒の反応や教師の対応も含めた最も精緻な授業の設計図である。教育実習生などが授業に臨むときの「指導案」は「細案」を指すのが一般的である。これは略案とは異なり，準備するのに膨大な時間と労力を必要とする。しかし，細案を書くことは，授業について念入りに考え，準備をすることと同じである。中学校であれば年間 140 時間全てをこのように準備して行うことは現実的ではないが，1 年に一度は細案を書いて授業をすることを強く勧めたい。校内の研究授業，小教研・中教研・高教研の提案授業など，授業公開の機会に自分から進んで立候補し，細案を書かざるを得ない状況に身を置くことも細案を書く良いチャンスとなる。

　細案が略案と異なる点は，略案は基本的に授業者自らがその計画や振り返りをするためのものであるのに対し，細案は授業者以外の人が見て，計画された授業をイメージするためのものであるという点である。「授業者以外の人」とは，教育実習の場合は指導教員であり，校内や地区単位での研究授業・公開授業の場合は，授業の参観者・助言指導者がこれに当たる。

　建築士や大工が，建築物の設計図を見れば実際に建てる前にどのような建築物になるのか頭の中にイメージできるように，細案（＝授業の設計図）を見ることで，その授業のイメージを持つことができれば，実際に授業をする前の段階で問題点を明らかにすることができ，改善点を模索することができる。教育実習の事前指導や研究授業・公開授業の指導案検討会などはまさにこのために行うものである。

　また，指導案には授業者のねらいや児童・生徒観，教材観，指導観，指導の留意事項などが書かれてあり，授業の参観者がそれを踏まえて授業を観察することで，授業後の研究協議会でそれに基づいたディスカッションをすることにつながり，より中身の濃い研究協議会を行うことができる。そのため，略案と同様，細案の様式は地区や学校の実態に応じてさまざまであるが，細案を書く際には次の点が重要である。

・参観者が実際の授業を明確にイメージできるか
・なぜその活動を取り入れたのか，なぜその順番に配列したのかなど，授業者の意図が参観者に伝わるものであるか

　指導案のフォーマットは統一されたものはなく学校や地域によって異なる。次に示すものは典型的な指導案のパターンである。フォーマットのデータは，弘前大学教育学部 佐藤剛研究室ホームページの「外部の方向けのページ」からダウンロードできる（http://hirosakieigo.weblike.jp/satoclass/stu3.html）。地域や学校の実態に応じてアレンジして活用いただきたい。
　次に，一例として細案の様式とそれぞれの項目の記載上のポイントを示す。

1）授業全体に関わること

(1)「2　内容のまとまり」
　英語の授業における内容のまとまりとは，4技能5領域のことである。よって，この単元を通して中心的に扱う領域を次の中から選択する。

① 聞くこと
② 読むこと
③ 話すこと［やり取り］
④ 話すこと［発表］
⑤ 書くこと

(2)「3　単元の指導目標と評価規準」
　この単元の目標と評価規準を記入する。いわゆる授業の「ダ

図5　細案の様式1

イジェスト」であり，ここを見れば単元を通して児童・生徒がどういうことができるようになるために授業をするのかをイメージできることが重要である。

① 「(1) 目標」

　学習指導要領の「各言語の目標及び内容等」の目標に示されている5領域別(ア)〜(ウ)に準じて，この単元（レッスンやユニット）で何ができるようになるのか具体的に記述する。

② 「(2) 評価規準（「○○こと」に関する評価規準）」

　上の①「(1) 目標」で設定した目標について，どうなっていれば達成したと考えるのか，3観点別（知識・技能／思考・判断・表現／主体的に学習に取り組む態度）に具体的に記述する。レッスンの最後に行うパフォーマンステストなどの評価の場面における児童・生徒の姿を具体的にイメージすることがポイントである。

(3) 「4　児童・生徒の実態と指導観」

　授業の3要素は次のとおりである。

　　① 児童・生徒観
　　② 教材観
　　③ 教師の指導観＋それに基づく普段の指導

　この3つを相互的に吟味してちょうど良いバランスの授業を組み立てる。①は「児童・生徒の実態」に関する教師の理解の仕方であり，②は教科書に代表される教材はどのようなものであるかの捉え，そして，③は教師自身が普段から英語を指導する際のアプローチである。言い換えれば，「こういう児童・生徒の実態があり」，「今回はこういう題材でこういう文型を学ぶレッスン」で，「私はこういう風に英語を教えるとよいと考えている」ため，このような授業を計画しているということが，指導案の読み手に伝わるように記述する。特に実習においては，休み時間や給食などのタイミングを生かして，児童・生徒と普段から積極的に関わるように努めるだけでなく，担当クラスの授業をたくさん参観し，児童・生徒の実態をより具体的に書けるよう児童・生徒理解に努めることが肝要である。

2) 単元の指導と評価の計画に関わること

(1) 「時間」

　各単元を何時間で構成するかを計画する。研究授業など公開する授業があ

る場合，（本時）と記入する。

(2)「ねらい・主な学習活動」

　1時間1時間のねらいと，そ
れに対応する学習活動を計画す
る。「何のために授業をするか」
＝「児童・生徒につけさせたい
力は何か」であるため，1時間
でつけたい力を具体的かつ明確
にイメージした上で，そのため
に行う活動の概要を記入する。

　1単位時間＝45分・50分で
できることは限られる。つい欲
張って，あれもこれもと多くの
活動を盛り込みがちであるが，
次の点をチェックして教授学習
活動を精選する。

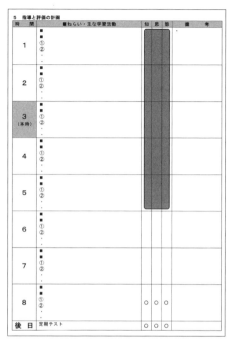

図6　細案の様式2

　・設定しためあては1単位時間で到達できるのか
　・活動がめあてとなる能力に関連しているか
　・活動が段階的に構成されているか

(3)「知・思・態」

　「知識・技能」，「思考・判断・表現」，「主体的に学習に取り組む態度」の
3観点のどれに該当するかを記入する欄である。授業で評価をする観点に丸
をつける。「読むこと」と「書くこと」のように複数の技能・領域にまたが
る場合「○読，○書」というように記入すると分かりやすい。

　気を付ける点としては，ここに丸をつけるのはあくまで記録に残す評価だ
ということである。授業における活動を通して，十分に時間をかけて児童・
生徒が練習し身に付けた上で評価するべきであるという考えから，一般的に
は単元の前半（網掛け部分）では記録に残す評価は行わない。ただし，ねら
いに即して児童・生徒の活動の見取り（形成的評価）は確実に行い，自己の
指導へ生かすことは確実に行う。この点について，備考欄に「記録に残す評

価は行わないが，児童・生徒が教科書本文の概要を理解できていることを確認する」などと記述してもよい。

(4)「備考」
　授業をするにあたって，次のような点を記入する。

　・気を付けるべきこと
　・予想される児童・生徒のつまずき
　・形成的な評価

　実際の授業と対象となる児童・生徒の姿をイメージして，具体的に記入する。普段の児童・生徒との関わりや授業観察を通して何を見てきたか，どれだけ深い児童・生徒理解ができているかが問われる部分である。

3）本時の指導に関わること：本時の目標と評価基準

・「6　本時の指導目標」
　上記の「内容のまとまり」「単元の評価規準」「指導と評価の計画」と矛盾がないように記入する。1単位時間で指導し，練習させ，評価できることは1つ（多くても2つまで）である。あまり欲張らないようにする。指導と評価は

図7　細案の様式3

一体である。つまり，あれもこれもと多くのことを目標としてしまうと，それが達成されたかどうか評価しなければならなくなる。そうなると「評価のための授業」「評価のための評価」に陥ってしまう。あくまで指導あっての評価であることを忘れずに授業設計に当たる。

4）本時の指導に関わること：本時の学習

　「本時の指導目標」で挙げた目標を達成するために「どんな導入をして」，「どんな練習」が「どれくらい」必要かを児童・生徒の目線に立って考える。

活動の配列における基本的な考え方は次のとおりである。

・「簡単な活動」→「難しい活動」
・「全体（一斉）で行う活動」→「個人（個別）で行う活動」
・「input が中心の活動」→「output が中心の活動」

1 単位時間（45 分・50 分）は思う以上に短い。よって，本時の目標に関係のない活動や指導はしないくらいの捉えでちょうどよい。

8　本時の学習			
段階	指導過程（時間）	生徒の活動	指導の留意点◇評価
準備	Warm-Up 復習		
展開			
整理			

図8　細案の様式4

5）児童・生徒に求める姿や教材教具に関わること

⑴「9　『児童・生徒に求める姿』」

まとめの段階で「児童・生徒に求める姿」＝児童・生徒に話させたい英語や書かせたい英語を具体的に記載する。

図9　細案の様式5

⑵「10　教材教具」

授業で使用する教材教具を記入する。教科書の文やハンドアウトなどを使用する場合は，ここに添付する。

　このように，細案の作成においては記入する項目が多く，時間をかけてさまざまなことを丁寧に検討することが求められる。しかし，その作業をすることで，普段は何気なく進めている授業について，その活動は本当に必要か，活動の順序は適切か，その評価方法は指導の成果を見取る上で妥当か，4 技能 5 領域のバランスは取れているか，3 つの観点（知識・技能／思考・判断・表現／主体的に学習に取り組む態度）のバランスはどうか，スモールステップを踏みながら無理なく児童・生徒がめあてに段階的に向かっていく指導が

できているかなど，改めて見直す良いチャンスとなることが多い。

　繰り返しになるが，指導案は授業の設計図である。設計図を書くことを面倒だと感じたり，苦手だと言ったりしている建築家に安心して設計・建築を任せることはできない。何事も慣れることが重要であるように，指導案も継続して書くことで，さほど苦にならなくなるものである。最低でも1年に一度は細案を書いて授業をするようにし，指導案を書くことが苦ではない教師でありたいものである。

✏️ REVIEW

　次の指導案作成上の注意事項に従い，中学校・高等学校の教科書から1単元を選び，1単位時間の授業について指導案を作成しなさい。

〈指導案作成上の注意事項〉

(1) 1単位時間を中学校・高等学校は50分間とする。

(2) 各自対象学年を想定の上で学年を記入すること。

(3) 「ねらいに迫るための手立て」と「指導過程」の2点を，選択した単元（題材）名及び設定した本時のねらいを踏まえて記入すること。

(4) 指導案はすべて手書きで作成すること。なお，作成にあたって使用できる資料は教科書のみであり，それ以外の参考書，辞典・事典などの使用は一切認めない。

(5) 指導案作成時間は，40分間とする。

（2020 年度　仙台市教員採用試験問題改題）

📕 SUGGESTED READING

太田洋（2007）.『英語を教える50のポイント―Tips for English Teachers』光村図書出版

太田洋（2016）.『新装改訂 英語の授業が変わる50のポイント』光村図書出版

📖 FURTHER READING

　読解のポイント　バランスの取れた授業の構成とはどのようなものかについて理解する。

Planning and Running a Balanced Course

Throughout this book the idea of the four strands will be used as a way of balancing opportunities for learning. The principle of the four strands says that a well-balanced course consists of four equal strands—(1) meaning-focused input, (2) meaning-focused output, (3) language-focused learning, and (4) fluency development. Each of these strands should get an equal amount of time in the total course.

(1) Meaning-focused input

The strand of meaning-focused input involves learning through listening and reading. Learners' attention should be focused on the message of the material that they are listening to or reading. The materials should be at the right level for them in that they contain a few new language items which are easily understandable through background knowledge and context clues. A good example of an activity in the meaning-focused input strand is reading a graded reader which is at the right vocabulary level so that only around two out of every one hundred words in the text were previously unfamiliar to the reader. One quarter of the course time should be spent on meaning-focused input.

(2) Meaning-focused output

The strand of meaning-focused output involves learning through speaking and writing. Learners' attention should be focused on communicating messages to others. They should be speaking and writing about things that they know a lot about but which stretch their language knowledge. A good example of an activity in the meaning-focused output strand involves telling another learner about yourself or about something that you are very interested in. One quarter of the course time should be spent on meaning-focused output.

(3) Language-focused learning

The strand of language-focused learning involves deliberate attention to language features.that is, it involves the deliberate learning of pronunciation, vocabulary, grammar, and discourse structure. It also involves the deliberate learning of language learning strategies. A good example of an activity in the language-focused learning strand is learning new vocabulary and phrases using bilingual word cards. One quarter of the course time should be spent on language-focused learning. Many courses tend to spend far too much time on this strand and one of the major purposes of this book is to show a range of activities that can be used in the other three strands of the course. An important message in this book is that teachers tend to teach too much. Three of the four strands involve message-focused learning through listening, speaking, reading, and writing. This learning does not occur as the direct result of teaching, but occurs through having to use the language. The language-focused learning strand is typically where most teaching occurs. But teaching is only one of the means of language-focused learning. Learners are also responsible for language-focused learning, and the deliberate learning of vocabulary for example is much more efficiently carried out through the use of word cards by learners working by themselves than through teachers teaching vocabulary. Experimental studies of vocabulary teaching typically show that out of every ten words that are taught, only about three or four are actually learnt. Most teaching is neither effective nor efficient.

(4) Fluency development

The strand of fluency development involves learning to make the best use of what is already known. This strand includes developing listening fluency, speaking fluency, reading fluency, and writing fluency. A good example of an activity in this strand is speed reading. Speed reading involves training in reading faster using very easy material which is followed by comprehension questions to make sure that faster reading is also accompanied by good comprehension. One-quarter of the time in the well-balanced course is spent on fluency development. This should be true at all levels of proficiency.

In order to apply the principle of the four strands, the teacher needs to know a range of useful activities in each strand and know how to use them effectively. The teacher also needs to know the various learning conditions which distinguish one strand from another. This knowledge can guide the teacher in the choice and use of activities.

So, the most important planning that a teacher can do is to make sure that the course contains the four strands in roughly equal quantities. This does not mean that each lesson has to contain the four strands, but it does mean that over a reasonable period of time such as two weeks or a month, there is an equal balance of the four strands.

(Nation, I.S.P. (2013). *What should every EFL teacher know?*. Compass Publishing. pp. 8-10)

第9章
第二言語習得研究から見た英語教育

第1節　第二言語習得研究と英語教育

1.　第二言語習得研究の発達

　第二言語習得（second language acquisition; SLA）は，子ども，青年，あるいは成人が母語を習得した後に，それ以外の言語を学習し習得する過程，また，それを研究する学問領域を意味する。後者は，特に「第二言語習得研究」（the study of second language acquisition）と呼ばれる。母語以外の言語を学ぶ状況・環境は人によってさまざまであり，学校教育の一環として外国語学習に取り組む他に，旅行や映画，音楽鑑賞など個人的興味・関心から学び始めたり，職業上の理由により外国語が必要となり，場合によっては海外に移住したりすることもある。また，政治・経済上の理由で，自分が生まれ育った国に居ながら母語とは異なる言語を用いて生活せざるを得ない人もいる。このような外国語学習環境の違いによって，当然，学習・習得の方法やそのプロセス，また，その要因は異なることになる。第二言語習得研究は，このようなさまざまな状況の下で母語の他にもう一つの言語を学ぶプロセスや要因，また，その結果起こり得る多岐にわたる複雑な現象やその影響を明らかにすることを目標とする。

　第二言語習得研究は1960年代に，外国語教育の実践に基づき，言語学，教育学，心理学をはじめとした複数の学問分野にまたがる学際的な学問的試みとして始まった。その後，1970年代から80年代にかけて，特に幼児の母語習得研究の知見を参照し，方法論上の著しい発達を遂げ，さらに文化人類学，社会学，哲学などの学問分野も参照しながらその研究テーマ分野を広げ，1990年代には応用言語学の独立した学問領域として成熟し，今日に至るまで発展し続けている。

　ここで，第二言語習得研究について論を進める前に，関連する用語について簡単に説明をしておくこととする。まず，「母語」（native language; mother tongue）とは，家庭や自分が生まれ育った国や地域で話されている，幼児期に習得される言語を意味する。日常的な用語としては，「母国語」の方が一般的であると思われるが，応用言語学では「母語」という用

語が用いられる。母語とほぼ同じ意味を持つ用語として，「第一言語」（first language; L1）がある。これは，通常は母語が最初に習得される言語であるということから名付けられたものである。また，多言語環境に育つ子どもの場合，学校教育などの影響により母語以外の別の言語を主たる言語として用いるようになることもあり得るが，その場合，その新しい主たる言語を指して「第一言語」と呼ぶことがある。一方，「第二言語」（second language; L2）は，広い意味では，上でも説明したように，母語が習得された後に学習・習得される言語のことであり，応用言語学では習得の順序性は意味しないため，三番目，四番目に学習・習得されたものであっても，全て「第二言語」と呼ばれる。したがって，英語では "second languages" のように複数形で用いられることもある。第二言語と似たような意味を持つ語に「外国語」（foreign language; FL）がある。これは，特に断りのない限りは，第二言語と同じ意味で用いられるが，より狭い意味では「ある国や地域において，自分自身を含め大多数の人々にとって母語ではない言語」という意味で用いられることがあり，特にその場合，その国や地域の政府やメディアなどによってコミュニケーションの手段として用いられていない言語を指して用いられることもある。

2. 第二言語習得研究と英語教育

　第二言語習得研究は外国語教育の実践から始まったものであり，その意味においては，外国語教育を対象として研究する学問であるとみることもできる。しかし，第二言語習得研究は上で述べたように，本来，人間が母語を習得した後に，どのようにして第二言語（外国語）を学習・習得するのか，その様相を解明することを目的としている。したがって，外国語教育が目指している目標言語のより効果的な教授・学習の在り方の追究は，第二言語習得研究では直接的な研究目的とはされていない。そうではあるものの，第二言語習得研究と外国語教育（目標言語が英語である場合には英語教育）が相互に密接に関連し合っていることは容易に理解できるであろう。第二言語（外国語）としての英語の学習・習得の原理的解明と，それによりもたらされるさまざまな知見が英語教育の実践の質の向上に役立つことは明らかであり，また，英語教育の実践を通して明らかにされた事実が第二言語（外国語）習得の理論構築に有用なデータを提供することが考えられるからである。

　前項で見たように，第二言語（外国語）の学習・習得の状況・環境は多様であるが，大きく分けると，学校をはじめとした教育機関において第二

言語（外国語）の学習・習得に取り組む場合と，特定の指導者から意図的・計画的な指導を受けることなく，日常生活の中で自然に学習・習得をする場合とに分けられ，それぞれ「教室習得環境」（instructed acquisition environment），「自然習得環境」（naturalistic acquisition environment）と呼ばれる。第二言語習得研究の枠組みの中で，特に前者，すなわち，教室習得環境における第二言語（外国語）の学習・習得を研究の対象として研究が行われる場合，classroom second language acquisition，または，instructed second language acquisition（ISLA）と呼ばれ，日本語では「教室第二言語習得研究」と訳されている。教室第二言語習得研究は，今では第二言語習得研究の一領域として位置付けられ，教材，指導法，評価など，伝統的に外国語教育における教員養成・教師教育で取り上げられてきたテーマ，内容を直接の研究対象に含めていることから，英語教育について学ぶ上では必須の学問領域となっている。

第 2 節　母語習得と第二言語習得

　第二言語習得は，母語が習得された後に新たに別の言語を学習・習得するプロセスであることはすでに述べた。では，幼児による母語習得と，幼児期・児童期，青年期の学習者による第二言語習得には，それぞれどのような特徴があり，どのような違いがあるのだろうか。Lightbown & Spada（2013）は，(1) 母語を学ぶ幼児，(2) 保育所や遊び場で第二言語を学ぶ幼児，(3) 自国の学校で外国語を勉強する青年，(4) 限られた断片的な教育しか受けたことがなく，語学学校に行く機会を持たないまま第二言語環境で働いている成人移民の 4 つの場合に分けて，それぞれの学習者がどのような特徴を持ち，また，どのような学習条件にあるかについて考察している。本節では，彼らの考察に基づいて，学習者の発達条件と学習環境条件の面から，特に学校における英語科教育の主な対象となる児童期（小学生）及び青年期（中高生）にある学習者の第二言語（外国語）の学習・習得について，幼児の母語習得と比較しながら違いを見てみることにする。

1．発達条件

　Lightbown & Spada（2013）は，幼児の母語習得と児童期から青年期の第二言語習得において見られる発達条件として，(1) 目標言語以外の言語知

識，(2) 認知発達，(3) 現実世界の知識，(4) 言語学習に対する態度の４点を取り上げている。まず，目標言語以外の言語知識については，第二言語の学習・習得を始める時点で，その定義上どの発達段階にある学習者も，少なくとも一つの言語，すなわち母語の知識を備えていることになる。第二言語学習者が持つこの母語知識は，言語がどのようなものかを知っているという点では利点となり得るが，一方，その知識が第二言語の学習・習得の妨げになることも考えられる。母語を学ぶ幼児の場合，認知的成熟が見られず，言語を対象物として捉える能力，すなわち，メタ言語意識（metalinguistic awareness）も未発達である。第二言語を学ぶ児童の場合は，十分とは言えないながらも認知発達の兆しが見られ，母語の習得を通してメタ言語意識も発達させつつあるため，言語規則の類推など，ある程度，問題解決的な学習・習得をすることができる。さらに，青年期の学習者の場合は認知的成熟が十分であり，メタ言語意識も発達しているため，認知スキルを最大限に発揮し，子どもにはない現実世界の知識も活用しながら，より効率的な言語学習ができると考えられる。その一方で，青年期の学習者は，幼児の母語習得や児童期の第二言語習得で観察されるような言語を全体として理解し，それをそのまま内面化する（internalize）ことで言語知識を発達させるような学習はできないとする見方もある。

　認知的成熟の度合いに加え，子どもと大人の言語習得に対する態度にも違いがある。幼児の母語習得はもちろん，児童期の第二言語習得の場合も，個人差はあるものの，総じて不安やストレスを感じることなく，楽しみながら言語の学習・習得に取り組む傾向がある。また，異文化に対する興味・関心も高く，話すことにも積極的に取り組む。それに対して，青年期の第二言語学習者は，自意識の高まりと共に，人前で話すことに抵抗を感じることが多くなり，特に間違えることに対しては極端に敏感になる傾向がある。このような態度の違いは，学習者が経験する第二言語によるコミュニケーション，ひいては，第二言語のインプット，アウトプット量に違いをもたらし，それが第二言語習得の成否に影響を与えることは明らかである。

2．学習環境条件

　学習環境の観点からは，Lightbown & Spada（2013）では，(1) 話すことが強要されるかどうか，(2) 学習時間の量，(3)「訂正フィードバック」（corrective feedback）の有無，(4)「修正インプット」（modified input）の有無の４つが条件として挙げられている。幼児・児童期の外国語習得を見

ると，話す準備態勢ができるまでは話すことを強要されることはなく，意味を伝える際には身振り手振りや体の動きで表現する。小学校でよく用いられる外国語教授法の一つに全身反応教授法（Total Physical Response; TPR）（p. 43）があるが，これは幼児の母語習得を参考にして開発されたものであり，意味理解を優先させ，話すことを強要せず，全身で反応することで，不安やストレスをできるだけ軽減させようとするものである。一方，青年期から成人学習者の場合は，学習の初期の段階から話すことを要求されることが少なくない。これは，彼らの認知発達段階に合った学習活動を授業で実践しようとすると，どうしても抽象的な概念を扱うことになり，その表現には言語によるアウトプットが必要となるからである。

　次に学習時間について述べると，幼児は自分の周囲で使われている言語に数千時間も接して母語を習得することが知られている。幼児・児童の第二言語習得の場合は，彼らが第二言語学習環境，すなわち，授業以外でも目標言語が日常的に使われているような環境にある場合は，毎日数時間，その言語に接することが可能となる。しかし，わが国における英語学習環境のように，教室を一歩外に出ると目標言語がコミュニケーションの手段として用いられていない，いわゆる外国語学習環境においては，授業が目標言語に接する主な機会となる。そう考えると，純粋に目標言語に触れる時間はせいぜい週に数時間程度と考えられる。さらに，学校教育がほとんど唯一の外国語学習機会となる外国語学習環境にある青年期の学習者の場合は，文法の教授学習や訳読など，外国語の授業中であっても母語の使用が多くなることが考えられ，目標言語に接する時間は圧倒的に少なくなることが予想される。

　学習環境条件の3つ目は，訂正フィードバックの有無である。訂正フィードバックとは，学習者に誤った目標言語の使用が見られたときに，教師，あるいは対話相手がそれを訂正する言語行動を指す。幼児・児童の第二言語習得においては，通常，学習者の発話に文法，発音などに誤りが見られても，それが意味のやりとりに支障をきたすようなものでない場合は訂正されることはない。これは，幼児の母語習得の場合に，周囲の大人が主に彼らの発話の意味内容に注意を向け，言語形式の誤りは問題としないことと同様である。単語の取り違いなど，意味内容が変わってしまうような誤りについては注意が向けられ，必要に応じて訂正フィードバックがなされることもある。訂正フィードバックは，誤りを直接的に指摘し正しい言語表現を指導する明示的訂正フィードバックと，学習者が自分で誤りに気付けるように，指導者が正しい表現で言い換えたり，学習者に発話を繰り返させたりするような暗示的

フィードバックがある。訂正フィードバックが最も頻繁に見られるのは外国語学習環境における授業教室であることは容易に予想がつくが，特に発音や文法などの言語形式の正確さが重視されるような授業においては，意味内容の理解・伝達に支障がなくても，訂正フィードバックがなされることが多く，中でも明示的フィードバックが多い。青年期にある第二言語学習者は，特にわが国のように外国語が上級学校の入学試験で課されているような学習環境では，明示的な訂正フィードバックにより言語形式の正確さが過度に強調されるため，間違いを恐れるあまりコミュニケーションを避けるといった弊害も見過ごすことはできない。

　最後の条件は，修正インプットの有無である。修正インプットとは，対話場面において，周囲の人間が自身の発話を学習者が理解しやすいように調整・修正して語りかけたものであり，通常どの年齢の学習者も経験することが知られている。母語習得に取り組んでいる幼児の場合は，総称して「子どもに向けた発話」（child-directed speech）と呼ばれるものがその典型的なものであり，言語構造が単純で，発話速度が遅く，声の調子が高く，繰り返しや疑問文が多用されるという特徴がある。特に，母親が自分の子どもに語りかける言葉は「母親語」（motherese）と呼ばれる。第二言語習得の場合，授業場面で教師が生徒に向けて話す「ティーチャー・トーク」（teacher talk）や，母語話者が外国人に対して使う「フォリナー・トーク」（foreigner talk）も，同じように相手の理解が容易になるように発話を調整・修正したものである。Krashen（1981 他）による「理解可能なインプット仮説」（comprehensible input hypothesis）を待つまでもなく，第二言語習得におけるインプットの重要性は誰しも認めるところであり，その意味においても，修正インプットが第二言語の学習・習得に果たす役割は大きい。

第3節　学習者要因

1. 性格

　性格はその人の学習活動にさまざまな影響を及ぼすことが知られており，それは第二言語（外国語）の学習においても同様である。ここでは，性格を認知スタイル，不安，動機づけの3つの側面から考察してみることにする。

1）認知スタイル

　人にはそれぞれ得意とする考え方や不得意な思考があり，これは認知スタイル（cognitive style）と呼ばれている。「認知」という複雑で統合的作業のどの面に焦点を合わせるかによって，これまでさまざまな「思考の型」が提案されてきた。中でも外国語学習でよく話題になるのは，⑴「場面依存型／場面独立型」（field dependence/independence），⑵ 干渉に強い人／弱い人（interference-resistant/-prone），⑶ カテゴリーを大きく取る人／取らない人（broad/narrow categorizers），⑷ 曖昧さを許容する人／しない人（tolerant/intolerant of ambiguity）などである。これらは相互に排除的なものでなく，他にも視点を変えれば分析型／総括型，理性型／感情型などさまざまな「型」も想定し得る。

⑴ 場面への依存・独立
　「場面依存型」というのは分析的・論理的思考の弱い人によく見られ，その反面，全体的な状況を把握してその関連の中で部分を理解することが得意である。細部にこだわらずその発話の場面や意味の流れから大意を把握しようとするため，コミュニケーションを主体とした学習方法では有利に働く傾向がある。一方「場面独立型」は漠然とした直感よりも，それぞれの部分がきちんとした論理性をもって関連付けられることを要求するため，文法学習を中心にした学校での外国語教育では有利である。ペーパーテストで良い成績を取るのは後者のタイプであるが，実地の運用能力では前者のほうが勝るといわれている。

⑵ 干渉に強い／弱い
　さまざまな心理実験によく利用されるストループテスト（Stroop Colour-word Test）というのがある。これは例えば「赤」の文字を青色や白色で提示して色による矛盾した情報が文字情報にどれだけ障害になるかを調べるものであるが，人によってそうした妨害に弱いタイプ（interference-prone）と強いタイプ（interference-resistant）がある。外国語の習得には，雑多な情報の集合体である言語から一定のルールを見つけ出していくため，不必要な情報をどんどん無視していく能力も必要である。

⑶ カテゴリーの大／小
　言語表現のような雑多な要素から成り立っている現象に対して何かまと

まりを見つけようとするとき，カテゴリーを大きく取り過ぎると，そのカテゴリー内での統一が取れなくなるし，小さく取り過ぎると，それぞれのまとまりは取れても一般化しづらくなる。このカテゴリーの設定の仕方にも個人差があり，大きく取る人（broad categorizers）は，例えば -ed という過去形の作り方を学習すると go-ed とか take-ed などもどんどん作っていこうとするし，カテゴリーを小さくとる人（narrow categorizers）は，例えば given, taken などは同種の変化型であることに気が付かない。

⑷ 曖昧性容認度

Reiss（1981）は，外国語ができる生徒の特徴が分かれば，外国語を不得意とする生徒をより良く理解できると考え，この分野での関連文献から外国語ができる生徒の性格的特徴を検討している。それによると，外国語ができる生徒は，できない生徒に比べて「曖昧さに耐える力」（tolerance of ambiguity）を持ち，未知のものに立ち向かう積極性があるという。ここでいう tolerance of ambiguity とは，新しいもの，複雑なもの，解決困難なものに立ち向かう際に，多少自分にとってすっきり理解できない事態に遭遇しても，それにこだわらず前進していける能力をいう。外国語でコミュニケーションを図る場合には，こうした曖昧な部分を適度に許容していく態度が重要であるが，どの程度の許容度が最適なのかについては定説がない。

ここまで認知スタイルに基づいた性格づけの例をいくつか挙げたが，それがそのまま特定の外国語学習の取り組み方に移行するかどうか疑問の点も多い。また同一個人であっても特定の課題に対する自信や心理状態によってその認知スタイルは変わることが知られている。認知スタイルに関するこうした情報から分かることは，外国語習得という膨大な作業への取り組み方は学習者の性格によって決して一様ではないことである。したがって多数の生徒を一斉に指導する教室環境において，教師の信念で特定の学習方法を強要することは必ずしも良い結果を生むわけではないという，極めて常識的な結論を再確認することが重要となるのである。

2）不安

第二言語（外国語）の学習に伴う不安は「外国語学習不安」（foreign language anxiety）と呼ばれ，一般的な不安とは別個の独立した構成概念として認められ，目標言語の学習過程及び使用場面において少なからぬ影響を

持つことが知られている。一般的な不安は，不安を感じる傾向性を示す心理
的特性の一つとしての「特性不安」（trait anxiety）と，不安の経験そのも
のを指す「状態不安」（state anxiety）とに大別されるが，これに加えて，
この両者を統合したものとして，ある特定の場面で状態不安を経験する傾向
性を示す「特定場面不安」（situation-specific anxiety）という概念も提案
されており，外国語学習不安はこの特定場面不安として分類されているも
のである（MacIntyre, 1999）。外国語学習不安の中でも，特に外国語の授業
で生徒が経験するものは「外国語教室不安」（foreign language classroom
anxiety）と呼ばれ，授業中の生徒の学習活動への影響について研究されて
いる。

　外国語教室不安が口頭発表能力とマイナスの相関を示すことは容易に想像
できることである（Brown & Gonzo, 1995）。しかしそれを裏付ける統計的
証拠は乏しい。もともと相関係数は因果関係を示すとは限らない。またこ
うした統計はさまざまあって，不安が学習の成否に影響を及ぼすようにな
るのは年齢が高くなってからで，しかも学習の後期段階では不安が強いほど
パフォーマンスが向上するという逆の結果も報告されている。また別の研究
では，不安はIQレベルの高い学習者には学習を促進する働きをするが，IQ
レベルが低い者にはマイナスの効果をもたらすという。Scovel（1978）は
こうした相反する研究結果を総括して不安にはプラスのタイプ（facilitating
anxiety）とマイナスのタイプ（debilitating anxiety）があり，結局適度の
不安は有益であるが過度の不安は学習の障害になると結論付け，次のように
述べている。

　　Facilitating anxiety motivates the learner to "fight" the new learning task;
　　it gears the learner emotionally for approach behavior. Debilitating anxiety, in
　　contrast, motivates the learner to "flee" the new learning tasks; it stimulates the
　　individual emotionally to adopt avoidance behavior.

　不安に陥り易いかどうかを性格から見ると，積極的に他人と関わっていく
ことが好きな外向的性格（extravert）の人はコミュニケーション活動を主
体とした学習では有利であるとか，相手の感情や考え方に同調しやすい感情
移入（empathy）の強い人は外国語の発音を正確に真似することが上手であ
るとか，自分を肯定的に評価する傾向の人は誤りを恐れずに自己を表現する
から口頭での発表力が高いなどと言うこともできる。

　しかし，性格と外国語学習との関係は容易に解明できる問題ではなく，一面的な因果関係で説明できるものではないことはもちろんである。いずれにせよ，他のさまざまな学習とは違い，外国語を学ぶということは，まず母語という安全圏を離れ，その外国語においては幼児の状態にいったん陥る（infantilization）ということを意味している。したがって，その試練に耐える学習に成功するために必要な性格とは次のようになるであろう。

　　The mature and mentally healthy individual who is detached, selfcritical, and has a sense of humour, can cope with this demand of language learning better than a rigid or status-conscious individual who lacks self-awareness or humour and who suffers a sense of deprivation in the early stages of second language learning.

(Stern, 1983)

3）動機づけ

　動機づけ（motivation）[1]とは学習する意欲または必要性のことで，何かに向かって懸命に努力する原動力になるものである。一般に，動機づけには学習そのものに意義や喜びを見出す内発的動機づけ（intrinsic motivation）と報酬を得るためとか罰を回避するための外発的動機づけ（extrinsic motivation）があるが，長期的に良好な結果を生むのは前者であって，後者でも特に罰を用いた動機づけは短期の効果しか生まないことはよく知られている。

　外国語学習においては，統合的動機（integrative motivation）と道具的動機（instrumental motivation）に大別することがよく行われる。前者は例えば英語文化圏に好意的な態度を持っていて，将来できればその一員になりたいなどと考えるもので，このタイプに属する生徒は，英語が面白いから勉強し，英語文化圏の人たちと話してみたいから英語を学ぶ。一方，道具的動機を持った生徒は将来大学に入るためにとか，より良い職業に就くために，といった実利的な目的のために英語を勉強するというわけである。この有名な区別の仕方は，英語とフランス語が共存している地域（カナダ・モントリオール）での学習者を調査した Gardner & Lambert（1972）によるもので，大反響を巻き起こし，その後同じ考えに立つ調査が各地で行われた。その結果，統合的動機を持つ者の方が学習に有利であるとする当初の結論は修正され，場合によっては道具的目的を明確に意識した学習者の方が漠然とした文

化的憧れという統合的動機を持つよりも成績が良いということも判明してきた。さらにイギリスの調査では，道具的であれ統合的であれ動機づけの種類が学習の成功・不成功に影響を及ぼすというよりは，初期の学習の成功が次の段階での学習の成功を導き，それがやがてその外国語の文化に対して肯定的な態度を生むものだとする因果関係を逆に捉える説も現われている。これは統合・道具という対立概念で捉えることの難しさを示唆していると考えられるであろう。統合的動機で学習を始めた者も学習の過程でその道具的価値に目覚めていくであろうし，またその逆のケースも十分に考えられるからである。学習に大きな影響を与えるのは動機づけの有無であって種類ではないという Brown & Gonzo（1995）の結論は極めて常識的なものである。

　日本の学校英語教育の中で学習者を考えてみると，英語文化に対する肯定的態度と英語成績にはある程度の相関はみられるという報告もあるが，道具・統合という動機づけの区分はあまり有益なものではない。入門期における憧れが高校では入試を意識した道具的動機づけに変わることも，道具的動機が学習成績の向上につれて統合的動機に変容していくことも十分あり得るからである。「英語を分かりたい」という知的好奇心を「分かる喜び」に結び付け，学習者の内発的動機づけをさらに強めることによって，学習成績が向上するような手だてを工夫することが重要である。

　外国語学習の動機づけを説明する理論として近年注目を浴びているものの一つに，Zoltán Dörnyei により提唱された「第二言語動機づけ自己システム」（L2 Motivational Self System; L2MSS）がある。L2MSS では，学習者が将来なり得る姿である「可能自己」（possible selves）という概念を用い，それを「自分自身を未来に導く案内役」（future self guides）として位置付けている。L2MSS の動機づけモデルは，(1) L2 理想自己（ideal L2 self），(2) L2 義務自己（ought-to L2 self），(3) L2 学習経験（L2 learning experience）の 3 つの構成要素からなる。このうち，(1) と (2) が可能自己に相当するものであり，(1) は自分自身が外国語学習を通して目指す理想の姿を指し，それにより自分の姿とのギャップを埋めようとする動機づけが生まれる。一方，(2) は自分の周囲の人間が自分に期待している姿に関する信念のことであり，その姿を達成することで満足感を得ようとしたり，逆にそれが達成できない場合のマイナスの結果を避けようとしたりする動機づけが生まれるとされている。(3) は教師やカリキュラム，クラスメートなどの学習経験からの影響に関連する学習動機を指し，(1)，(2) に影響を与えるとされている（Dörnyei, 2009）。

　Dörnyei はさらに，外国語学習の動機づけを高めるためには，動機づけの
発達のプロセスを重視する必要があるとし，その発達プロセスのモデルを提
案した。それに基づき，動機づけの指導プロセスを「動機づけの基本的な条
件の整備」（第一段階），「初発の動機づけの形成」（第二段階），「動機づけの
維持と保護」（第三段階），「振り返りによる肯定的な自己評価の奨励」（第四
段階）の4段階に分け，合計35の動機づけを高めるための指導ストラテジー
を提案し，各段階に割り当てている。動機づけプロセスモデルに基づく指導
では，教師は学習者の動機づけを高めるために，一人一人の動機づけがどの
発達段階にあるかを見極めた上で，段階的に指導を展開することが必要であ
るとしている。

2. 知能

　知能指数（IQ = intelligence quotient）と英語学習との関係については，
いろいろな人が興味を持ち，各種の実験研究がなされている。ある人は英語
の学習成績と IQ の相関度は高いと言い，ある人はそれほど高くないと言う。
かつて心理学者の波多野（1958）が「日本で英語を学ぶ場合には，IQ115
以下ではものにならないという仮説を持っている」と言って，英語教育界に
大きな波紋を投げかけたことがあった。平均的知能は IQ が 90 から 109 の
間であるので，ふつうの知能を持っていたのでは英語の学習についていけ
ないということである。IQ115 以上というと，だいたいクラスの 15 ～ 20%
の生徒しかこの中に入らない。
　一方，von Wittich（1962）は "IQ was the poorest single predictor of
achievement in foreign languages." と述べて，英語の学習成績は IQ より
も全教科の平均点との相関度の方が高いとしている。Pimsleur（1964）も
同じ趣旨のことを，具体的な数字を挙げて次のように述べている。

　It is found that I.Q. correlates with foreign language achievement to the
extent of about .40, while grade-point average[2] correlates about .60 to .70.

　このような IQ についての異なった意見をどのように考えたらよいのであ
ろうか。ここで問題になるのは，どのような教え方をしたときに IQ が 115
以上なければいけないのか，また，どう教えたら IQ と英語成績との相関が .40
になったかという，教え方との関連である。一般に IQ との相関が強く出る
日本の英語教育であっても，口頭発表作業を十分に取り入れたタイプの授業

では，英語成績とIQとの関連はあまり強くないという報告もある。

　上に引用した波多野の説には「日本で英語を学ぶ場合には」という条件が付けられている。彼は「日本で」という言葉の中に「人工的抽象的場面における学習」（波多野，1958）という意味を持たせているわけで，当時の日本の学校にありがちな，教師による一方的な指導による学習ではIQが115以上なければ英語がものにならない，ということを言いたかったわけである。彼が別のところで，「IQまたは語学才能に応じて，かなり異なった外国語学習の方法が取られるべきだ」（波多野，1969）と述べているのは，このことを物語っている。

　知能に関連して英語教師が是非理解しておかなければならないのは，「学習障害（learning disabilities; LD）児」の存在である。学習障害とは「全般的な知的発達には遅れがないが，聞く，話す，読む，書く，計算する，推論する，といった能力のうち特定のものの習得と使用に著しい困難を示すさまざまな状態」を指す。知的行為には左脳の関与が強いといわれる分析的思考と，右脳の支配が大きいといわれる統合的思考があることは知られているが，一般的学業に関しては前者のデジタル型の思考が圧倒的に優勢である。知能テストで測られる能力も，この前者が中心になっている。決して「できない子」ではないのだが，口頭作業やコミュニケーション活動で見せた言葉の才能が，ひとたび文字による学習や文法的解説に入ると途端に学習についてこれなくなる，というような生徒にはこの障害を疑ってみる必要がある。具体例を言えば，「Read the book, please.」という発話を，そのコミュニケーション上の機能では十分捉えることができるのだが，それをread, the, book, pleaseといった語同士の統語関係で理解したり，readを/r/, /i:/, /d/の音素に分析できるという事実にはついていけないのである。これはいわゆるアナログ型の思考を得意とする生徒に多く見られ，テスト成績が不良であっても，「ことばの習得」そのものが苦手というわけではないのである。

　学習障害児は1960年代からアメリカで報告され始め，1991年の調査では全米平均で5%弱存在しているとされている。日本では1999年（平成11年）に文部省が初めて学校現場に判断方法や指導方法の指針を示している。近年，英語学習の重点がコミュニケーション能力養成へとシフトし，人と人との触れ合いが重視されるようになってきているが，これは従来型の授業では救えなかった学習障害児童・生徒にも活躍の機会を与えることを意味しているともいえる。

ctoori:rntog

3. 適性

　外国語学習の適性（aptitude）と学習成績との相関について，これまで多くの人々が関心を持ち，いくつかの適性検査が作成され，実施されてきた。アメリカでは，Carroll & Sapon（1959）が Modern Language Aptitude Test（MLAT）を発表し，その後には Pimsleur（1966）が Language Aptitude Battery（LAB）を提案している。また日本でも同種のテスト[3]が開発されたこともあった。

　これらの適性検査は，いずれも「外国語学習に影響を与える資質とは何か」という観点から，あらかじめ仮説としてある資質を設定し，その資質をみるための検査問題を作成するもので，MLAT は次のような構成をとっている。

(1) Number Learning
　1，2，3，4などの数字に相当する音を未知の言語で与え，その音を聞いて数字を書かせる。
(2) Phonetic Script
　数個の英語音素の発音表記を目と耳から学習させた後で，その音素を用いた無意味語の音声に対する反応をみる。
(3) Spelling Clues
　通常の発音ルールに従って綴られた文字連鎖から，その発音で表される同意語を選ばせる。
(4) Words in Sentences
　文法的に同じ機能を果たす語句を文中より選ばせる。
(5) Paired Associates
　クルド語とそれに相当する英語24組を与え，それを記憶させた後で，クルド語と同じ意味を持った英語の単語を選択肢の中から選ばせる。

　また，LAB は外国語学習の適性を次の3因子に大別し，それぞれに検査項目を設定している。

(1) 言語知能
　語彙力及び言語材料から分析的に推理する能力
(2) 動機づけ
　外国語学習に対する興味
(3) 聴覚能力

耳からの情報を受け取り，これを処理する能力

　1950年代から60年代にかけてこうした適性検査が開発された背景には，言語指導のための教材や人的資源が限られ，例えば軍隊などで最も効果の上がりそうな候補者を選別するという必要性があった。しかし現在では学習者の困難点を事前に予測したり，教え方を学習者のニーズに合わせたりするための資料として用いることが考えられている。

4. 学習方略

　認知スタイルは学習者が陥り易い思考の型であって，学習課題が変化してもその個人にとって比較的安定した特性である。一方，学習方略（learning strategy）とはさまざまな作業課題に直面して学習者が最善として選択する活動や行動のパターンのことで，具体的指導場面で生徒が得意とする学習方法と同義と考えて良い。羽鳥博愛・松畑煕一は一つの言語活動に対しても，生徒がとる姿勢には個人差があり，次のようなstrategyのパターンに類別できるとしている。（羽鳥・松畑，1980）

⑴ 視覚型，聴覚型，視聴覚型
⑵ 試行錯誤的か洞察・論理志向型か
⑶ 日本語志向の強さの違い
⑷ 記憶依存の程度の違い
⑸ 誤りへの恐れの強さの違い
⑹ 部分中心主義化か全体中心主義化か
⑺ 能動的発見学習的か，受容的意味理解的か
⑻ 孤独学習型か集団思考型か
⑼ 興味中心型か目的遂行型か
⑽ 賞賛希求型か叱責希求型か

　これらのstrategyのそれぞれについて生徒の得意とする傾向は異なる。したがって生徒個人と接するときにはそれに応じた指導のスタイルに配慮しなければならないが，多人数のクラスを一斉に指導しなければならない通常のクラスでは，少なくとも教師はこうしたさまざまな学習方略があり得ることを意識して，ある特定な方向のみを強調する指導形態を避けるべきである。
　学習にはさまざまな方略があり得るが，外国語習得に関して一般的に

有利に働くいくつかの学習方法がある。それは「成績優秀者（successful learners; SL）の学習特性」と呼ばれるもので，Rubin（1975）は次のような特徴を挙げている。

(1) SL は willing and accurate guessers である。すなわち，既知の知識を最大限に利用して，未知のものを推測する力を持っている。
(2) SL は strong motivation to communicate を持っている。
(3) SL は often not inhibited である。すなわち間違いを犯すことをあまり気にとめない。
(4) SL は常に form に関心を払っている。すなわち SL は自分が習っている言語の中にいつでも pattern を求めている。
(5) SL は practice する。SL は学習したことを実際に使ってみる機会を求める。
(6) SL は自分自身及び他人の speech を注意深く monitor する。
(7) SL は meaning に注意する。

　また，学習の成否を左右する外国語習得に特有なハードルというものがある。Reiss（1981）はそれを次の4つにまとめている。

(1) the problem of dominance of L1 as reference system as opposed to the new underdeveloped reference system
(2) the problem of having to pay attention simultaneously to linguistic forms and communication
(3) the problem of having to choose between rational and intuitive learning
(4) the overall dichotomy of the desire to communicate vs. the frustration and stress of the inability

第 4 節　第二言語習得の説明アプローチ

　第2節，第3節では，第二言語（外国語）の学習・習得のプロセスが母語習得とどのような類似点や相違点があるか，また，そのプロセスは個々の学習者が備えているさまざまな特徴，すなわち，学習者要因によりどのような影響を受けるのかについて見た。第二言語習得について得られたこういっ

た知見は，第 1 節で見た第二言語習得研究の成立・発達の過程を通して，第二言語習得のプロセス及びメカニズムを説明するさまざまな理論の構築につながっている。ここでは，これまで第二言語習得研究で提案されてきた第二言語習得のプロセス及びメカニズムを理論的に説明する代表的なアプローチとして，行動主義的アプローチ，生得的アプローチ，認知的アプローチ，そして社会文化的アプローチの 4 つを取り上げ，それぞれについて概説した上で，そのアプローチがどのような外国語教授法の理論的基盤となっているかについて解説する。

1．行動主義的アプローチ

　行動主義的アプローチ（behaviorist perspective）は，1940 〜 50 年代にアメリカを中心に広く支持を集めた学習理論である行動主義心理学にその理論的根拠を求めている。行動主義心理学では，子どもの母語習得は自分の身の回りで話されている言語を聞き，それが刺激となり，それを模倣して親をはじめとする周囲の大人たちから褒められたり，あるいは，自分の伝えたいことが伝わることで「正の強化」（positive reinforcement）が得られ，その模倣行為が繰り返され，やがて習慣化することによって起こると説明される。第二言語習得も，基本的にこの刺激―反応―強化による習慣形成であると見なされている。すなわち，目標言語のインプットをモデルとしてそれを模倣し，コミュニケーションが成立することによって得られる満足感や達成感が正の強化として機能し，繰り返し練習が促されることで習慣形成が起こり，目標言語能力が身に付くとしている。

　行動主義的アプローチに基づく外国語教授法の代表的なものとしてオーディオリンガル・メソッド（Audio-lingual Method; ALM）が挙げられる。第 2 章第 2 節（p. 29）で見たように，ALM では主に模倣と暗記（mimicry and memorization）及びパターン・プラクティス（pattern practice）を通して，習慣形成による目標言語の習得を図ろうとする。また，母語と目標言語の違いが大きな言語項目ほど学習・習得が困難になると予測する対照分析仮説（contrastive analysis hypothesis; CAH）に基づき，最小対立（minimal pair）による指導をはじめとして，母語と目標言語の相違点を重点的に指導する。その上で，母語の影響による誤った言語使用が習慣化しないよう，学習者が犯す誤りは即座に訂正される。しかし実際には，学習者の言語使用には母語の転移（transfer）による誤りは多くないことが分かり，CAH の信憑性が疑問視されるようになる。また，それまで言語能力が言語形式の知

識として捉えられていたのに対し，社会言語学者の Dell Hymes が人間の実際の言語使用を可能にしている言語能力として「コミュニケーション能力」（communicative competence）を概念化したことにより，第二言語（外国語）の教授・学習においてもコミュニケーション能力の発達・育成が目指されるようになる。ALM の指導理念である繰り返し練習による習慣形成はコミュニケーション能力の発達にはつながらないと批判され，やがて，行動主義的アプローチそのものがその説得力を失っていくことになる。

2. 生得的アプローチ

　第二言語（外国語）の学習・習得は刺激—反応—強化による習慣形成であるとする行動主義的アプローチに対して，生得的アプローチ（innatist perspective）では人間には生まれつき言語習得専用の精神構造が備わっており，言語習得はその精神構造の具体的発現であるとする。この生得的アプローチは，Noam Chomsky の普遍文法（universal grammar）の理論に基づくものである。チョムスキーは，子どもは母語習得の過程で文法的でない文や不完全な文，あるいは言い間違いなど，必ずしも正しい言語インプットばかり受けているわけではないのに，やがては文法的な文と非文法的な文を区別できるようになるという「言語習得の論理上の問題」（logical problem of language acquisition）があるとした。そして，母語習得がかなり短期間に一定の順序で行われ，全ての幼児が母語習得に成功するという事実から，子どもの母語習得は，全ての自然言語に共通する原理からなる言語知識，すなわち，普遍文法が生まれつき備わっていることで可能となると主張している。

　第二言語習得における生得的アプローチは，この普遍文法を第二言語（外国語）の学習・習得の際にも利用することができ，言語習得が自然に起こるとするものである。第二言語習得の生得説には，強い生得説と弱い生得説の 2 つの立場がある。前者，すなわち強い生得説は，母語習得において用いられた普遍文法を第二言語習得においても全く同じように用いることができ，意味に焦点を当てたやりとりの中で文法的な文と非文法的な文の区別ができるようになるとする。それに対して，後者，すなわち弱い生得説では，普遍文法は母語習得を経て質的に変容しているため，第二言語習得では母語習得と同じように用いることはできず，そのため，目標言語においてどのような文が文法的でないのかについての明示的な指導が必要になることもあるとする。

生得的アプローチに基づく外国語教授法としては，Stephen Krashen と Tracey Terrell によるナチュラル・アプローチ（Natural Approach）（p. 44）や，James Asher により提唱された全身反応教授法（Total Physical Response; TPR）（p. 43）が知られている。これらの教授法はいずれも，母語習得のプロセスを参考に第二言語（外国語）の教授・学習を具体化したものであり，アウトプットよりもインプットの理解を優先させるという指導理念に基づいている。ナチュラル・アプローチは，学習者に「理解可能なインプット」（comprehensible input）を大量に浴びせ，文字通り目標言語を「自然に」習得させることを目指している。TPR は，幼児が話せるようになる前に経験する「沈黙の期間」（silent period）に着目し，第二言語（外国語）の教授・学習の入門期に目標言語インプットを聞き，全身で反応することを通して言葉と動作による意味付けを行い，主に聴解力の育成を図ろうとするものである。

　第二言語習得の説明理論としての生得的アプローチは，言語習得のプロセスに目を向けず結果だけを見ていること，また，生得的な言語能力の存在を示す実証的な証拠が示されていないことについて批判されている。

3．認知的アプローチ

　認知的アプローチ（cognitive perspective）は，認知心理学，発達心理学で得られた知見に基づき言語習得を説明しようとするものである。生得的アプローチでは，言語習得は言語習得専用の精神構造，すなわち，普遍文法を仮定しているが，それに対し，認知的アプローチでは，言語習得は一般的な認知能力により促されるものであるとし，母語習得も第二言語習得も知覚，記憶，分類，一般化という同じプロセスに依っているとする。

　認知的アプローチで提案されている第二言語習得モデルの一つに情報処理（information-processing）モデルがある。このモデルによると，人間が情報を処理するために利用できる認知的資源（cognitive resources）には限界があるため，スムーズな情報処理のためにはいかにしてより少ない認知的資源で済ませられるか，言い換えれば，自動的に使える知識を身に付けることが課題となる。第二言語習得においては，第二言語の理解と産出のために必要とされる知識の自動化（automatization）が目指すゴールということになる。Robert M. DeKeyser は認知科学者の John R. Anderson の認知処理モデルに基づいて，第二言語（外国語）の学習・習得を「スキル学習」（skill learning）として理論化した。それによると，人間の持つ知識に

は,「宣言的知識」(declarative knowledge) と「手続き的知識」(procedural knowledge) がある。前者, すなわち「宣言的知識」は, 文法知識のような自分が持っていることを知っていて説明できる知識のことであり, 後者, すなわち「手続き的知識」は, その言語を自然に使える能力のような「やり方の知識」で, 言葉では説明できない知識を指す。スキル学習の理論では, 第二言語 (外国語) の学習・習得は宣言的知識から始まり, 意味に注意を向けた継続的な練習により, 手続き的知識に自動化されるとしている。これは一見すると, 行動主義的アプローチで見た刺激—反応—強化による習慣形成の考え方に似ているが, スキル学習理論では, 言語知識の自動化は「意味に注意を向けた」言語形式の練習により起こるとされており, 形式のみに注意を向けた機械的な繰り返し練習による習慣形成とは異なることに注意する必要がある。

　認知的アプローチで提唱されている言語習得のメカニズムは, 行動主義的アプローチの代表的な教授法である ALM に対する批判から生まれた教授法である認知学習理論 (Cognitive Code-Learning Theory; CC-L) (p. 31) の理念にその萌芽を見ることができる。CC-L ではまず, 習得すべき言語規則を学習者に説明し, 学習者がそれを理解した後にその言語規則を実際の言語使用場面で使用することにより, 内面化を図ろうとする。これは, 言語習得を人間の持つ一般的な認知学習能力で説明しようとする認知的アプローチの立場と軌を一にするものである。

　また, 第二言語 (外国語) の教授学習理論として Michael Long により提案された「相互交渉仮説」(Interaction Hypothesis) では, 学習者が対話者とやり取りをする際に相互理解を達成するために行う「意味の交渉」(negotiation of meaning) により, そのやり取りの言語形式が修正 (modify) されることで, 言語知識が内面化されるとする。また, Richard Schmidt は, 自身が提唱した「気づき仮説」(Noticing Hypothesis) において, 言語形式への「気づき」(noticing) がなければ何も学習されないとし, 言語習得における「注意」(attention) や「意識」(awareness) が果たす役割についても考察した。これらはいずれも第二言語 (外国語) の教授学習における人間の認知プロセスの活性化を目指したものである。

　第二言語習得における認知的アプローチは, 行動主義的アプローチと生得的アプローチに比べ, 習得プロセスを観察・実験することにより得られた, より心理的実在性 (psychological reality) のある実証データに基づいているという点で評価できるものである。しかし, 言語習得の要因として個人の

認知機能のみに焦点を当て，言語の特質である他者とのやり取りそのものが言語習得にどのような役割を果たしているのかについての説明が十分ではないと批判されている。Long による相互交渉仮説においても，言語習得における対話者とのやり取りの必要性を認めてはいるものの，それは意味の交渉の場としての役割を認めたものであり，そこで期待されていることは，あくまでも学習者が目標言語によるインプット・アウトプット処理を通して個人の認知能力に働きかけ，言語知識を内面化することである。学習者と対話者がやり取りを通してどのような関係性を構築し，それが言語習得にどのように関わっているのかについては十分に説明されていないのである。

4. 社会文化的アプローチ

　認知的アプローチでは言語習得における他者とのやり取りの役割が十分に説明されていないと批判されたが，この他者とのやり取りを重視したのが社会文化的アプローチである。社会文化的アプローチ（sociocultural perspective）は，言語発達も含めた認知発達は他者との社会的相互作用の結果として起こるという Lev Vygotsky の「社会文化理論」（sociocultural theory）に基づく第二言語習得の説明アプローチである。社会文化理論では認知発達を「発達の最近接領域」（zone of proximal development; ZPD）というモデルを用いて説明している。ZPD とは，学習者が対話者によるサポート，言い換えれば，より高いレベルのパフォーマンスをするための足場かけ（scaffolding）を得て，次の段階へと発達を遂げるその場を比喩的に表したものである。Vygotsky は，言語と思考は密接に関係しており，言語は思考の媒介として内面化されるものであるとしている。社会文化的アプローチでは，第二言語学習者が目標言語の母語話者，または自分よりも熟達した学習者を対話者として，彼らから足場かけを得ながらやり取りをすることで思考が促され，やがて言語知識が内面化され，習得が起こるとされている。

　上述したように，認知的アプローチでは学習者と対話者がやり取りを通してどのような関係性を構築し，それが言語習得にどのように関わっているのかについては十分に説明されていないという批判があった。これに応える形で提案された第二言語（外国語）の教授学習理論に，Merill Swain による「理解可能なアウトプット仮説」（comprehensible output hypothesis）がある。Swain は Krashen の理解可能なインプット仮説に対して，言語習得はインプットを理解するときにではなく，学習者が相手が理解できるような発話，すなわち「理解可能なアウトプット」（comprehensible output）をしなく

てはならない状況に置かれた時に起こるとして，「理解可能なアウトプット仮説」を提唱した。Swain のこの仮説は当初，認知主義的アプローチに基づいて提唱されたものであったが，近年では，他者とのやり取りそのものが学習者の第二言語（外国語）知識の内面化を引き起こしているとする社会文化的アプローチに基づいているとされている。Swain と彼女の共同研究者の Sharon Lapkin は，社会文化的アプローチを背景とした第二言語（外国語）の教授学習理論に基づいて「協同対話」（collaborative dialogue）と呼ばれる指導技術を開発した。協同対話では，学習者がペアで形式と意味に同時に注意を向けながら話したり書いたりする言語タスクに取り組み，その中で互いに伝えたい意味を表現するにはどのような言語形式を用いればよいのかを話し合うことで言語知識を共同構築するとされる。すなわち，学習者がやり取りを通して互いに協同的な関係性を構築し言語知識を共同構築することで，言語習得が起こると考えられているのである。

　社会文化的アプローチは，第二言語習得のメカニズムを言語の特質である他者とのやり取り，すなわち社会的側面も含めて説明しようとしている点において，より包括的な説明アプローチであるということができる。しかし，社会的相互作用が語彙知識や文法知識など，具体的な言語項目の発達にどのような影響を与えているのか，その記述的な説明については今後の研究を待つことになる。なお，伝統的な社会文化的アプローチでは，ZPD において学習者が自分よりも熟達した他者から足場かけを得るとされていたが，この協同対話の指導例から分かるように，同じ初心者である学習者同士のやり取りも発達を促す社会的相互作用として研究されるようになっている。

✏ REVIEW

1．英語の授業において，生徒の学習に対するモチベーションを高める工夫を2つ英語で書きなさい。
2．第3節で見た学習者要因の中から1つ選び，それが英語学習者としての自分自身にどのような影響を与えてきたかについて論述しなさい。

📖 SUGGESTED READING

門田修平・野呂忠司（2001）．『英語リーディングの認知メカニズム』くろしお出版
ゾルタン・ドルニェイ著　米山朝二／関昭典訳（2005）．『動機づけを高める英語指導ストラテジー35』大修館書店

Lightbown, P. M., & Spada, N. (2013). *How languages are learned*. Oxford University Press.

Hummel, K. M. (2014). *Introducing second language acquisition: Perspectives and practices*. John Wiley & Sons.

▐█ FURTHER READING

読解のポイント 外国語学習の方略と技術について，自分の英語学習と対
比する

Language learning strategies and techniques

Besides variables of personality and cognition, we must also be aware of strategies and techniques employed by successful language learners. Rubin has found the following seven learning strategies and techniques:

1) *Good language learners are willing and accurate guessers.* They use all the clues which the setting offers and are "thus able to narrow down what the meaning and intent of the communication might be." This strategy has been discussed by Carton who uses the term "inferencing." According to Carton "in inferencing, attributes and contexts that are familiar are utilized in recognizing what is not familiar." What can language teachers do to help students become willing and accurate guessers? First, encourage them to learn the art of guessing. The student must be conscious of the fact that guessing is not done in a vacuum, but is based upon specific information such as a clue in a grammatical structure, in a lexical item, or even in a non-verbal context. Instructors are constantly faced with guessing situations in the language class, but even if they know that students have guessed correctly, rarely do they question them further as to the basis (clue) for their guess; many slow language learners are not even aware that guessing, when based upon specifics, is a good learning strategy. At times a guessed answer may be incorrect but may still be based upon specific clues, perhaps wrongly interpreted. Even here, knowing the basis for guessing can be a learning situation

for all. Twaddell believes that a teacher can "guide learners into desirable habits of intelligent guessing from context, by a kind of catechism of leading questions starting from grammatical clues and proceeding to factual clues." He proposes specific tasks to develop facility in guessing, and suggests that students answer obvious questions administered prior to an oral presentation and skim reading selections without the aid of a dictionary.

2) *Successful language learners have strong motivation to communicate.* According to Rubin, successful language learners will do many things to communicate—including using circumlocution, paraphrasing, gestures, etc. What can the teacher do to help develop this drive to communicate? The importance of motivation in language learning is well known. One way to motivate students is to personalize instruction. Students, whether highly motivated or not, seem to enjoy talking about themselves and their own immediate experiences. No matter what textbook is used, its material can be related to the students by: a) using the students themselves as examples to illustrate points of vocabulary and structure; b) using various questioning techniques to elicit personalized answers; c) letting the students create their own examples to illustrate a particular aspect of vocabulary; and d) creating situations for spontaneous interaction.

3) *Successful language students are often not inhibited.* "[They are] willing to make mistakes in order to learn to communicate." Here the teacher can help inhibited students by structuring learning activities geared to the potential and interests of the students and by getting a favorable classroom climate.

4) *Good language learners are prepared to attend to form.* "[They are] constantly looking for patterns in the language." Rubin also maintains that these students constantly analyze, categorize, and synthesize materials that confront them. How can foreign language teachers help to develop the ability to perform these tasks? They can point out form whenever feasible and thus make students aware of patterns. In addition students can monitor each other's speech

and seek correction from each other rather than regarding that solely as a function of the teacher. Successful language students can be encouraged to explain how they have analyzed, categorized, or synthesized a particular pattern.

5) *Good language learners practice*. They seek opportunities to use the language. How can teachers help the unsuccessful language learner in this instance? In addition to establishing the kind of classroom climate in which students are eager to speak and are motivated by personalized and creative teaching, teachers can also facilitate communication between students in the classroom. The interview technique is a good way to accomplish this goal. The class begins with the joint formulation of simple questions; students interview each other. The next step is to have the students interview any speaker of the target language (another teacher or a native informant). The students prepare the questions in advance and know them to be accurate. They report the answers to the class. Once the students realize that they are actually "communicating" successfully in the target tongue, they will be much more likely to try new skills with peers and to seek out native speakers in the future. Rivers suggests twelve types of activity where students try to use the target language for normal purposes of verbal interaction: establishing social relations, seeking and giving information, expressing reactions, learning to do something, hiding intentions or talking one's way out of trouble, persuading, discouraging, entertaining others, and displaying achievements.

6) *Good language learners monitor their own speech and that of others*. Rubin maintains that these students are concerned that their speech is well received and meets performance standards. Part of this monitoring is a function of active participation in the learning process. The word *active* is the key word in this statement because successful language learners constantly process information and, thus, can learn not only from their own mistakes but also from those of others.

——中略——

7) *Good language learners attend to meaning.* They know, Rubin asserts, "that in order to understand the message, it is not sufficient to pay attention to the grammar of the language." In a classroom, students will often answer a question correctly and yet have very little idea of the message. In a test situation we know that students can fill in blanks, demonstrating a particular structural point, with a high degree of accuracy and yet neither know nor pay attention to meaning. The successful language learner attends to the context and mood of the speech act, to the relationship of the participants, and to the rules of speaking.

——中略——

All presentation of material can be made meaningful, not necessarily by translation, but rather by circumlocution, paraphrasing, using synonyms and antonyms, even utilizing kinesics. Students who can follow the events of the classroom are much less likely to be frustrated. If students are expected from the beginning to respond not only to structure, but to know meaning, we will have taken the first step in helping them recognize those features or clues which good language learners use to help them understand the message.

(Reiss, M. (1981). Helping the unsuccessful language learner. *The Modern Language Journal*, Vol. 65, No. 2 (Summer, 1981). Wiley-Blackwell. pp. 121-128.)

注 ————————————————————————————

1) 「動機づけ」というよりも「志向・態度」を示す概念だとして orientation という呼び方もある。

2) grade-point average：全科目の平均評定値

3) 大阪 YMCA 英語研究所「日本人のための外国語適性テスト」(1973)

第10章
国際理解教育

第1節　国際理解教育の流れ

　ユネスコ（国際連合教育科学文化機関）の憲章前文は，「戦争は人の心の中で生まれるものであるから，人の心の中に平和のとりでを築かなければならない」と述べている。そのユネスコは1954年第8回総会で「国際理解と国際協力のための教育（Education for International Understanding and Co-operation)」という用語を採択し，日本ではこれを「国際理解教育」と訳し，一般的に使われるようになった。1960年代にはキューバ事件，中近東紛争，ベトナム戦争など国際的な紛争が相次ぐ中で，「国際協力と平和のための教育（Education for International Co-operation and Peace)」の名称が用いられるようになった。さらに1970年代になると，石油危機をめぐる国際情勢の複雑化，人口・食料・資源・エネルギー・環境など世界に共通する重要問題が深刻化した。同時に発展途上国で人種・人権問題が表面化し，先進工業国からは人権と基本的自由を確立するための教育に対する要請が強まった。

　そこでユネスコは，それまでさまざまに論議されてきた国際理解教育についての考え方を総括して1974年第18回ユネスコ総会において加盟国に対して「国際理解・国際協力および国際平和のための教育ならびに人権および基本的自由についての教育に関する勧告（Education for International Understanding, Co-operation and Peace and Education relating to Human Rights and Fundamental Freedoms)」を採択した。この勧告に先行する長い名前は略して「国際教育（International Education)」と訳されるが，日本では依然として「国際理解教育」の呼称が一般的である（大津, 1992)。

　一方日本でも，このユネスコ「教育勧告」と同年の1974年に中央教育審議会が国際交流の推進を提言している。さらに臨時教育審議会も1985年から1987年にかけて4回の答申を出し，その最終答申では「地球は急速に小さくなり，国際社会の相互依存の度合いは深まっている」ため，このような教育が「全人類的かつ地球的観点で」なされるべきだと論じた。これを受け

て1987年12月教育課程審議会では教育課程の基準の改善の柱の一つとして「国際理解を深め，我が国の文化と伝統を尊重する態度の育成を重視すること」を掲げた。こうして1989年以降の学習指導要領に国際理解や国際関係に関する記述が登場することとなり，1998年（平成10年）12月告示の学習指導要領では，国際理解は「総合的な学習の時間」で扱うべき題材の例示として，「情報・環境・福祉・健康」などに先行して掲げられている。ただ日本の場合，国際交流・異文化理解などに焦点が当てられることが多いが，ユネスコの意図する国際教育は世界の相互依存関係に対して世界的視点を養い，平和・人権・開発・環境などのもっと広い諸問題を取り扱うべきとしていることを忘れてはならない。欧米諸国でGlobal Education/Studiesというと，熱帯雨林の破壊とか外国人労働者の流入などという，日本での概念よりはるかに大きなテーマを取り上げていることが多い。

　取り上げる姿勢も，日本での国際理解教育は，「外」にあるよそ者を自己を中心とした理屈でもって理解していこうとするスタイルで，どちらかというと教師による知識伝達型で，情緒的取り上げ方をされることが多い。このことを理解するためには，近年急増している在日外国人への対応を考えればよい。両者とも国際理解には違いないが，後者，すなわち，欧米諸国のGlobal Education/Studiesで取り上げられているような外国人労働者の流入の問題などは，「内」なる異分子を受容，ないしは同化させようとするものであるから，それはきれいな理屈で片付く問題ではなく，さまざまな軋轢を通して体験されていくものである。また後者は自分の文化を相手にどう伝え，どう受け入れさせていくかがより重要な課題になる。ユネスコが求めているものはむしろ後者に近いといえるであろう。国際理解教育が前者，すなわち，日本で主に取り上げている国際交流や異文化理解などのテーマからスタートするのは当然であるが，国際理解教育として本当に軌道に乗るためには「内」と「外」との双方向の交流と体験が求められていることを忘れてはならない。

第2節　外国語科と国際理解教育

1.「ことば」の学習と異文化理解

　1989年（平成元年）告示の中学校学習指導要領は外国語学習の目標を「外国語を理解し，外国語で表現する基本的な能力を養い，外国語で積極的にコミュニケーションを図ろうとする態度を育てるとともに，言語や文化に対す

る関心を深め，国際理解の基礎を培う」と述べていた。この「国際理解」の文言はその後1998年（平成10年）の改訂版から削除されるが，これがきっかけで英語教育の中で国際理解が脚光を浴びるようになり，さらに国際理解教育の位置付けから小学校における英語教育が始められたことも，語学教育と国際理解との関係を問い直す機会になった。ただ国際理解はものの見方の問題であるから，直接それをテーマにしようとすればするほど，その指導はお題目を並べただけの無味乾燥なものになってしまう危険性がある。豊かな国際理解は豊かな教育経験の結果として生まれるものであろう。現行指導要領が「国際理解」を落として「外国語の背景にある文化に対する理解を深める」にとどめたのも同じ趣旨である。ここでのキーワードは「外国語の背景にある」であり，これは，目標前段の冒頭に「外国語によるコミュニケーションにおける見方・考え方を働かせ」とあることからも分かるように，外国語のコミュニケーション能力を養っていく過程と文化の理解は，不可分なものであることを示したものといえよう。

　学習指導要領の目標から「国際理解」の文言が削除されたとはいえ，英語科は国際理解教育の大きな柱であることは間違いない。英米の文化だけでなく，世界諸地域の人々の暮らしぶりも理解し，かつ日本の文化を世界各地に発信していく上で，重要な役割を果たすことはいうまでもない。

2.「文化」の捉え方

　「文化」とは何であろうか。キムチに代表される韓国料理やロシアのコサック舞踊なども文化であれば，「つまらないものですが」の謙遜も日本の文化である。前者が「目に見える文化」であるとすれば，後者はその存在に気が付くために特定の素養を必要とするものである。前者は具体的な「かたち」になって現れるため，それを認識することは難しくなく，また異文化間コミュニケーションで誤解を引き起こす原因にはなりにくい。日本の文化を紹介しようと言うと，茶道，お花見，ひな祭り，日本舞踊に剣道などが話題に上ってくるのも，それらが提示しやすく，理解されやすいからである。ところが後者の「かたち」になって現れない文化の諸相は，その文化特有の歴史，価値判断，行動様式，言語表現などと密接に絡んでおり，理解することがなかなか難しい。ゆえに異文化間コミュニケーションで誤解を生じるのは，この後者の場合であることが多い。

　キムチ料理は家庭科で指導可能であり，コサック舞踊は体育の領域であろう。しかし後者の「かたちの見えない文化」こそ，「外国語を通じて」理解

されていくのが望ましい。Tomalin & Stempleski（1993）は文化を図 1 の
ように分類しているが，彼らのいう Ideas と Behaviours の部分がこの「見
えない文化」に相当すると考えてよい。この場合，特に両者の重なった部分
が言語コミュニケーション能力の獲得と重なっていくのである。

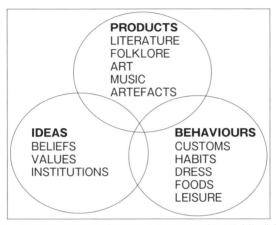

図1　Elements of Culture (Tomalin & Stempleski (1993) を基に作成)

　一方，和田（1991）はこの見えない部分を英語科で指導していく際に，
次の 3 つの面を分けて考えたほうがよいとしている。

(1) 言語そのものの面
(2) Paralinguistic Features（超言語要因）の面
(3) 思考様式の面

　それぞれの面でコミュニケーション不適応を考えると，(1) は「そんなに
誉めてもらっては恥ずかしいな」を "I'm ashamed to hear your praise." な
どと言ってしまうことである。(2) は顔の表情，目の動き，ジェスチャーな
どに関わるものであり，例えば，アイコンタクトに関する習慣に慣れないた
めに相手に不快な印象を与えたり，自分の誠意を誤解されたりすることなど
である。(3) はきちんと理論に立って自分の意見のポイントを示すことの方
が，相手の気持ちを推し量ってこちらの言い方を加減することよりも大事で
あることを知らないことなどである。

3.「文化」指導のレベル

　外国語によるコミュニケーション能力の養成を第一義とする英語科で文化
の指導にどこまで踏み込めるかが大きな問題である。これは次の3つのレベ
ルで考えることが可能である。

⑴ 認識する（recognition）
⑵ 理解する（understanding）
⑶ 体験する（experience）

　⑴は，まず違いが存在していることを認識させることである。例えば，
前項でみた Tomalin & Stempleski による文化の要素のうち，Behaviours
に関するものであれば，英語の "Excuse me." が日本語の「すみません」と
必ずしも同じではないことを知ることである。混雑の中を通してもらうのが
1人でなくて2人だったら "Excuse us." にならなければならないというの
は⑵のレベルである。さらに "I'm sorry. Pardon me." など類似表現と日本
語との関係の理解も⑵レベルであろう。そして，それを日常的な ALT との
接触を通して，英語文化のしきたりに従って使い分けることができるように
なるのは⑶のレベルである。また価値観（values）に関する例として「謙
遜の美徳」を考えてみよう。日本人が英米人と会話を始める常套文句に "I'm
sorry I can't speak English well." というのがあるが，これは英語圏の文化
ではかなり異様に響くことがある。ましてその後に続く英語が充分に機能す
る程度のものだとしたら，この人は嘘をついているという印象を与えかねな
い。⑴のレベルでは過度の謙遜は決して美徳ではないことを知ることであ
り，⑵のレベルではそれが boastful にならないための社会言語的理解をす
ることである。
　こうした指導レベルをどこに設定するかは，取り扱う題材に関係してくる。
しかし一般的に⑴の認識レベルだけにとどめておくならば，本当の国際理
解にはならない。仮にクリスマスのプレゼント交換という「目に見える文化」
を扱っていても，「ああ，そういう習慣があるのか」で終わってしまっては
不十分なのである。プレゼントとギフトの違い，プレゼントが適切なときと
そうでないときの区別など，⑵のレベルの指導まで行きたい。さらに，⑶
の段階として日本特有の「義理チョコ」に代表されるバレンタインデーのプ
レゼント騒動を再考するところまでいけば，「目に見える文化」から「見え
ない文化」の学習にまで発展したことになる。

4. 「文化」の偏り

　英語学習がイギリス・アメリカ英語偏重を生み，さらにそれに伴う無意識のアングロサクソン文化礼賛を助長するのではないかという懸念は古くからあったことである。事実上世界の共通語の位置を勝ち取った英語はまた各地にさまざまな変種を生んでいる。図 2 はそうしたさまざまな "Englishes" を McArthur（1987）が模式的に示したものである（McArthur（1987）as in Jenkins（2003））。図中 Australia から Canada に至る右半分が，母語として英語が話されている地域で，世界で使用されている英語を同心円状にイメージした Kachru（1985）は，これを inner circle とし，およそ 3 億 2000 万から 3 億 4000 万の人口だとしている。次に図中左中央部分 South Asian と African を含む部分が，英語による植民地支配を経験し第二言語として英語を話す地域で，Kachru はこれを outer circle と呼んで，人口は 1 億 5000 万から 3 億人としている。さらに図中で Standardizing English と示された地域は英語が外国語と見なされている地域であるが，今日ではヨーロッパも含めて世界各地域に急速に広がっている。Kachru はこれを expanding circle と呼んでいる。この inner circle としたところが図中 4 つのグループに分けてあるように，それぞれに特有な言語が特有な文化を背負っている。そしてそれらに当然相互に優劣の差があるわけではない。同様に，第二言語地域 Standard (izing) English と表示した英語にあっても，それぞれ固有の文化があり，母国語地域に比べて劣っているわけではない。多様性を優劣の基準で考えてはならないのは異文化理解では特に大切なことである。

　したがって国際共通語として理想的な言語は図中心に位置する WORLD STANDARD ENGLISH で，これこそ地域文化のしがらみを離れた中立的な英語，つまり「国際英語（International English）」であると議論することもできる。しかしそれはあくまでも架空の存在であって，現実的な学習の目標値になり得ないものだというのも事実である。エスペラントのような人造語でもない限り言葉は文化を切り離せない。到達目標としての言語は，それぞれの地域文化と一体化した「地域標準英語（日本の場合，多くは American Standard）」にならざるを得ない。特定文化に対する強い関心が外国語習得の強力な動機づけ（p. 201）になっている例は多い。教授の手段としてハリウッド映画界を憧れとして提示することもあってよい。英国の紳士淑女の作法を例示するのもよいだろう。しかし忘れてならないのはそれが決して英語圏文化において普遍的なものではなく，ましてや他言語地域

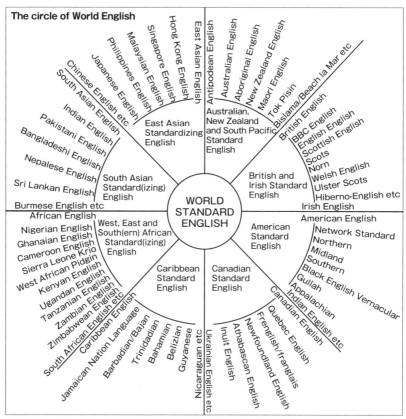

図2 McArthur's circle of World English（Jenkins（2003）を基に作成）

に勝るものだと思わせないことである。外国語学習における英語優越が英米文化偏重を生まないような教師自身のグローバルな視野が求められている。いまや国際通用語としての英語はますます地域文化を超えたものになり，WORLD STANDARD ENGLISH が現実味を帯びつつあることを知らなければならない。

第3節　教科書の中の「異文化」

　英語学習が広く世界の異文化理解につながることを期待して，2020年度（令和2年度）使用の小学校英語教科書7種及び2021年度（令和3年度）

使用の中学校英語教科書 6 種[1] 全てにおいて，例外なく非英語圏の地域・人物・話題が本文中に登場する。登場する地域はさまざまであるが，日本との結び付きが強まっているタイ，フィリピン，シンガポール，インドなどのアジア諸国や在日外国人数で上位を占めるブラジルなどの南米諸国に加え，従来あまり英語教科書に取り上げられることのなかったヨーロッパやアフリカ諸国など，文字通り世界中の地域・国々が話題に上っている。また発信型の英語教育を目指して日本文化の紹介を取り上げているのも一つの傾向である。

　しかし，わが国のように検定制度の下で編集される教科書の場合，語数，文法事項などに厳しい制限があるため，教科書が取り上げることのできる「異文化」は「目に見える文化」に限られてしまう。したがって，より深い異文化理解を意図するならば，教師の工夫で限られた語彙や文法を使って，読み深める活動が必要になってくる。扱うレベルが高くなれば英語で議論することは難しくなるが，授業とは離れたところで関心のある生徒には関連するインターネットの英語サイトを紹介したり，さらに国際協力に関する種々の NGO の活動を紹介したりするとよい。さらに，貧困，紛争，気候変動など，さまざまな課題に直面している人類が未来にわたって地球上で暮らしていくための具体的な達成課題として設定された「持続可能な開発目標（Sustainable Development Goals; SDGs）」などに関心を向けさせることも可能である。

✏ REVIEW

1．通常の英語授業で取り扱い得る国際理解教育とは何か考えよ。
2．高等学校学習指導要領（平成 30 年告示）では，「英語に関する各科目にわたる指導計画の作成と内容の取扱い」において，「現代の標準的な英語によること。ただし，様々な英語が国際的に広くコミュニケーションの手段として使われている実態にも配慮すること。」と書かれている。下線部のような配慮が必要とされている理由を説明し，あなたなら具体的にどのような指導を行うか，200 語程度の英語で述べよ。

（2020 年度　山梨県教員採用試験問題改題）

■ SUGGESTED READING

高橋正夫・シャロン S. バイパエ（1996）．『ガイジン生徒がやってきた』大修館書店

大津和子（1992）．『国際理解教育』国土社

■ FURTHER READING

読解のポイント 文化（culture）を大文字と小文字に分けて考えた上で，
英語が most culture-rich language だと言っている。そ
の論旨の流れを追い，最後の "intercultural interpreters"
とはどういうことか考える。

Which English Culture?

Language is a cultural phenomenon, determined by culture
with a capital c as well as a small c. Culture with a capital c implies
information exchange: the provision of (a) statistical data, such as
facts about civilization; (b) highbrow information, such as classics
of literature; and (c) lowbrow information, such as the folklore of
everyday life. (So when my neighbor inquired about Shakespeare's
The Tempest, she was seeking highbrow information.)

Culture with a capital c has always been the subject of
language teaching. In the heyday of the Grammar-Translation
Method, the principal aim of language teaching was to convey factual
and highbrow information about the British Isles. By contrast,
contemporary course books are brimming with tidbits of lowbrow
information, keeping us up-to-date about what goes on in the
English-speaking world.

Culture with a small c, on the other hand, is more opaque
because it does not crystallize into disparate bits of information.
It implies what members of a language community do, feel, talk,
think, and dream about, within the framework of their system of
values, attitudes, and mind-sets. Culture with a small c is hard
to disentangle from language; as Kramsch said with reference to
Halliday, culture is anchored in "the very grammar we use, the very
vocabulary we choose, the very metaphors we live by" (1993, p. 8).
It enables us to understand and produce language and, conversely,
language use deepens our cultural awareness.

To illustrate the strong bond between language and culture, let me refer back to my mishap on the Los Angeles freeway. It may look as if the breakdown of communication was essentially caused by my language defects, that is, not knowing the words *ratchet*, *trunk*, and *buck*, but there was more to it than that.

To begin with, a few minutes before I hit the freeway, I had rolled onto the iron prongs in a parking lot the wrong way up, not knowing that they would cause serious damage to the tires. When I discovered the puncture, I stopped, got out of the car and, to my horror, I found nothing in the boot, no spare wheel, no jack, no spanner, because I had been accustomed to Eastern European cars, which are not equipped with a lower layer. It was also due to an Eastern European reflex that I began to wave for cars to stop and help—a hopeless attempt on a LA freeway. When the man on the phone asked me about AAA (the American Automobile Association, pronounced as triple A), I had no idea why he kept repeating Tripoli, the Libyan town. And what confused him was that I spoke fairly fluently (with a touch of "English" accent though) and yet was unable to communicate. As he handed me the check for fifty dollars, I saw guilt on his face: "Poor chap, he sure needs medical rather than mechanical care."

Obviously, my predicament was not occasioned by the lexical gaps but rather by a total lack of cultural knowledge about the United States, including Los Angeles, freeway rules, and U.S. cars. My ignorance led to panic and, after I had undergone a number of frustrating experiences in the first few weeks of my stay, to a protracted period of culture shock.

With respect to the link between language and culture, now that English is no longer the sole property of native speakers, every user is entitled to contribute to it through their own regional identity. As Kachru said, "As this transmuting alchemy of English takes effect, the language becomes less and less *culture-specific*" (1985, p. 20, emphasis added).

This assumption lends itself to two different interpretations.

One is that the culture of the English-speaking world is falling into disparate pieces, a process that renders the English language itself culture-free. This relativist view is manifest in a number of contemporary course books in which nondescript characters blather on about nondescript topics in nondescript international surroundings. According to the other interpretation, languages can never lose their cultural profile, for every real-life utterance is embedded in a culturally determined context. The more contexts, the richer the language. In this sense, English, which is used in the most diverse milieus the world over, is arguably the most culture-rich language of our time.

From the individual's perspective, this is a give-and-take process. As people engage in L2 communication, they add to the cultural charge of the language being used and, simultaneously, gain from the interaction in terms of their ever-broadening cultural horizon.

Non-native speakers constitute a special class of language users. They arrive with a native command of L1, which is couched in their indigenous culture (C1). As they come into contact with L2, they become imbued with the target culture (C2) in all its manifestations. At this interface, a new cultural identity is born (C3), which incorporates certain elements of all constituent cultures, yet is characteristically different from any of them. A non-native speaker is like a child who takes after all his or her forbears and still has pronounced features of his or her own. The better he or she speaks a foreign language, the more distinct his or her new cultural individuality becomes.

As far as speakers with near-native competence are concerned, they are generally held in high esteem. This respect is due not only to the practical value of their advanced language proficiency but also to their potential to better understand the way their mother tongue works and greater sensitivity to their home culture. Although it may look a bit farfetched to claim that bilinguals are better citizens than monolinguals (Jenkins, 1996), they are certainly the best ambassadors between peoples and cultures or, to borrow Edelhoff's (1994) phrase, the most successful "intercultural interpreters."

(Braine, G. (Ed.) (1999). *Non-native educators in English language teaching.* Lawrence Erlbaum Associates, Inc., Publishers. pp. 186–188)

注 ───

1) 小学校：*NEW HORIZON Elementary English Course, Junior Sunshine, JUNIOR TOTAL ENGLISH, CROWN Jr., ONE WORLD Smiles, Here We Go!, Blue Sky elementary*

中学校：*NEW HORIZON English Course, SUNSHINE ENGLISH COURSE, NEW CROWN English Series, ONE WORLD English Course, Here We Go! ENGLISH COURSE, BLUE SKY ENGLISH COURSE*

第11章
小学校英語教育

第1節　英語教育改革の中の小学校

　2017年（平成29年）3月に告示された学習指導要領が完全実施された2020年度から，小学校3・4年生で外国語活動が必修化され，5・6年生では外国語が教科化された。初等・中等教育全体を見渡すと，英語教育は10年間にわたって行われることになる。諸外国では「外国語活動」や「教科」といった区別なく，いきなり教科として導入されることを考えると，緩やかに歩みを進めていることがこの国の英語教育改革の大きな特徴といえるかもしれない。

　1990年代においては，小学生が英語を学ぼうと思うと放課後にお稽古事として英会話スクールなどに行くか，家庭で教材などを使って英語に触れるしかなかった。公教育においては「英語は中学校から」が当たり前だったのである。小学校の教室にどのような経緯で「英語」が入っていったか，概観しておきたい。

　1998年（平成10年）に告示された学習指導要領（2002年度完全実施）で「総合的な学習の時間」が導入され，学習活動の例として「国際理解教育」が示された。その配慮事項として「国際理解に関する学習の一環としての外国語会話等を行うときは，学校の実態に応じ…」と記載され，「小学校に英語導入！」と報道されたこともあったが，あくまでも「総合的な学習の中の国際理解教育の中の外国語会話等の中の英語活動」という位置付けであった。その後，調査を重ねるごとに「英語活動」を実施している学校の割合が多くなり，同じ中学校に進学する小学校間の英語経験の差や，内容のばらつきといった課題が浮かび上がった。

　このような状況を受け，2008年（平成20年）に告示された学習指導要領（2011年度完全実施）では，小学校5・6年生に外国語活動が必修として導入された。年間35時間（週1時間），文部科学省が作成した教材を使用して授業が行われることとなった。

　2017年（平成29年）に告示された現行の学習指導要領では，冒頭に述べたように小学校3年生から公教育の場で英語に触れる時代が到来したこと

になる。外国語活動と外国語科の概要は次のとおりである。

	外国語活動	外国語科
学年	3・4 年生	5・6 年生
時数	年間 35 時間	年間 70 時間
主教材	文科省作成の *Let's Try! 1, 2*	検定教科書
扱う領域	「聞くこと」，「話すこと［やり取り］」，「話すこと［発表］」の 3 領域	「聞くこと」，「読むこと」，「話すこと［やり取り］」，「話すこと［発表］」，「書くこと」の 5 領域

表 1　外国語活動と外国語科の概要

　外国語科では「読むこと」「書くこと」を扱うが，学習指導要領に示されている領域ごとの目標を見ても中心的に扱われるのが「聞くこと」「話すこと［やり取り］」「話すこと［発表］」であることは明白である。小学校で音声の土台を作り，中学・高等学校と学習が進むにしたがって文字言語へと移行していく流れは，言語の本質からも学習者の学びやすさからも理に適っていると考えられる。小学校において「読むこと」「書くこと」の行き過ぎた指導を行わないこと，中学校において音声の土台を生かしてスムーズな「読むこと」「書くこと」の指導への移行を行うことが肝心である。

　小学校から高等学校までの学習指導要領を概観すると，目標に「言語活動を通して」と明記されていること，コミュニケーション能力を段階的に身に付けていく構造になっていることが分かる（p. 158）。

第 2 節　指導の留意点

1．小学校での指導の特徴

　中学校・高等学校との大きな違いは，学習者である。小学生の言葉の学び方に注意を払わず，中学校・高等学校の指導法をそのまま単純化・矮小化しても，うまくいかない。子どもの学び方について言及されている文献を見てみよう。

Children learn language through lots of meaningful exposure and practice.

(Shin & Crandall, 2014)

Language-rich activities give children opportunities to listen and guess from
the context, to take risks to use the second language (which they are more likely
to do if environment is safe) and to engage in interactions, when they are ready,
with the teacher and each other. Children are more likely to learn through
language use activities that engage them in doing, thinking and moving.

(McKay, 2006)

　ともに，子どもたちが真なるやり取りを通して学ぶ，と述べている。この
学び方は，ルールを説明して練習させた上で応用させたり，身に付けるべき
表現を説明したりすることを通して学ぶ営みとは大きく異なる。教師は，意
味のあるやり取りを通して，子どもたちが主体的に学べるよう，指導力を向
上させる必要がある。

　また，小学校においては，一つの校種の中に「外国語活動」と「外国語科」
という教育課程上異なる 2 つの枠組みが存在することも中学・高等学校とは
異なる特徴である。「外国語活動」においては，5 年生から教科になること
を見据えて指導に当たることが求められる。

　主教材においていわゆる本文がないことも中学・高等学校とは異なる小学
校の大きな特徴である。題材や話題は主教材に示されているが，目の前の子
どもたちの興味関心に合わせて，肉付けしたり，別の題材を用意したりする
自由度の高い指導が可能である反面，そのことが教師の負担になることもあ
り得る。

2. 五つの領域の指導

　「聞くこと」の指導にあたっては，インプットされる音声の質と量が保証
されることが肝要である。音声中心で進む小学校の授業では，学習者が何か
話そうと思ったときに，文字を見て話すことは期待できず，それまでに耳に
入ってきた音声資源だけが頼りになるからである。意識して作る音声（言葉
や歌）は，インプットとして与えられた音声の影響から逃れることはできな
い。音素についてもプロソディーについても，そのまま学習者の口から出て
きても申し分がない質が保証されている音声を聞かせることの重要性は強調
してもし過ぎることはない。小学校教員の中には，自分の英語の発音に自信
がないと感じている方々が少なくない。音声教材や外部人材を活用して指導
に当たることで負担感の軽減が期待できる。

　小学校では明示的な文法指導は行わないことになっているが，音声による

インプットそのものが生きて使われている文法ルールのサンプルとして機能してしまうことを考えると，「I have pencil.」や「I like dog.」など，中学校で明示的に学ぶ文法のルールと齟齬をきたすような英文を耳に入れないようにすることは重視されるべきであろう。音声によるインプットが，使われている文法ルールの生きたサンプルとして機能してしまうことは軽視できない点である。

　前述したとおり，子どもたちは語られている意味内容に注意を払いながら耳や心を働かせている。そのため，内容が容易に類推できる音声インプットの重要性は強調してもしきれない。内容を類推しやすい音声インプットを用意するためには，児童理解が不可欠である。英語力だけでは小学生の指導ができない所以である。例えば，like を使った表現を扱うとき，クラスにサッカー好きで通った子について“ ○○-san likes soccer. ○○-san likes soccer. I like soccer, too.”と言えば，「好きだと言っている」という類推が働きやすい。こうして子どもたちは，よりストレスなく，意味内容と音声を結び付けることができる。

　意味内容のこもった音声インプットの量を増やすためには，ある程度指導技術が必要になる。学習指導要領には「言語活動を通して…」と明記されており，自然に語り合っているやり取りの中で，繰り返し相槌を打つように，目標表現である “I like soccer.” という表現を聞かせなければならないからである。1 回言えば内容を伝えるという用は足りるのに，目標表現が子どもたちに染み込むように，繰り返し聞かせるのは意志の力も必要になる。音声資源がなければ，学習者からの音声によるアウトプットは生まれないため，指導技術を高めたい。「英語では聞くことが大切です。さぁ，後でみんなに話してもらうことになる表現を 10 回聞きましょう」と言っても，聞かないのが小学生である。おとなしく椅子に座ってはいるが，頭の中は給食や休み時間のことでいっぱいで，音が頭の上を流れていってしまって，耳を通して頭に入らないことも多々ある。これではインテイクなど望むべくもない。

　「話すこと」の指導にあたっては，音声インプットを与えることが大前提である。その上で，改めてヒトが話すとはどういうことかを考えてみると，それが単なる音声の再生ではないことに気付かされる。伝えようと思う中身があって，初めて「話すこと」が成立する。中身と適切な言語形式（小学校段階にあっては音声言語）が合体したものが口から出てくることが「話すこと」である。話す活動を設定することは容易で，例えば「自分と同じ時刻に起きる人を 3 人探すためにやり取りしましょう」とか「好きな色を伝え合い

ましょう」というような活動を設定すればよい。難しいのは，話せるように
なる道のりを授業の中で保証することである。そこがうまくいかないと，気
付くと学校外で英語に触れる機会のある子だけが生き生きと活動している，
というようなことになりかねない。意味と音声を結び付ける経験や，音声イ
ンプットを受け取って自分が作る音声のイメージをたっぷり味わう経験，恐
る恐る音を作ってみる経験などが必要であろう。反復練習だけしていても，
思ったほど子どもが話せるようにならないのは，こうした言語経験が不足し
ている可能性がある。

　文字との関係でいうと，普通に「話す」場合，文字を参照することはない。
文字を参照しなければ話せないのは，英語を話すことが苦手な日本の大人た
ちで，それを小学校で再生産するようなことがあってはならない。小学校で
扱うぐらいの文の長さや種類なら，文字を見ないと話せないという状況は「話
せていない」のではないだろうか。黒板から目が離せないやり取りや，紙に
目を落としての発表にならないよう，「話すこと」の指導技術が教師には求
められる。

　「読むこと」の指導にあたっては，学習指導要領に書かれている目標をい
つも念頭に置いている必要がある。学習指導要領に述べられている「読むこ
と」の目標は2つ，すなわち「ア　活字体で書かれた文字を識別し，その読
み方を発音することができるようにする」「イ　音声で十分に慣れ親しんだ
簡単な語句や基本的な表現の意味が分かるようにする」だけである。「意味
が分かる」といっても，重々しい読解ではない。表現の幅が狭いことから単
語さえ類推できれば意味が分かってしまうことが多く，中学・高等学校でい
うところの読解とは要求水準が著しく異なっている。

　「読むこと」の指導と位置付けないまでも，目標とする表現を文字で提示
する際にも配慮が必要である。環境として目に触れさせておく分には子ども
にとってもストレスがないが，その文字を頼りにして目標表現を想起させた
り，音を作らせたりしている授業が散見される。小学校では書かれた表現を
見て音を作ること（音読）は求められていないことを理解することが肝心で
あろう。

　「書くこと」の指導にあたっても，学習指導要領の目標は「ア　大文字，
小文字を活字体で書くことができるようにする。また，語順を意識しながら
音声で十分に慣れ親しんだ簡単な語句や基本的な表現を書き写すことができ
るようにする」「イ　自分のことや身近で簡単な事柄について，例文を参考に，
音声で十分に慣れ親しんだ簡単な語句や基本的な表現を用いて書くことがで

きるようにする」の2項目のみである。中学・高等学校の目標と比べるといかに小さな一歩であるか，再認識しやすいだろう。また，学習指導要領にはくどいほど「音声で十分に慣れ親しんだ表現について」と前置きがされている。この重要性を深く理解する必要がある。発表のために原稿をしたためて発表するのではなく，十分発表できるようになったことを書く，ということになる。話すことの指導が十分できてからようやく鉛筆を使った活動に移行する。

　また，インプットがないとアウトプットが生まれないことは音声言語のみならず文字言語にも当てはまることは忘れられがちである。話したらすぐに書く，のではなく，話した内容が文字で書き表されるとどのような姿をしているか，見せておく。これは「読ませる」のではなく，音声言語と文字言語の組み合わせを見せている段階である。単語と単語の間は空いているな，とか，文の初めは大文字だけど，他の単語の初めは小文字なんだな，とか，最後に「?」とか「.」がついているな，といった，文字で書かれた目標表現のイメージを持ってから鉛筆での活動に移行させているのである。こうしたイメージを持つためにはある程度の量のインプットが必要であろう。一文ではデータが少なすぎるからだ。

　実際に鉛筆を持って行う活動も，いきなり真っ白な4線に書かせるのではなく，なぞり書き，自分にあてはまる表現の真下の行への書き写し，語群から自分に当てはまる単語を選んで文を完成させるなど，細かいステップを踏んで書くことに慣れさせていくことも重要である。中学・高等学校と比べて圧倒的に学習内容が少ない小学校時代に，丁寧に児童の実態に合わせて確実な指導を行うことが，10年間に及ぶ英語教育の充実のためには必要である。

3. 音声から文字

　旧来の英語教育では「英語学習の初めは，ABCから」と文字から入り音声に移行することが一般的であった。小学校で音声中心の英語教育が実施されることの意義は計り知れない。文字が後から入ってくる，ということは音声だけで過ごす時間があるということで，なかなかイメージが難しい面もあるが，音声のみの言語世界がどのようなものか，理解することが肝心である。

　音声から文字に移行するプロセスを大切にし，自分の耳から入ったり口から出て行ったりしたあの音は，目で見るとこういう姿をしている，ということを学習者が実感できるように指導することが必要になる。その前提として「聞くこと」「話すこと」の指導力向上が求められる。

4. 語彙の指導

　小学校で語彙が導入される場合，動物なら動物，色なら色とカテゴリーごとにまとめて導入される点が，本文の語彙を中心に学ぶ中学校・高等学校との大きな違いである。また，中学校・高等学校では単語の意味は日本語で示されることが多いが，小学校においては文字言語を読むことは指導しないので，絵やイラストで意味を表すことも大きな特徴である。絵で表せるもの，というとより具体的なものになる傾向があることは想像に難くない。

　学習指導要領では，小学校で 600 〜 700 の語彙を扱うことと示されているが，これは聞いたり話したりする語彙であって，語のつづりを暗記するといった学習は行わない。

　どの語彙を指導するかは，検定教科書で扱っている語彙を参考にしながら，きちんと選定する必要がある。その際，この語は聞いて分かればよい，この語は話せるようにする，と領域ごとに整理しておくと，指導の際に混乱することがない。

　GIGA スクール構想によって，子どもたち一人一人がその場で自分の言いたい語彙を検索できる環境が整ったが，場合によっては検索して出てきた語を聞いて，カタカナを書き取ってそのまま読みあげている「発表」の場面や，その語を聞いてもさっぱりクラスメートに分かってもらえない姿も散見される。子どもが言いたいのに言い方が分からない語彙をどのように扱うか，もしくは扱わないか，具体性のある提言が実践と研究それぞれの立場から示されることが期待される。

5. 評価（含む目標・指導・評価の一体化）

　現行の学習指導要領の下での評価は，全教科とも「知識・技能」「思考・判断・表現」「主体的に学習に取り組む態度」の 3 観点で評価することとなっている。

　3・4 年生の外国語活動では，内容のまとまり（3 つの領域）について，各観点の評価規準を設定し，評価を行う。指導要録には，各観点について簡潔に文章で記入することになっている。

　5・6 年生の外国語では，内容のまとまり（5 つの領域）について，各観点の評価規準・基準を設定し，評価することとなっている。つまり，15 項目について評価することになるが，各単元で 15 項目について評価するのではなく，年間をとおして漏れがないように評価することが求められている。

　各観点を 3 段階で評価し，最終の評定を出すことになるが，小学校では評定は 3 段階で示すことになっている。

「目標・指導・評価の一体化」の重要性は強調してもし過ぎることがない。教科化されて他教科と同じように評価をするということは大きな変化で，学習者や保護者への説明責任を果すという大仕事であり，評価のための評価に陥りかねない。適切に評価するためには，適切な目標の設定は不可欠であり，その目標を達成するための適切な指導もまた不可欠である。目標も指導も適切でない中，評価にさらされたのでは子どもが気の毒である。子どもの評価はそのまま授業評価でもあり，教師にとっては痛みを伴うこともあるが，評価という営みが授業改善に寄与するためのものという面を本来持ち合わせていることを思い出し，真摯に適切に目標を設定する力，指導する力を高めたい。

6. 小中連携の視点

　中学校から始まっていた英語学習が小学校から始まることになり，中学校では小学校での学習を踏まえてその続きを指導することになる。小学校では，「あとは中学校で一からやり直してもらいなさい」とはもう言えない。十分，中学校につながることを意識して指導することが必要になる。

　学習者が，英語学習を「覚えるもの」「お手本を繰り返すもの」と受容的に捉えていると，必要に応じて自分で考えて文を作る力をつけることを目指す学習とはうまくつながらない。言葉への気づきがある豊かな言葉の授業を展開することが，情意面でも英語力の面でも肝心である。

　中学校では，小学校の学習内容を十分理解し，「これぐらい書けるでしょう」というような認識不足からくる不用意な言葉かけをしないことが求められる。また，まっさらな学習者しか教えてこなかった歴史が長いと，音声だけ獲得している学習者に対する指導は新たな挑戦となる。戸惑うことも多いだろうが，他教科の教師にとっては当たり前のことである。小学校から学習者を受け取り，高校に送り出す中学校の役割の重さは語りつくせないほど重い。英語教育改革の要を担っているのは中学校の英語教育であると言っても過言ではない。しなやかで，たくましい中学英語教育への期待を胸に筆をおきたい。

第 3 節　小学校英語指導の具体例

1. 小学生の特徴を生かした指導

　第 2 節で述べたように，小学生の学びは中高生のそれとは異なる。外国語

学習への望ましい最初の一歩となるような，小学生の特徴を最大限に生かした指導の具体例を挙げる。

1）たくさんの上質なインプットにより気づきを促す

　小学校では，アウトプットを中心にゲームの要素を含むドリル活動がよく見られてきた。その例としては，限られた時間で友達にインタビューした後，その人数が一番多かった児童を拍手して称える「インタビューゲーム」や，児童が目を閉じている間に先生が黒板に貼られた絵カードを1枚隠し，「What's missing?」と問いかけるなどといった活動が挙げられる。このように思わず答えたくなるような仕掛けのあるゲーム（活動）を行う際には，数やスピードだけを問うことで外で英語を習っている子だけが活躍することにならないよう留意したい。また，英語表現を身に付けさせるためによく活用されるチャンツも，まずは英語独特の音声やリズムに気付かせるインプットとして位置づけたい。いずれにしろ，発話をさせる前に丁寧なインプットを重ねることで児童の気づきを促すことが肝要である。

　その際，児童にとって意味ある内容で，できるだけ本物の情報を聞かせるように心掛ける。内容への興味関心から「思わず聞きたくなる場面」を設定するには，日ごろから児童の実態をよく知り指導の調整ができる教師の力量によるところが大きい。

　さらに，インプットされた内容を自分事とし，思いを他者に伝えたくなる気持ちを高めることでアウトプットへと繋ぎたい。伝えたい思いがあるからこそ，何度も練習し言えるようになりたい，という英語学習への主体性にもつながるだろう。

　ここでは，児童にそんなインプットを与えるための3つの例を挙げる。

⑴教師のスモールトークによるインプット

指導例：将来なりたい職業

第1時

T: Hello! My name is Mayumi Tabuchi. This is my Dokodemo Door.
　（ジェスチャーで大きなドアを示し，そこへ一歩入って見せる）

T: Hello, again. My name is Mayumi Yada. I am 12 years old. I go to
　Yamada Elementary School. I like English. I like children. I want to be
　an English teacher.
　（再び，ドアを開けて，一歩元に戻る様子を見せる）

T: I'm back. I wanted to be an English teacher. Now, I am an ...
（間をおき，耳に手をあて児童に残りを言わせる）
Ss: English teacher.
T: That's right. I am happy. It's my ドリカム . My dream has come true.

　児童にとって一番身近な指導者が，時空を超えたということを扉を使って表し，自身の子ども時代になりたかった職業を具体的に紹介した例である。児童がよく知っている漫画に出てくる「時空を超えるドア」を使うことで，情報に真実味を持たせ，小学生になりきった発話の部分では発表のサンプルを示す。

(2) ICT 教材を使ってのインプット
　小学校現場では，一人一台の端末が与えられ，必要とされる音源を児童の手元に送ることが容易になった。すでに，検定教科書には QR コードが掲載され，それによって新出の語彙を音声で聞いたり，チャンツやモデル文といった少し長い英語表現に児童が自らアクセスしたりすることができる。これらを活用することで，授業内の指導だけでなく，家庭学習をすることも可能になるだろう。さらに，児童が自分のペースで何度も繰り返し聞けることから，今後は個別最適学習としての可能性も広がる。

指導例：
・英語の歌詞の一部を絵で示すアイコンにして配布し，歌を聞いて絵の部分は何と言っているか考える
・短いお話を聞いて，そのお話の順に沿って挿し絵を並び替える
・【町紹介の単元】建物の絵（hospital, fire station, convenience store など）を見て自分の町に実際にあるものに丸を付ける。それを友達に伝えあう目的のために何度も言い方を聞く

(3) 絵本などによるインプット
　英語の音声と言語外情報としてその意味を表す絵がふんだんに使われた絵本を用いることで，児童には豊かな意味あるインプットを与えることができる。たとえ未知の語彙が出てきても，読み手の教師が絵を指し示すことで児童は意味を類推したり，文脈の中から英語の表現を理解したりすることが可能になる。読み聞かせの本を選書する際には，扱う単元の内容に合ったもの

以外にも，児童の年齢や興味関心に合った絵本を選び，読み聞かせを一度で
終わらせるのではなく活動を工夫し何度か繰り返したい。

指導例：絵本の読み聞かせ
Brown Bear, Brown Bear, What Do You See?（Eric Carle 著）
第 1 時（10 分）：〈読み聞かせ〉
　　　　　　　　〈メモリークイズ〉出てきた語彙について，「What animals
　　　　　　　　are in the book?」などと動物名を問う
第 2 時（10 分）：〈読み聞かせ〉繰り返しの部分は一緒に言う
　　　　　　　　〈メモリークイズ〉「What color is the cat? What animal is
　　　　　　　　red here?」と，色と関連付けた質問をする
第 3 時（10 分）：〈読み聞かせ〉クラスを半分に分けて，教師と一緒に示さ
　　　　　　　　れたテキストの部分を読む
　　　　　　　　〈クイズ〉「What am I looking at?」と尋ね，教師が（児童
　　　　　　　　には隠した状態で）目にしている絵本の動物を当てさせる
第 4 時（10 分）：〈全体読み〉全員で読む，ペアで読むなど。動物の部分だ
　　　　　　　　けオリジナルにして各班でストーリーを考えて読む

2）言語活動を通し技能統合的に指導する

　英語での質問が分かればすぐに答えを口にする，言えそうなことは一緒に
言いたくなるのが小学生の特性である。それをうまく生かし，4 技能を統合
的に指導したい。

⑴ やり取り活動（聞く・話す）
　やり取りの活動では，決まったサンプル文を覚えて 2 人で会話させるので
はなく，即興性のある本物のやり取りの場面を作りたい。しかし，既習表現
が限られている小学生の場合，ある話題について何往復も会話を続け，話の
内容を発展させることはまだ難しい。そこで，あらかじめ相手の答えを推測
させ，それが正しいかどうか知るためという必然性を与え，やり取りを行う
ことがよくある。定型表現を何度も使い，意味のやり取りを通して相手の質
問に答えるといった，聞く・話すの 2 技能の活動を次に紹介する。

指導例：夢の朝ごはん
① 教師が実際の写真などを交え日曜日の朝などにゆっくり食べてみたい「夢

　の朝ごはんメニュー」を紹介する。
② 実際の写真で朝ごはんの 12 のメニューアイテムを紹介する。
③ 手元に 12 のメニューアイテムの絵が載ったワークシートを配り，こんな朝ごはんが良い，と思うものを 3 つ選んで丸を付ける。
④ ペアになり，相手が好きなものを予想して質問する。
　　Do you like _____ ? — Yes, I do. / No, I don't.
　　質問の数を 3 回に限り，予想がいくつ当たったかを記録する。
⑤ 全部が当たらなかった場合には，最後に「What do you like?」と聞く。

(2) 情報の聞き取りから発表活動へ（4 技能）
指導例：先生の行きたい国
① 児童に馴染みのある 4，5 名の教師の顔写真を黒板に貼る。あるいは PowerPoint のスライドで表示する。
② それらの教師の行きたい国とその理由が書かれたカードをシャッフルし，一枚選んだ上で教師が読み上げる。［聞く］
　　「I want to go to Korea.」
　　「I like Korean dramas.」
　　「I want to eat delicious *Yakiniku*.」
③ 「Who is this?」と全員に予想させ，写真の順に挙手させる。
④ 「Let's check again.」と目的を説明した上で，カードを拡大し見せる（または，手元の端末に配信，あるいは，黒板に板書する）。情報を確認するという目的で，教師がそのカードを音読して見せる。意図的に，ヒントになりそうな単語の文字を強調したり，指で示してもよい。また，実態に合わせて児童を巻き込み一緒に読むことを促してもよい。［読む］
⑤ 選ばれた教師本人が話している動画を見せたり，録音した英語の音声を聞かせ，答え合わせをする。［聞く］
　　① 〜 ⑤ の活動を，毎時違った教師の話を使い行う。
⑥ 先生クイズで慣れ親しんだ表現を使い，自分の行きたい国を考え伝え合う活動をする。［話す］
⑦ 教師の情報が書かれたカードと同じ形で② の下線部が空欄になったものを児童に配布し，並行して行った語彙指導の中で学んだ行きたい国の名前やその理由などを，絵の情報と共に示された選択肢から選び，書写する。［書く］
⑧ カードに書かれた「行きたい国」を教師が読み上げ，クラスのどの友達

の情報かを当てる活動にも発展できる。［聞く］

あるいは，そのカードを配布して，それを読んで当てさせることもできる。［読む］

2．音声から文字への指導

第2節にあるように，先に文字ありきではなく十分な音声インプットを与えてからの文字指導を行いたい。

ひらがな，カタカナ，漢字と字形指導に関してはすでに豊富な経験がある小学校現場では，いきなり鉛筆を持たせて4線上に大文字と小文字を書く指導が先行しがちである。しかし，国語での書く指導は，児童がすでに聞いて分かり，話すことのできる言葉の指導であり，英語に関してはまだまだ初学者である日本の小学生の文字指導を同様に行うには無理がある。

アルファベットポスターやカードゲームを使って歌やチャンツで何度も楽しく長いスパンでスパイラルに文字に触れさせる。文字の形に気付かせ，耳で聞いたアルファベットを指さすことができ，さらに名称読みが言え，聞けば書けるといった，段階的で丁寧な指導が必要である。文字につながる十分な音声の指導の重要性に留意したい。その重要性を教師が意識するだけで，文字指導はかなり変わるだろう。次に，そのために留意すべき点を挙げる。

1）文字より先に音声

何度も音声で慣れ親しみ，口にしてから，文字を提示するようにする。例えば，英語の歌をクラスに導入する際，最初に歌詞カードを配ると多くの児童がカタカナを振ろうとする。早く歌いたいという思いがあるので当然だが，音声が入る前に文字を見せると起こり得る典型的な例である。英語を読むことだけを目的にすると，結果，英語の音声と異なる日本語に置き換え，せっかくの英語インプット活動が意味のないものになってしまう。一方，音声で何度か聞かせ繰り返しの部分だけでも口にした後に歌詞を配布すると，記憶の中にある音声から文字を書こうとするので，同じ音声が日本語にはないことに気づき，「先生，日本語で書けません」などという嬉しい気づきの声が児童から上がることがある。

絵カードも表面が絵で，裏面が文字のものを活用し，最初は絵だけ，そして自然に文字へと提示を移行するように心掛ける。

2) 黙々と書かせない

　音声に慣れ親しんだ文字を，なぞり書き，選び書き，または書写させるときにも，「口に出して言いながら書いてごらん」と指示を与える。アルファベットも，その名称を口にしながら書く，あるいは，その文字で始まる単語を想起しながら（口にしながら）書かせるだけで,音を意識させることができる。

3) 単語の最初の音に気付かせる

　アルファベットの基本的な一字一音に気が付くと，児童が音声で十分慣れ親しんだ文の塊を見たときに，音から文字へ，さらに読みに繋がる大きなよりどころになる。現在使用されている教科書には，アルファベット順に単語を並べてジングルといった形で初頭音に気付かせるチャートや音源が入っている。それらを活用し，例えば，bag, bed, big と聞くと最初の文字はｂであることが予想できたり，反対にＢｂの文字を目にすると /b/ という音が頭に浮かんだり，といった気付く体験を長いスパンで行いたい。

3. 語彙の指導

　小学校に英語が導入されて大きく変わったことの一つに，中学校入学時に児童が豊富な英語の語彙を身に付けていることが挙げられるだろう。小学校における語彙指導の特徴は次のような点にある。
　(1) 場面と共に必要な語彙を指導する
　(2) 語彙のネットワークを使ってカテゴリーで指導する
　(3) 文字ではなく絵を利用して音声と共にインプットする
　(4) すぐに忘れるので既習語彙は何度も使わせる

　ただし，小学校での語彙は受容語彙として入っている場合が多く，例えばcucumber と言われれば，たくさんの野菜の絵の中からきゅうりを指させるが，「What's this?」ときゅうりを指さされても cucumber と言えるわけではない。まして，それを英語で書かせるような指導はしない。すなわち，産出語彙ではないということである。さらに，児童は興味のあるスポーツ名，職業名，食べ物の名前などカテゴリーでくくられた名詞から覚えていくが，絵などで表しにくい動詞あるいは形容詞は，一つの文をチャンクとして場面と共に学ぶ。したがって，学んだことはあっても，使われた場面を想起させてやらないと記憶が呼び出せないことがある。
　例えば，「『何がお好きですか（何になさいますか)』と英語で言いなさい」

と問われ言えなくても，「レストランで店員が注文を取るときはどう言いますか」と聞かれると，「What would you like?」とスラスラ完璧な発音で言えたというのが良い一例であろう。

このようにして培われる小学生の語彙力を今後どう生かすかは，このあとの中学・高等学校での指導に大きく関わってきている。

✐ REVIEW

小学校と中学校の垣根を超えた異動がある地域もある。あなたが小学生に英語の授業をすることになったら，どのようなことに配慮するか。

📖 SUGGESTED READING

大津由紀雄・鳥飼玖美子（2002）．『小学校でなぜ英語？—学校英語教育を考える—』（岩波ブックレット No.562）岩波書店

久埜百合　他（2008）．『子どもと共に歩む英語教育』ぼーぐなん

小学校英語教育学会 20 周年記念誌編集委員会（編）（2020）．『小学校英語教育ハンドブック—理論と実践—』東京書籍

バトラー後藤裕子（2005）．『日本の小学校英語を考える　アジアの視点からの検証と提言』三省堂

Bland, J.(eds.). (2015). *Teaching English to young learners: Critical issues in language teaching with 3-12 year olds.* Bloomsbury Publishing.

Garcia, E.E., Frede, E.C.(ed.) (2010). *Young English language learners: Current research and emerging directions for practice and policy.* Teachers College Press.

Garcia Mayo, M.P.(eds.). (2017). *Learning foreign languages in primary school.* Multilingual Matters.

McKay, P.(2005). *Assessing young language learners.* Cambridge University Press.

Pinter, A.(2011). *Children learning second languages.* Palgrave Macmillan.

📖 FURTHER READING

読解のポイント　リスニング活動とスピーキング活動が学習者にとってどのように異なるのか，意味という視点で理解する。

Meaning in speaking and listening

Speaking and listening are both active uses of language, but differ in the mental activity involved and demands that they make on learners of language in terms of finding and sharing meaning. Listening can be seen as (primarily) the active use of language to access other people's meanings, whereas speaking is the active use of language to express meanings so that other people can make sense of them. The labels 'receptive' and 'productive' uses of language can be applied to listening and speaking respectively.

To construct understanding in a foreign language, learners will use their existing language resources, built up from previous experience of language use. In active listening, the goal of the mental work is to make sense, e.g. of a story or instructions, and is thus naturally meaning-focused rather than language-focused. For example, children listening to a story told in the foreign language from a book with pictures will understand and construct the gist, or outline meaning, of the story in their minds. Although the story may be told in the foreign language, the mental processing does not need to use the foreign language, and may be carried out in the first language or in some language-independent way, using what psychologists call 'mentalese'. If we were to check what the children understood, we might find they could tell us the story in their first language, i.e. they could recall the meaning, and they might recall some words or phrases in the foreign language. It is very unlikely that they would be able to re-tell the story in the foreign language, because their attention has not been focused on the words and syntax of the story but on its underlying meaning. Different types of listening activities are required to ensure a language-focus (Field 1998).

To speak in the foreign language in order to share understandings with other people requires attention to precise details of the language. A speaker needs to find the most appropriate words and the correct grammar to convey meaning accurately and precisely, and needs to organise the discourse so that a listener will understand. When listening, the nuances of meaning carried by grammar or discourse organisation can often be constructed from other clues, but speaking doesn't allow for this so easily. The demands of re-telling a story in the foreign language after listening and understanding should not be underestimated: the language needed at word, sentence and discourse levels must be found and produced. Speaking is much more demanding than listening on language learners' language resources and skills. Speaking activities, because they are so demanding, require careful and plentiful support of various types, not just support for understanding, but also support for production.

The terms 'Input' and 'Output' are often used to refer to listening and speaking (and reading and writing) respectively. This terminology reflects a computer model of the human brain that sees language used by other people as 'information', which is received as input, is mentally processed, and the results produced as output. The computer metaphor has been helpful, but is not adequate to describe listening and speaking in a foreign language because the key processes between input and output are down-graded in importance.

For some time in the 1980s, it was suggested that 'comprehensible input', i.e. listening to or reading English and making sense of it, was not just necessary for learning a language but would be enough on its own to drive language development (Krashen 1982). Research in immersion situations, however, showed the limits of this comprehensible input theory. Pupils in Canadian schools who learnt their school subjects through French as a second language received plenty of meaningful and comprehensible input. Evaluation of their language skills and resources showed that their listening comprehension skills were very good, but that their production often showed a lack of precision and grammatical accuracy. It was clear that, in addition to being exposed to large amounts of comprehensible input, learners need to use their production resources and skills, if they are to develop knowledge and skills to share their understandings fully and accurately (Swain 1985, 1995).

(Cameron, L. (2001). *Teaching languages to young learners*. Cambridge University Press. pp. 40–41.)

第12章
教師論

　教師論には古今東西いろいろな考え方があり，時代の考え方を色濃く反映しているものから時代を超越した理想や理念に基づくものまでさまざまである。その中でも英語教師に関する教師論は，他の科目以上に社会のニーズに左右されることがある。「英語教師に求められること」と問われたとき，どのようなことが頭に浮かぶであろうか。本章では，これからの英語教師に求められることを(1) 生徒の目線に立つこと，(2) 英語力，(3) 授業力の3つの観点から検討することにする。

第1節　生徒の目線に立つこと

　「生徒の目線に立てる教師でありなさい」は，筆者の恩師である長勝彦先生がいつもお話になることである。初めてこれを聞いた時，筆者は図1のように机間指導など個別指導をする際に，立った状態ではなくしゃがむなどして，「物理的に」生徒の目の高さに合わせることだと思ったが，長先生の意図は別にあるのだった。次は，長先生が授業の開始に日付を聞くことについて書かれたものである。

図1　物理的に生徒の目線に合わせる

日付を聞く
　研究会の講師に招かれたり，授業の DVD が送られて，コメントを求められる機会があります。
　どの授業も；Good morning (or afternoon), class! How are you? で始まり，次に，What day is it today? What date is it today?
　そして復習活動に移ります。
　これ，「不思議ではないですか？」「不自然ではないですか？」何故，日付けを聞いたのか，その先生には，それなりの話したいことがあっての質問ではないでしょ

うか。中学 1 年生の授業であれば，曜日名，月名を憶え，定着する目的などと理由があるでしょう。

　中 2，中 3，高校の授業では，なんと理由を付けますか？　これ程，コミュニケーション重視の授業をと叫ばれている今，是非，考えて頂きたいと思います。

（長，2015）

例えば，

教師：「今日は何曜日ですか」
生徒：「水曜日です」
教師：「今日は何月何日ですか」
生徒：「5 月 20 日です」
教師：「今何時ですか」
生徒：「10 時 5 分…う〜ん，6 分かな？」
教師：「天気は？」
生徒：「晴れ？　う〜ん，曇り？」
教師：「はい，OK。では 2 次関数の授業に入ります」

　という風に数学の授業を始めると，生徒たちは「先生は何でこんなことを聞いたのだろう」と不思議に思うはずである。では，なぜ英語の時間は，このような質問から始まるのであろうか。それはおそらく教師自身がそのような授業を受けてきたからであり，それをそのまま行っていることが原因であることが多い。授業をしている教師は授業の始まりに「曜日・日付・時間・天気」を聞くのが当然と思っていたとしても，きっと中には「なんでこんなこと聞くんだろう。変なの」と思っている生徒は少なからずいるはずである。そういう生徒の気持ちに気付いてあげられること，寄り添うことこそが長先生の言う「生徒の目線に立つ」ことなのである。

　さらに英語という新しい言葉を勉強するとき，生徒の頭の中は「なぜ？」にあふれている。言い換えれば，生徒の目線に立つことは，生徒が不思議だなと思うことを同じように不思議だなと思えることともいえる。『これからの英語教師—英語授業学的アプローチによる 30 章』（若林，1983）には次のような例が挙げられている。

　　例をひとつ挙げよう。「動作が進行中であることを示すのに進行形を用い，〈be

＋現在分詞〉の形で表す。たとえば Tom is sleeping now. の is sleeping が進行形である。」と説明したとしよう。生徒から反論が出る。「眠っているのなら進行していないじゃないですか。」教師はグッとつまるが「要するに〈be ＋現在分詞〉を進行形というのだ。」「でも」と生徒は言う。「sleep というのは動作なんですか。眠るのがどうして動作なんだろう。」教師はだんだん腹が立ってくる。「いいかね，英語の動詞には動作動詞と状態動詞の2種類があって，sleep は動作動詞なのだ。」「どうして動作をしていないのに sleep が動作動詞なんですか。おかしいや。」ここまでくると教師は怒り心頭に発して「sleep は動作動詞なのだ。文法でそう決まっているのだ。いいか，英語は理屈ではないのだ。屁理屈をこねる暇があったら素直に覚えろ。屁理屈をこねてばかりいるからちっとも成績があがらん！」と怒鳴りつけ，生徒の口を封じてしまう。

　このように生徒が不思議だなと思っていることを十分に調べもせず「そういうルールだから」と済ませてしまうことは，英語の授業で意外とよく起こることではないだろうか。例えば，
・ever を「今までに」と教えておきながら，I have ever been to Tokyo. のように「私は今までに東京に行ったことがある」を示す肯定文では使えない。
・must と have to はどちらも同じ「～しなければならない」という意味だと教えておきながら，否定文で使われた場合，must not は「してはいけない」，don't have to は「しなくてもよい」というように意味が異なる。
・there is/are は「～がある／いる」という意味だと教えておきながら，There is Hirosaki Castle in Hirosaki. とは言えない。

　このように例を挙げればきりがないが，どれも英語を長い間勉強して，ある程度運用できる我々にしてみれば，どれも当たり前すぎて「そういうものだ」と普段は気にもとめないようなことばかりではないだろうか。筆者自身も，入学したての中学校1年生に対して小文字の指導をしていたときに，多くの生徒にとって b と d の区別をつけるのが難しいことを感じていた。単語テストなどをしても，dasketdall のように書く生徒がいて，どう指導したらよいのか悩んでいた時，そもそもどうして小文字の b と d はこういう形をしているのだろうと考えた。そこで調べたところ，小文字は大文字から変化したものであることが分かった。b と d も図2のように大文字から小文字へと変化したと考えられている。

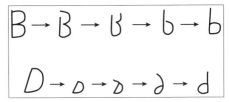

図2　ｂとｄの大文字から小文字への変化

　ｂは一筆で書いているうちに，上の山がなくなってしまって今の小文字に，ｄは一筆で書いているうちに勢い余って線が飛び出してしまったのが原型である。まるで漢字からひらがなが作られたのと似ているなと感じたものである。この経験から，文字ですらその形に理由があるのだから，子どもたちが不思議だなと思うことを敏感に察知して，一緒に考えてあげられる教師になろうと考えるようになった。

　これから英語教師として生徒の前に立つにあたって，自分の中の「当たり前」を疑い，目の前の生徒をよく観察し，彼らがどのようなことに疑問を抱いているのか，不思議に思っているのか，「好奇心を共有できること」＝「生徒の目線に立つこと」が，まず教師に求められる資質である。

第２節　英語力

　いかに生徒の目線に立って，生徒たちと好奇心を共有できたとしても，英語の運用能力がなくては，教師として生徒に指導することはできない。スノーボードができるようになりたい場合に，スノーボードが上手なインストラクターに教えてもらいたいと思うのは自然な感情であるように，英語教師が「あの先生みたいに英語が使えるようになりたい」と生徒たちが憧れるロールモデルであることが，その指導に説得力をもたらしたり，生徒の学習意欲につながったり，大きく影響することは意外と忘れられがちであるように感じる。ある日，修学旅行から帰ってきた後輩の英語教師が筆者に，「先生，聞いてくださいよ。テーマパークで外国の方を見つけた生徒が僕に『先生，英語の先生だよね。ちょっとあの人たちと会話してきてよ』って言ってきたので，ちょっと失礼かもと思ったのですが，軽く会話してみたんですよ。そしたらその後，生徒たちがすごいすごいって盛り上がっちゃって。最後はみんなで一緒に写真を撮ってもらっちゃいました！」と嬉しそうに話してくれたこと

があった。最近は，デジタル教科書をはじめとした補助教材が非常に充実しており，やろうと思えば教師は一言も英語を話さず，クリックするだけで英語の授業ができてしまう時代かもしれない。しかし『これからの英語教師—英語授業学的アプローチによる 30 章』（若林，1983）では，「そもそもテープレコーダーなどというものは教師自身が自宅でこっそり練習して，その翌日，いかにも自分はもともと発音が上手なのであるかのごとく教室でふるまうための道具にすぎない。テープレコーダーは，けっして teaching aid ではない。教師自身のための learning aid なのである」と述べている。教師が読めば，生徒の理解に合わせてスピードをコントロールしたり，間違いやすいポイントや難しい個所を強調して読んだりすることも可能である。教科書のモデル提示やリードアンドリピートの際は，教師自身の肉声で行うことを基本とするべきである。

　また，教育実習の協力校の先生方に「教育実習生に求めることは何ですか」と質問したところ，多くに共通することとして「正しい英語を使えること」が挙げられる。教科書の音読のモデルを示す際の発音が間違っていたり，オーラル・イントロダクションのときに，「Kaito is good soccer player.」のように冠詞が抜けていたり，スモールトークのときに，「Yesterday, I eat curry and rice.」のように時制が間違っていたり，生徒に指導する文法事項を間違った形で提示されると大変困るのだという声をよく耳にする。もちろん，英語の教師として，正しい英語を使えるように日々努力を怠らないことが重要であることは当然として，そのような英語力が一朝一夕で身に付くものではないこともまた事実である。正しい英語を使える自信がない，でも教育実習がもう間近に迫っているという場合はどうすればよいのか。それは授業準備でカバーするしかない。例えば，教科書のモデルリーディングであれば，教科書の CD やデジタル教科書などで音声を聞くことができるはずである。最近は QR コードから本文の音声をダウンロードして聞くことができるものもある。それらを活用して，事前にしっかり練習しておけば，教科書に出てくる英語を読み間違えるということはまず起こらないはずである。参考までに筆者自身が授業中に正確な英語を使うためにやっていた方法を挙げておく。

⑴ 授業の準備は立ち稽古で行う。机に座って指導案を書きながら授業を考える学生が多いように感じる。もちろんそれが不要とまではいわないが，ミスのない完璧なスクリプトが書けたとしても，実際にそれをその通りに授業で話せるかどうかは別問題であるということを多くの学生は気付

いていないのではないかと思う。実際の授業では 30 人程度の生徒を目の
前にし，さらに予想外の生徒の言動などに対応しなければならない緊張
感の中で，英語を使わなくてはならないことを忘れてはいけない。大ま
かな授業の流れをメモ程度に作成したら，放課後や生徒が体育などで教
室にいない時間を活用して，実際に授業をしながら計画・練習をするこ
とをお勧めする。

(2) 他の人に見てもらう。自分の授業を人に見せることを嫌がる学生が多い。
もちろん，誰かに授業を見せるのは緊張するし，一生懸命準備した授業
にダメ出しされるのが嫌な気持ちは分からなくもないが，ミスは自分で
は気付けないからミスするのである。自分で気付くことができるのであ
れば，「Meg often drink green tea. おっと，ごめんごめん，間違えた。
Meg often drinks green tea.」と言い直すことができるはずである。それ
ができないのであれば，誰か他の人に見てもらって，英語のミスを指摘
してもらうほかないのである。先輩の教師や ALT にお願いすることもで
きるだろうし，校内研や中教研・高教研など授業を公開するチャンスが
あればどんどん挑戦することも有効である。

(3) 授業を撮影して見返す。冠詞の脱落や時制のミスなどは，授業中という
緊張感がある状況だから犯すのであって，冷静になって考えれば気付く
ものもあるだろう。自分の授業をビデオカメラなどを使って撮影し，英
語を書き出してみることもまた効果的である。

　また，多くの都道府県の教員採用試験において，ある条件をクリアすれば
一次試験や実技試験を免除される場合がある。年度によって多少の変化が予
想されるため，詳しくは受験する地方自治体について最新の情報を確認して
ほしいのだが，多くの場合，「『英語が使える日本人』の育成のための戦略構想」
の英語教師が備えておくべき英語力の目標値に基づいて，実用英語技能検定
準 1 級，TOEFL 550 点，TOEIC 730 点程度に設定されている場合が多い。
これは英語特化基準と呼ばれ，各都道府県がどのような英語運用レベルを英
語教師に求めているのかを示す一つの基準と考えることができる。よく，「英
検 1 級を持っているからといって，その人が必ずしも英語の運用能力が高い
わけでない」というような意見を耳にすることがあるが，こういう意見はそ
の資格を持っている人が言うから粋なのであって，そうでない人が言っても

それは言い訳にしか聞こえない。また，忙しくて勉強する時間はおろか受験する時間もないというのであれば，生徒の「部活が忙しくてテスト勉強ができませんでした」という言い訳も認めなくてはいけないことになる。誤解してほしくないのは，実用英語技能検定準1級，TOEFL 550点，TOEIC 730点程度がクリアできていないから，英語教師として不適格だといっているのではなく，これを一つの目標として自己の英語をブラッシュアップし続ける教師であってほしいということである。筆者が大学で学生に伝えているメッセージの一つに「自分でやっていないことは，生徒には言えない」がある。自分自身が英語の勉強をしてない教師は，生徒に「英語を勉強しなさい」と指導することはできない。自分の英語力が現段階で未熟であるかどうかではなく，そのことを自覚して，これから学び続けていく意思と行動力が重要なのである。よく生徒に「先生は英検何級？」と聞かれることがあるが，そんなときに「そんなのなくたって，先生は十分に英語が使えるんだ」と話をはぐらかしたり開き直る教師よりも，「準1級に向けて毎日勉強してるんだけど，なかなか難しくてさ。10月の試験に向けて勉強中なんだ」と言ってあげられる教師のほうが生徒の目にはよほど魅力的に映るものである。

第3節　授業力

　英語教師に求められることの3つ目は「授業力」である。前の日に夜更かしをして眠そうな生徒も思わず顔を上げてしまうような楽しい授業ができること，英語の運用能力を高める授業ができることなどは，「授業のうまさ」と言い換えることができる。この授業力こそが，ただの英語が上手な人やネイティブスピーカーと英語教師とを分ける決定的な要因であり，ただ英語ができるだけでは教師は務まらないのはこのためである。先に挙げた「英語力」と同様にこれも一朝一夕で身に付くものではなく，教師としての経験の中で少しずつ身に付いていくものであり，多忙な中でも少しでも生徒のためになる授業をしたいという向上心や使命感を失わず研修に励む人であることが教師には求められる。授業力の向上のために有効であると考えられる3つのことを紹介する。

1.「伝統工芸」からの脱却
　伝統工芸とは「何の問題意識も持たず，自分が生徒として教えられたよう

に教えること」である。第1節で挙げた，授業の開始に曜日，日付，時間，天気を聞くというのもこの一例であるが，授業でやっている指導や活動について，なぜこういうことをするのかという問いに「自分が受けてきた授業がこうだったから」「こういうものだから」ではなく，明確な目的やそれにより期待される効果を説明できるかどうか一度立ち止まって考えてみていただきたい。

　教育実習生の授業を参観した時のことである。中学校1年生の授業であったが，その実習生は教科書の音声をCDで流した後，1文ずつ読んでは，生徒を指名して訳させていた。その後，文法や熟語の解説をして，模範となる訳を口頭で提示し，生徒はそれをノートに書いていくという典型的な文法訳読の授業であった。「和訳は理解しにくいと思われる難しい英文のみにとどめて，他の方法で生徒の理解を確かめてはどうだろう」とアドバイスしたところ，「日本語に訳す以外に生徒の理解を確かめる方法ってあるのですか」という答えが返ってきた。その学生は，和訳する以外に英文を読む活動を経験したことがなく，その唯一の方法を疑いもせず再生産していた。もちろん，自分が学習者として経験した全てがだめだといっているのではなく，授業を計画するときは，その意義や効果をもう一度冷静に分析した上で取捨選択をすることが重要である。

2.　自分は「英語マニア」だと考える

　筆者は自転車が趣味で，天気が良い休日は20km先のダム公園までサイクリングする。目的地がダムなので登り坂もあるのだが，感じる風の爽快感，到着した時の達成感は何ものにも代えがたい。いわゆる「自転車マニア」なのである。そういうわけで，一度妻を誘ったのだが，「暑いし疲れるから車で行くならいい」と言われてがっかりすると同時に，確かにそう考えるのもうなづけると変に納得したことがあった。同じように多くの英語教師は自分自身が英語が好きであったり得意であったりすることが理由で英語の教師を志すものである。「自分が感じている英語の魅力を伝えたい！」「英語でコミュニケーションを取れることで海外の人たちとつながる喜びを感じてほしい！」というのは結構なことであるが，自分が「英語マニア」であることを自覚するべきである。目の前の児童・生徒も自分と同じように英語を面白いと感じ，同じように英語学習への動機づけがあり，同じように理解できると考え，自分の趣味を無理やり押し付けるべきではない。担当する児童・生徒全員が英語を面白いと感じ，英語学習への動機づけがあり，教師と同じ

ように理解できるのであれば，こんなに楽なことはない。「自転車で 20 km 先のダム公園まで行くのは暑いし疲れる」と前向きになれない人に対し，何とかしてその魅力を伝え，ちょっとやってみようかなという気にさせて，自分なら楽に登り切れる坂道を苦労しながら登るのを励ましたりサポートしたりして，走破する成功体験から少しずつその魅力を感じさせるように，英語に興味がない児童・生徒に対して動機づけをし，学習のサポートをして，英語の楽しさを指導することこそ教師の役割であり，腕の見せどころである。大学時代の恩師の一人が「外国語の教師を目指すなら，自分も英語以外の言語を常に学ぶようにしなさい。そうすれば生徒が一つの単語を覚えるのにどれだけ苦労しているか身をもって分かるはずだ」といつも言っておられた。NHK のラジオ講座をはじめ，YouTube，Podcast など，その気になれば至るところに教材があふれている時代である。この機会に新しい外国語の学習を始めてみてはいかがだろうか。

3. 先生の通知表

　教育実習の指導教官，先輩の教師や指導主事などに授業を見てもらって助言をいただくことも，自己の授業力向上においては有効であることは間違いないが，我々教師にとって一番のよき批判者は，毎日授業を最前線で受けている児童・生徒たちである。周囲の人がどんなに良い授業だと評価したとしても，実際に授業を受けている児童・生徒たちがそう感じていないのであれば本末転倒である。児童・生徒の何気ない一言が授業改善の大きなヒントになることも少なくない。そこで，自分の授業について児童・生徒からフィードバックしてもらう機会を設けることをお勧めしたい。筆者は学期末に，「僕がみんなを評価するだけではフェアではないから，みんなも僕のことを評価してほしい」と言い，「先生の通知表」と題して，授業について生徒にフィードバックしてもらっていた。項目はそれぞれの実態に合わせて自由に設定して構わないが，筆者が生徒にフィードバックしてもらっていた項目は次のとおりである。

(1) 先生は分かりやすい授業ができた
(2) 先生はみんなにとって楽しい授業ができた
(3) 先生はみんなに見やすいように丁寧に板書できた
(4) 先生は分かりやすい質問をすることができた
(5) 先生はみんなが英語を上手になるような授業ができた

(6) 先生はみんなの質問や意見を大切にしてくれた

　生徒たちの通知表と同じで，最後にちゃんと所見欄を設けると，生徒の思いがダイレクトに伝わってくる。図3は生徒たちが筆者の授業について書いてくれたフィードバックである。「褒めてくれるのはありがたいが，先生は少しでも授業が上手になりたいから，改善点は必ず書くように」と指示していた。どれも自分ではなかなか気付くことができないが，授業改善において非常に有益な内容ばかりである。

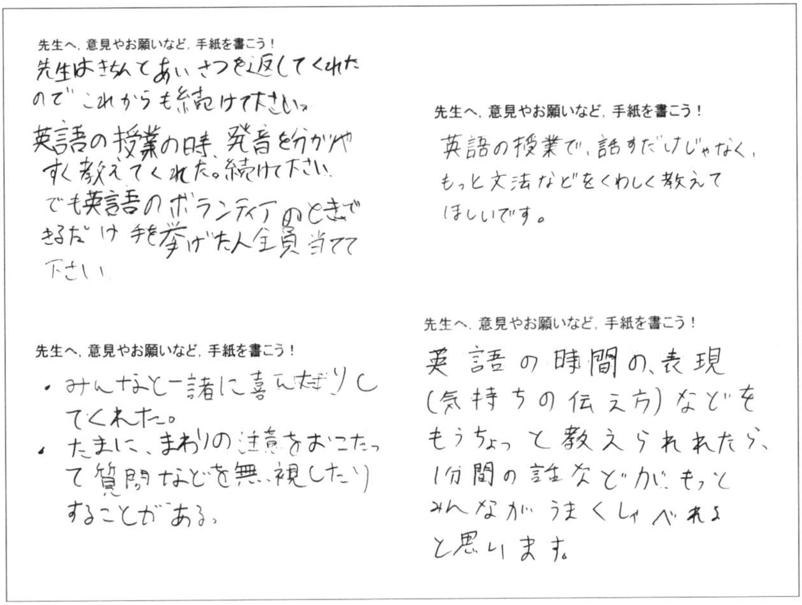

図3　先生の通知表

第4節　まとめ

　「大学に入る前までは，教師にとって最も大切なことは，生徒への愛情や教育への熱意であり，それさえあれば授業のうまさなんて重要じゃないって思っていました」
　これは，英語教師になりたいという誰よりも強い思いをもって入学してき

たゼミの学生が卒業するときに筆者に話した言葉である。この章を通して概観したように，今日の英語教師に求められることは非常に多い。筆者が中学校の教員として勤務していたときも，毎年のように英検やTOEICなどの資格試験を取るように求められ，長期休業中には授業の進め方についての研修があり，さらに近年はGIGAスクール構想に基づいた授業実践のために，コンピューターやタブレット端末などICT機器の操作への精通も当たり前に求められる時代となった。そんなときに忘れてはいけないことは，資格試験への挑戦に代表されるような英語力のブラッシュアップ，授業力の向上や指導方法を学ぶために研修に参加すること，ICT機器などの操作方法に習熟することなどは，少しでも児童・生徒にとって分かりやすい授業，児童・生徒に楽しいと思ってもらえる授業をしたい，少しでも児童・生徒に英語ができるようになってもらいたいなど，「児童・生徒への愛情」や「教育への熱意」がその根底にあることである。そのゼミ生に対して，次のように伝えたことを覚えている。

　「その通りだね。これは恋愛と同じかも。「君を愛している！」とどんなに言葉で言っても口だけではだめで，愛しているのであればその人のために何ができるのかちゃんと行動で示さないといけないように，本当に生徒に対して愛情がある先生，本当に教育への熱意がある先生は，生徒のために日々指導法の勉強をしたり，授業の工夫をしているだろうから自ずと授業が上手になると思うよ。ぜひ，あなたもそんな先生になってね」

✏ REVIEW

教師には，高度専門職としての高い知識や技能，指導力が求められます。このことについて，あなたはどのように取り組んでいくか，自身が培ってきたことに触れながら具体的に述べなさい。（600字以上，800字以内で書くこと。）

（2021年度　青森県教員採用試験における小論文の課題より）

📖 SUGGESTED READING

靜哲人（2009）．『英語授業の心・技・体』研究社
高梨庸雄（編）（2005）．『英語の「授業力」を高めるために』三省堂
三浦孝，中嶋洋一，弘山貞夫（2002）．『だから英語は教育なんだ―心を育てる英語授業のアプローチ』研究社

258

若林俊輔，小菅和也，小菅敦子，手島良，河村和也，若有保彦（2016）．『英語は「教わったように教えるな」』研究社

Wajnryb, R. (1993). *Classroom observation tasks.* Cambridge University Press.

📖 FURTHER READING

読解のポイント　Presence Theory の概要と，それがなぜ教員にとって重要であるのかについて読み取る。

Presence Theory

Presence as a theoretical concept emerged from social presence and teacher immediacy research (Lowenthal & Parscal, 2008). Social presence is defined by Short, Williams, and Christie (1976) as the "saliency" or mutual noticeability of interlocutors, or communicators, and the consequences of that noticeability. The medium of communication is central to this conceptualization of saliency in that it determines the nature of the presence (Lowenthal & Parscal, 2008). For example in video materials, there is both visual and audio presence whereas in audio-only materials there is only audio presence. Immediacy is another component of social presence, which in its positive sense, Mehrabian and Epstein (1972) define as linguistic and nonlinguistic communication that develops a sense of affinity between communicators. It is the ability to effectively project approachability, likeability, and interest in sustaining engagement into the communication situation while being aware of these attributes in others.

Saliency and immediacy thus constitute social presence in that it depends on interlocutors' engagement with others around them. In this regard, social presence is "a complex and nuanced aspect of teaching" not a "checklist of behaviors, dispositions, measures, and standards" (Rodgers & Raider-Roth, 2006, p. 265) as it is often simplistically regarded in an education climate of quantifiable accountability. Social presence thus requires teachers' critical self-awareness and capability to develop relationships and construct safe and trusting environments so that learning can take place. Thus, this conceptualization of social presence can be seen as foundational to the concept of presence in teaching, which according to Rodgers & Raider-Roth, (2006, p. 267) has three aspects: connection to self, connection to students, and connection to subject matter and pedagogical knowledge.

(Pawan, F., Wiechart, K. A., Warren, A., & Park, J. (2016). *Pedagogy & practice for online English language teacher education.* Tesol Press. p. 2.)

第13章
教育実習

第1節　教育実習の趣旨

　教育実習は教育職員免許法（2022年改正）で定められ，教育の現場での実地体験を通して，教師としての必要な知識，技能，態度，心構えなどを習得するために行われる。規定されている履修単位は事前事後の指導の1単位を含めて中学校1種及び2種免許状で5単位，高等学校1種免許状で3単位であるが，具体的な実習の回数，時期，実施先，方法（例えば2年次の観察的な実習2週間を一般校で，3・4年次の本実習2週間は附属校で行う）などは大学や実習校が独自に定めている。この日本の実習期間は8週間から30週間にも及ぶ諸外国の教育実習に比べて異例といってよいほど短い[1]。なお，1998年の学部入学生から中学校教員免許状取得希望者には「介護等体験実習」が課されている。

　教育実習は教員養成制度の歴史と重なっている。日本では近代公教育制度が1872年（明治5年）に発足すると同時に東京師範学校が開設され，翌年には同校附属小学校で教員の実地訓練が行われている。第二次世界大戦終結後間もなく（1949年），「師範タイプ」の教員を厭う空気と戦前大量の無資格教師を容認してきた反省から開放制教員養成制度[2]に転換し，以後教員免許状の取得者が必ずしも教職を志望しない状態が生じている。また，かつて附属校に限られていた実習も公立・私立を問わず全ての小・中・高等学校で行われるようになっている。

　教育実習では大学で学習した理論と技術を，生徒と実際に関わる中で再構築し，教育の現場に適用させることを目的にしている。また教育者としての自覚を促し，教育者としての自己の適性を確かめ，教育実践への意欲と情熱を湧き立たせる機会でもある。教育実習がきっかけで，教師になりたいという「憧れ」が，絶対に教師になりたいという「決心」へと変わる学生も少なくない。教職を志す者にとって人生を左右する節目ともいえる教育実習をどのように行えばよいのか，この章を通して検討する。

第2節　教育実習の内容

　教育実習の具体的内容はそれぞれの実習校の事情で異なるが，おおむね次の事項が含まれるのが普通である。

(1) 講義
　　①学校の沿革，概要，教育目標，経営方針，②教職員組織，校務分掌，
　　③生徒指導，保健，④教育課程
(2) 観察
　　①配属学年・学級の授業，②担当指導教師の授業，③他の実習生の授業，
　　④ホームルームの運営，⑤生徒会活動・特別教育活動の運営，⑥休憩時
　　間・登下校指導
(3) 参加
　　①指導教師の授業の一部，②指導教師の道徳・特別活動（部活動），③
　　生徒指導，④教材・教具の準備，⑤給食・清掃活動，⑥学校行事・課外
　　活動，⑦研究授業検討会
(4) 授業実習
　　①年間指導計画の理解，②生徒の実態把握，③教材研究，④学習指導案
　　の作成，⑤教具・教材・機器の準備，⑥実地授業，⑦指導教官の講評に
　　基づく反省

第3節　教育実習の心構え

　実習生に必要な心構えとしてまず必要なことは，協力校の先生方への感謝の心である。教育実習の事前指導で，協力校の先生方にはしっかりとあいさつをすること，何かアドバイスをもらった場合には必ず「ありがとうございました」と丁寧にお礼をするといった指導項目を目にすることがあるが，それはその感謝を行動として示すためであることを忘れてはいけない。日常的に多忙な教育活動の中で実習生を受け入れている事実がいかにありがたいことであるかを十分に認識して，教員実習生は常に謙虚で感謝の気持ちを持って実習期間を過ごさなければならない。また自己の大学生活の中でも実習は大きな節目となる経験であることを意識し，努力と時間を惜しんではならない。次に実習生が心掛けなければならないことを列挙する。

⑴ 実習校および指導教官に関連して
・授業や学級経営に意見の相違があっても，職場における先輩として敬意を
　忘れないようにする。
・実習校の校則や諸規定を受け入れ，実習期間中は当該校職員の一員として
　行動する。
・服装，行動，言葉遣いなど，教師として期待される規範から逸脱しないよ
　う気を付ける。
・実習終了後は学校及び指導教官に謝意を表し，速やかに気持ちの込もった
　礼状を書く。
・遅刻や無断欠勤は学校及び生徒に多大な迷惑をかけることを十分意識し，
　やむを得ない場合受け入れ校との連絡に万全を期す。

⑵ 生徒に関連して
・事前に生徒の名前を覚えた上で実習に臨む。顔で覚えられなければ座席表
　で覚える。
・学校行事・課外活動などに積極的に参加する。授業外でも積極的に生徒と
　交わり，教育の現場を体感するように努める。
・公平を旨とし，誤解されるような言動をとらないように気を付ける。
・勤務時間外に学校以外の場所で生徒と個人的な接触を持たないように慎む。
・SNSやメールアドレスなど，連絡先の交換を生徒から求められても絶対
　に断る。実習での出来事や知り得た情報をSNSなどにアップするなどは
　厳禁である。

⑶ 授業実習の前に
・当該授業のねらいで一番重要なものは何か，はっきりと意識する。
・学習指導案はできるだけ詳細に作成することを心掛け，授業展開の細部ま
　で事前に頭に入れておく。
・使用テキストを通読し，該当授業の時点で何が既習で，何が未習かをはっ
　きり意識しておく。
・発音・構文・語彙・文法・記述内容のあらゆる面から教科書の担当個所を
　徹底的に研究しておく。
・教科書付属のCD，QRコード，デジタル教科書などの音声を活用し，自
　分の読みに自信を持てるまで練習する。
・教科書指導書を熟読し，かつ同じ文法項目を扱う他社教科書をも参考にし

て，指導項目について例文のストックを十分に準備しておく。
・教育機器は事前に予行演習を行い，使用開始に至る時間ロスを最小限にとどめておく。特に自分のパソコンを使用する場合は，プロジェクターや電子黒板との接続テストは授業前に確実に実施しておく。
・配布するプリント類は英語の間違いなどがないかどうか指導教官に事前にチェックしてもらった上で列ごとに区分けしておくなど，配る手順を念頭に置いて用意する。

(4) 実習授業に際して
・授業中の指示は英語で行うことを原則とする。教室英語辞典などを活用してよく使う指示については事前に大学でリハーサルを行うなど十分に練習した上で教育実習に臨む。
・大きな声，丁寧で大きな文字の板書，しっかりとした目線に留意する。
・授業中は生徒の様子を観察したり，生徒の理解をモニターすることが最優先である。慣れない授業で緊張するであろうが，できるだけ顔を上げて生徒とアイコンタクトをとりながら授業を進める。生徒に背を向ける時間を最小限にとどめる。板書よりも事前に用意したカードを黒板に貼るほうが授業の流れを阻害しない。また，デジタル教科書やコンピューターを使う場合も，プレゼンテーションマウスなどを使用し，モニターに話しかけるような授業にならないようにする。
・生徒の活動観察に集中するため，授業中は教科書を手に持たない。そのため事前に該当個所を完璧に暗記しておく。
・一番後ろの列の生徒にも十分見えるように，動作を大きく，ジェスチャーは大袈裟くらいが良い。
・授業の進行に留意し，最後のまとめ段階が尻切れとんぼにならないよう時間配分に注意する。
・言語ゲームの類は生徒が熱中しているうちに切り上げるのがこつである。
・授業中生徒から目を離す時間を最小限度におさえるために，卓上型の時計を使うのが良い。
・生徒の指名が偏らないように座席表などにチェックを入れていく。
・生徒による質問や誤りの指摘があった場合，率直に誤りを認めるとともに後日正確な説明を約束する。

(5) 実習授業終了後
・指導担当教員の講評を受け入れた上で，意見の異なる点は丁寧に主張する。
・仲間の実習生の意見，及び他教科の実習生の感想に耳を傾ける。
・反省点は書いたかたちで残すようにする。
・回収した生徒のテスト・プリント類には全て目を通し，コメントを付して返却する。
・授業の主目的が十分に達成されたかどうか観察者の意見を求める。

第4節　終わりに

　よく，実習に向かう大学生から「ちゃんと生徒に迷惑を掛けないような授業ができるか不安です」という相談を受けることがある。読者の中にも同じような不安を感じている人が少なからずいるのではないだろうかと思う。そんなとき，考えてほしいのは「協力校の先生方や生徒たちが教育実習生にどのようなことを期待しているか」である。分かりやすく言い換えると，例えばあなたが中学生だった時，担任の先生から「明日から教育実習の先生が来るよ」と言われたとして，どんな先生を期待するであろうか。何のミスもない，非の打ちどころのない授業ができることであろうか。緊張している様子もなく，ベテランのように黙々と授業を進めることであろうか。このようなことは，初めて教壇に立つ実習生に，指導教員も生徒も求めていないのである。

　筆者も中学校教員として実習生を受け入れたことがあるが，実習生を仕事の邪魔だとか，迷惑だと感じたことは一度もなかった。それは幸いにも彼らが皆，何事にも懸命に取り組んでくれたことが大きいが，学生から社会人へ踏み出そうとする実習生が，教師になるか他の進路に進むか，自分に教師としての適性があるのかを模索しながら，時には悩みつつ，時には達成感ややりがいに喜びを感じつつ懸命に実習を行う姿は，中学生にとってはもちろん，指導教員にとっても感じるところが大きく，刺激となるためである。先に書いたように教育実習は人生を変える節目である。さまざまなことが起こると思うが，一つ一つ真剣勝負をすることで自分にとって教師となることは「憧れ」でしかないのか，それとも努力して叶えるべき「決意」であるのか見極めてもらいたい。

✏️ REVIEW

1. 児童・生徒にとって「魅力ある教師」とはどのような教師であると考えるか。また，あなたがそのような教師になるために，どのような研鑽を積んでいきたいか，具体的に書きなさい。

（2019年度　栃木県教員採用試験問題より）

2. 教育実習での心構えとして最も重要なものは何か３つ挙げよ。

📖 SUGGESTED READING

高梨庸雄・小野尚美・土屋佳雅里・田縁眞弓（2016）.『教室英語ハンドブック』研究社

📖 FURTHER READING

読解のポイント 自分の場合を考えて特に同感する箇所に下線をほどこしてみる。

THE "GOOD" LANGUAGE TEACHER

One way to begin setting goals and priorities is to consider the qualities of successful language teachers. Numerous "master" teachers have come up with their lists of attributes, and they all differ in a variety of ways. Three decades ago, Harold B. Allen (1980) suggested the following down-to-earth list of characteristics of good English language teachers:

- competent preparation leading to a degree in English language teaching
- a love of the English language
- critical thinking
- the persistent urge to upgrade oneself
- self-subordination
- readiness to go the extra mile
- cultural adaptability
- professional citizenship
- a feeling of excitement about one's work

A decade later, Martha Pennington (1990) enumerated what she saw as key attributes of a successful language teacher:
- knowledge of the theoretical foundations of language learning and language teaching
- analytical skills necessary for assessing different teaching contexts and classroom conditions
- awareness of alternative teaching techniques and the ability to put these into practice
- confidence and skill to alter your teaching techniques as needed
- practical experience with different teaching techniques
- informed knowledge of yourself and your students
- interpersonal communication skills
- attitudes of flexibility and openness to change

I have my own list of good language-teaching characteristics (see table), a synthesis of several unpublished sources. You may wish to use this list as a self-check to earmark some areas for continued professional growth, to prioritize those areas, and to articulate some specific goals to pursue.

The items on all three lists together make a substantive list of challenges for your professional growth. However, I must make a very important caveat here: *Simply aspiring to fulfill items on a list of "good teacher" attributes does NOT constitute the totality of teacher development!* It's tempting to pin lists like these up on your bulletin board, and perhaps measure yourself against items, as if they were *prescribed* attributes. They are not prescriptions! The key to healthy teacher development is to take a reflective approach which "requires that teachers have the opportunities to observe, evaluate, and reflect systematically on their classroom practices in order to promote understanding and self-awareness and to make changes when necessary" (McDonough, 2006, p. 33). So, if you use such lists, treat them as suggestions, possibilities, and perhaps mental prods to stimulate some further growth.

GOOD LANGUAGE-TEACHING CHARACTERISTICS

Technical Knowledge

1. Understands the linguistic systems of English phonology, grammar, and discourse.
2. Comprehensively grasps basic principles of language learning and teaching.
3. Has fluent competence in speaking, writing, listening to, and reading English.
4. Knows through experience what it is like to learn a foreign language.
5. Understands the close connection between language and culture.
6. Keeps up with the field through regular reading and conference/ workshop attendance.

Pedagogical Skills

7. Has a well-thought-out, informed approach to language teaching.
8. Efficiently designs and executes lesson plans.
9. Understands and appropriately uses a variety of techniques.
10. Monitors lessons as they unfold and makes effective mid-lesson alterations.
11. Effectively perceives students' linguistic and personal needs, along with their various styles, preference, strengths, and weaknesses.
12. Gives optimal feedback to students.
13. Stimulates interaction cooperation, and teamwork in the classroom.
14. Uses appropriate principles of classroom management.
15. Uses effective, clear presentation skills.
16. Creatively adapts textbook material and other audio, visual, and mechanical aids.
17. Innovatively creates brand-new materials when needed.
18. Uses interactive, intrinsically motivating techniques to create effective tests.

Interpersonal Skills

19. ls aware of cross-cultural differences and is sensitive to students' cultural traditions.
20. Enjoys people; shows enthusiasm, warmth, rapport, and appropriate humor.
21. Values the opinions and abilities of students.
22. Is patient in working with students of lesser ability.
23. Offers challenges to students of exceptionally high ability.
24. Cooperates harmoniously and candidly with colleagues, including seeking opportunities to share thoughts, ideas, and techniques.

Personal Qualities

25. Is well-organized conscientious in meeting commitments, and dependable.
26. ls flexible when things go awry.
27. Engages in regular reflection on one's own teaching practice and strives to learn from those reflective practices.
28. Maintains an inquisitive mind in trying out new ways of teaching.
29. Sets short-term and long-term goals for continued professional growth.
30. Maintains and exemplifies high ethical and moral standards.

(Brown, H. D. (2007). *Teaching by principles: An interactive approach to language pedagogy* (3rd ed.). Prentice Hall Regents. pp. 489–491)

注 ―――――――――――――――――――――――――――――――

1) 戦前の師範学校時代は 8 週間から 10 週間であった。
2) アメリカは開放主義（教育学部のように教員養成を目的とする学部以外でも，教職課程を履修し所定の単位を取得するなど必要な要件を満たせば，教員免許状を取得できる制度），ヨーロッパ諸国は目的養成が中心。

第14章
教材開発

　教材開発という表現は英語の Materials Development[1] から来ている。日本では長い間，教科書が国定教科書だった歴史があるため，教材＝教科書という意識が根強い。そのため，教師は教科書にある活動を左から右へ，上から下へそのままの順番で教えていればそれでよいというような考えで授業をしている教師が少なからずいることもまた事実である。しかし，学校も全国一律の教育ではなく，その地区の現状を踏まえて，その地区の特徴を出す試みが活発になってきた。そうすると，教材は昔のように1冊の教科書があれば事足りた時代と違って，各教科において地区ごとに，あるいは学校ごとに，地区や学校の特徴を取り入れた自作教材を作ることが活発になっている。今や，教材は教科書を含むマルチメディアの時代に入っている。中でもパーソナル・コンピューターやタブレット端末が普及して，ほとんど全ての教師が利用するようになり，それらを活用した自作教材が増えている。その中から優れた自作教材も生まれてきている。

　日本では学校教育と教科書は密接な関係があるため，「教材開発」は教科書会社あるいは教材会社の仕事であり，自分とは関係がないと思っている教師が多い。しかし，一つの教科・科目に通常，複数の教科書が出版されているのであるから，教科書を採択するときに何を基準に採択するのかということは，極めて大事なことである。近年，教科書採択に関する手順や結果についてマス・メディアに取り上げられることが多いため，教材を評価する視点を教師自身がしっかり持っている必要がある。

　また，教科書は全国で使われることを前提に作成されるため，その結果，当然のことながら，全ての地区や学校に「どんぴしゃり」と適合することは稀であり，地域及び学校の実情や自然環境に応じて教師が補足しなければならないことが少なくない。つまり，教科書あるいは広く教材は，教師によってかなり豊かな教材になることもあれば，教師が教科書の指導理念に追いつけなかったり，教科書の良さを生かす指導技術が未熟だったりして，せっかくの教材が生かされていない場合も見受けられる。

1. 目的と方法（aims and approaches）

　教材開発でまず考えなければならないことは，その科目を教える（学ぶ）理由や目的である。それらは一つとは限らない。学習指導要領の指導理念や重要事項に加えて，教科の目的や理由，学習者のニーズなどを総合的に捉える観点から到達すべきゴールが生まれ，それらが科目（コース）の目標となる。ゴールがあれば，それに効率よく到達するルートを見つけようとする。そこから指導法や指導技術が生まれる。

　日本では地域の特色などを生かした特別の教育課程（英語特区）の指定を受けて，小学校 1 年生から体系的な英語の指導を行っている地域，SELHi（Super English Language High School）の指定を受けて Content and Language Integrated Learning（CLIL）を実践している学校などがあるため，ゴールの設定や指導法も単一ではない。したがって，教材の内容もさまざまである。今後は，これまで以上に教師が教材を自作したり，既製の教材を自分の学校に合わせて部分的な変更を加えたりする必要があることを物語っている。また，既製教材から自分の教える生徒たちに合った教材を選ぶときの視点をしっかりと確立しておく必要性があることを示唆している。

2. 教材の構成（design and organization）

　一定期間使用する教材を編集する場合，考慮しなければならないことがいくつかある。総指導時間数，学習者の年齢，学習者のニーズ，教師の資質などである。日本では 1945 年から 1980 年くらいまでは，カリキュラムには比較的共通の枠組みが多かったが，その後，社会の変化に呼応する形で小学校の「生活科」をはじめ合科的なカリキュラムが増え，横断的・総合的な学習を行うことでより良く課題を解決し，自己の生き方を考えていくことを目指す「総合的な学習の時間」も設けられている。また，学校制度では（特に高等学校において），生徒のニーズや能力の多様化に対応するために，従来の単一型から複線型へと移行し，同一学校の同じ学年においてもカリキュラムがかなり多様になっている。それを反映して，教材の構成，難易度，内容などにおいて特徴のある教科書が刊行されている。

3. 技能のバランス（balance of skills）

　一般的にいえば 4 技能 5 領域をバランス良く習得できるようにということになるが，日本の英語教育を幼稚園・小学校から大学までを視野に入れた場合，年齢，目的，学習年数などにより教える内容や重点の置き方に変化が

あるのは当然である。これまでも中学・高校の連携あるいは高校・大学の連携は議論されてきたが，双方の意見や考え方に対して地域による「温度差」がかなりある。今後，教科としての指導が始まった小学校の英語をどのように中学の英語教育に連携させるかは，高校，大学へとその連携の影響が続くだけに，日本の英語教育の生命線に関わる重要な課題である。例えば，小学校の英語教育を考えた場合，音声指導と文字指導の連携をどうするか，4技能5領域の比率をどのような割合で行うのがバランスの取れた語学教育になるのかなど，真剣に検討する必要がある。

4. 教材のトピック（topics）

　これは学習者の年齢，将来の進路，社会的必要性などによって異なるのは当然であるが，教材編集者の外国語学習に関する理念によっても違ってくる。例えば次の問いについてどのような考え方をしているかを自分自身に問うてみよう。

　⑴ ことばとはどういうものか
　⑵ ことばを覚えるとはどういうことか
　⑶ 母語と外国語との関係をどう捉えるか
　⑷ 指導とはどういうことか
　⑸ 授業における教師の役割とは何か
　⑹ 授業における学習者の役割とは何か

　⑴ の「ことばとはどういうものか」と尋ねられた場合，読者の皆さんは次のいずれの選択肢を選ぶだろうか。

　① ことばはコミュニケーションの手段（方法，体系）である
　② ことばは符号の連鎖と意味の結合である
　③ ことばは認知構造の現れである
　④ ことばは文化である
　⑤ 外国語を学ぶことは異文化理解に通じる
　⑥ ことばは心である

　このようにいろいろな捉え方があり，どれもことばに無関係ではない。ただ，人によって比重のかけ方が異なるだけである。教科書の編集者によって，

教科書の内容（特にテーマや題材）が異なるのはそのためである。

　次に，(2) の「ことばを覚えるとはどういうことか」を考えてみよう。思い付くままに自分の頭に浮かんだものを書いてみよう。

ことばを覚えるとは：
　① 新しい言語習慣を身に付けることである
　② 認知的な発見の過程である
　③ インタラクションができるようになることである
　④ 4 技能 5 領域をバランスよく身に付けることである

　① の「新しい言語習慣を身に付けること」と答えた人は，意識するしないにかかわらず，言語習得を「習慣」と考えていることになる。「習」と「慣」という漢字でできているが，言語習得は習慣だとする考え方は，Practice makes perfect.（「習う」より「慣れろ」）という考え方である。この考えを信奉する人が教科書を編集すれば，反復練習や練習問題の多い教材ができることになる。② の「認知的な発展の過程」という考えを信奉する人が編集すれば，タスク活動などを取り入れて，学習者に言語の「形」（音声や表情・ジェスチャーを含む）と「意味」の関係に気付かせることを意図した活動が相対的に多くなる。

5.　教材の役割
　Cunningsworth（1995）によると，教材[2] の役割には次のようなものがある。

　(1) プレゼンテーション用資料（話し言葉・書き言葉）
　(2) 学習者の練習及びインタラクション用資料
　(3) 文法，語彙，発音などの学習者用参考資料
　(4) シミュレーション及び授業内活動の資料
　(5) シラバス（指導目標及び指導項目一覧表）
　(6) 経験の浅い教師用補助資料

　これに Dudley-Evans & St. John（1998）の考えを追加すれば次のようになる。

⑺ ESP（English for Specific Purposes）用言語資料
⑻ 学習援助用資料
⑼ 刺激及び動機づけ用資料

　このリストを見るだけでも，教材イコール教科書という考えが，いかに視野の狭いものであるかが分かる。授業のいろいろな段階や局面にさまざまな教材の使い道がある。「『自分で教材を作る』ことなど自分にはとても無理」と思っている教師もいるかもしれないが，今では参考資料がたくさん出版されているし，インターネットの英語教育関係サイトも資料の宝庫である。しかし，それらの資料の中には「自然な（authentic）」[3] ものであるか，「生徒のレベルに合った適切なものであるか（graded）」という問題がある。この懸念は古くて新しい問題でもあるので，ここで簡単に整理しておく（Richards, 2001）。

6．教材の authenticity の問題
　教材には authentic materials（自然な教材，以後 AM と略す）と呼ばれるものと，created materials（創造された教材，以後 CM と略す）と呼ばれるものがある。前者（AM）は，本来，教育用に作られたものではない資料（物語，記事，ビデオなど）が教育のために使われている場合である。それに反して後者（CM）は，最初から教育の場で使われることを意図して作成されたものである。AM を支持する人は，次のような点をその良さに挙げている。

・学習動機にプラスの影響を与える
・目標言語の文化に関する情報が「本物」である
・生の（authentic）言語に触れることができる
・学習者のニーズに直接応えられる
・指導により創造的に取り組むことができる

　CM を支持する人は，次のような点をその良さに挙げている。

・創造された教材も自然な教材と同じように学習動機に役立つ
・創造された教材は，普通，難易度が滑らかに変化していくため，自然な教材に勝る可能性もある

・自然な教材は教師にとって負担である

　CM を支持する意見の最後のものは，自然な教材は前述のように教育用に
書かれたものではなく学習者にとっての難易度が考慮されていないため，ク
ラスが能力別編成でない限り，難しいと感じる学習者の方が多く，したがっ
て教師にとって教える負担が大きいということである。

7.　教科書に対する考え方

　日本では教材＝教科書と捉えている人々が少なくない。多くの授業の中に
は，教科書べったりの授業展開で，教科書から一歩も出ていない「教科書を
教える」授業が少なくない。季節や勤務地の状況に関連させて「教科書を」
から「教科書で」教えるべく努力している教師がもっと多くなる必要がある。
McGrath（2002）は教科書について次のような問いを投げかけている。

　　Here are a number of metaphors suggested by teachers from very different
　　context:
　　A coursebook is ...
　　　　a recipe　　　　a springboard　　　a straitjacket　　　a supermarket
　　　　a holy book　　　a compass　　　　a survival kit　　　a crutch

　　① What does each of the metaphors mean? In what sense can a coursebook be
　　　said to be a 'recipe', for example?
　　② Which of the metaphors can you identify with most closely?
　　③ What would be your own metaphor for a coursebook?

　coursebook は教科書である。textbook ともいう。上記 8 つの metaphors（修
辞学では隠喩，一般的には「例え」「比喩」）は，教科書をどのように捉えて
いるかが分かってなかなか面白い。最初の比喩である recipe からは，結婚
したばかりで料理のレパートリーが少ないカップルが，パートナーのために
料理のレシピを必死になって見ている姿と二重写しになり，真面目だが自信
のない実習生や新採用教員が浮かんでくるし，最後の crutch からは，「松葉
杖」に支えられないと満足に歩けないような，「教科書様々」と教科書べっ
たりの心細い教師を連想させる。
　McGrath（2002）は先行研究を踏まえながら，教科書を使う必要性につ

いて次のように述べている。

(1) 教科書は地図のようなものである。これまでどこにいて，これからどこへ行こうとしているのかを示してくれる
(2) 教科書は言語の標本（例）を提供してくれる
(3) 教科書は多様性を提供してくれる
(4) 教科書によって学習と評価の対象が分かる
(5) 教科書は教師の行ったことを強化し，改訂や準備を可能にする。このようにして学外での学習をサポートする
(6) 教科書は指導の枠組みを提供する
(7) 教科書は時間の節約になる。全ての授業の教材を無（ゼロ）から準備することは不可能である
(8) 教科書は言語，文化及び指導法に関するサポートを提供してくれる
(9) 教科書は指導内容や指導の進度をたどるのが容易である

　上に記したように，教科書を使用することの利点がある一方で，使う教師の意識によっては教師を駄目にすることもあり得ることに留意しよう。それはどんな場合であろうか。Richards（2001）は，指導に関して何か決めなければならないとき，主に教科書や教師用教科書（teacher's book）に頼っていると教師の指導技術が退化し，「使わなければ錆び付くのである」と述べている。その結果，教師の役割が矮小化し，単なる技師になってしまうとも述べている。
　学習者に適した教科書であれば，教科書中心の授業はそれなりの意味がある。しかし，教科書は本来，全国の学習者を意識しながら作るものであるため，気候風土や地域文化の違いによって特定の課の教材とうまく合う場合もあれば少しずれる場合もある。授業で教科書を使う教師は指導している学習者に適するように平易にしたり補足したりする必要があるため，そういう判断ができるようにしておかなければならない。

8．教科書採択
　教科書の採択は，中学校の場合は各都道府県の教育委員会（あるいはその教育事務所）ごとに設置される教科書採択委員会で決定される。高等学校の場合は学校毎に採択権があるので，学校内部での採択方式に基づいて採択が行われている。

　次は文部科学省のホームページからの引用である。公的な文書のため原文
のまま掲載する。

1）採択の権限

　教科書の採択とは，学校で使用する教科書を決定することです。その権限
は，公立学校で使用される教科書については，その学校を設置する市町村や
都道府県の教育委員会にあります。また，国・私立学校で使用される教科書
の採択の権限は校長にあります。

2）採択の方法

　採択の方法は義務教育である小学校，中学校，義務教育学校，中等教育学
校の前期課程及び特別支援学校の小・中学部の教科書については無償措置法
によって定められています。

　高等学校の教科書の採択方法については法令上，具体的な定めはありませ
んが，各学校の実態に即して，公立の高等学校（公立大学法人が設置する学
校を除く。）については，採択の権限を有する所管の教育委員会が採択を行っ
ています。

⑴ 発行者は，検定を経た教科書で次年度に発行しようとするものの種目・
　使用学年・書名・著作者名等（書目）を文部科学大臣に届け出ます（1.）。
　文部科学大臣はこの届出のあった書目を一覧表にまとめて教科書目録を
　作成します。この教科書目録は都道府県教育委員会を通じ各学校や市町
　村教育委員会に送付されます（2.）。教科書は，この目録に登載されなけ
　れば採択されません。

　　また，文部科学省では，採択の際の調査・研究に資するため，編修趣
　意書を，採択関係者に周知しています。（平成25年度までの編集趣意書
　に代えて，平成26年度からは新規に編集された教科書について検定申請
　時に各発行者から提出され，検定合格後の図書の内容と整合するよう更
　新されたものとなっています。）

⑵ 発行者は，採択の参考に供するため，次年度に発行する教科書の見本を
　都道府県教育委員会や市町村教育委員会，国立学校・公立大学法人が設
　置する学校・私立学校等に送付します（3.）。

(3)採択の権限は，既に述べたように教育委員会や校長にありますが，適切な採択を確保するため，都道府県教育委員会は，採択の対象となる教科書について調査・研究し，採択権者に指導・助言・援助することになっています。

　この指導・助言・援助を行うに当たり，都道府県教育委員会は専門的知識を有する学校の校長及び教員，教育委員会関係者，保護者，学識経験者等から構成される教科用図書選定審議会を毎年度設置し，あらかじめ意見を聴くこととなっています（4.）。

　この審議会は専門的かつ膨大な調査・研究を行うため，通常，教科ごとに数人の教員を調査員として委嘱しています。都道府県教育委員会は，この審議会の調査・研究結果をもとに選定資料を作成し，それを採択権者に送付することにより助言を行います（5.）。

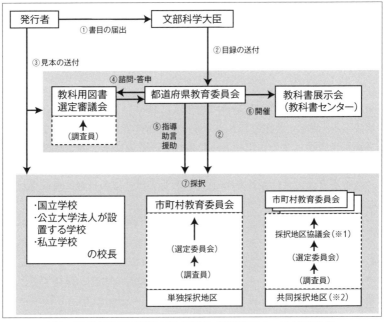

図1　義務教育諸学校用教科書の採択の仕組み（文部科学省（n. d.）を基に作成）

※1　採択地区協議会は法令上設けなければならないもの。括弧書きの組織等は任意的に設けられるもの。
※2　共同採択地区は，2以上の市町村から構成される採択地区である。

　また，都道府県教育委員会は，学校の校長及び教員，採択関係者の調査・研究のため毎年 6 月から 7 月の間の一定期間，教科書展示会を行っています（6.）。この展示会は，各都道府県が学校の教員や住民の教科書研究のために設置している教科書の常設展示場（教科書センター）等で行われています。なお，教科書センターは昭和 31 年以来設置されているもので，令和 4 年 6 月現在全国に 961 か所あります。さらに，国民の教科書に対する高い関心に応えるため，近年では，公立図書館や学校図書館における教科書の整備も進められています。

⑷ 採択権者は，都道府県の選定資料を参考にするほか，独自に調査・研究した上で種目ごとに一種の教科書を採択します（7.）。
　なお，義務教育諸学校用教科書については，原則として，4 年間同一の教科書を採択することとされています。

（文部科学省，n. d.）

　採択委員会は英語では Armchair evaluation と呼ばれることがあるように，比喩的には "lacking or not involving practical or direct experience of a particular subject or activity" という意味がある。つまり試用しての評価ではなく，評価者の知識や経験による評価である。採択委員会のメンバーには英語を指導した経験のない人も入っていることを考えると，上記(3)で「適切な採択を確保するため，都道府県教育委員会は，採択の対象となる教科書について調査・研究し，採択権者に指導・助言・援助することになっています」という文言を形骸化させてはならない。また，採択委員会の審議日程を調整して，実際に試用した結果の報告が採択委員会の資料の一部として出てくるようにすることも一考に値する。

9.　まとめ

　ここまで，教科書を中心に教材について検討してきた。我々教師の使命は，あくまで教科の目標，英語であればコミュニケーションを図る資質・能力や英語運用能力を高めることを達成することであり，教科書をはじめとする教科書や教材は，本来その目的の達成のための道具，いわば手段であることを忘れてはならない。手元の教科書をもう一度じっくり眺めてみてほしい。その教科書の活動や本文が，担当する児童・生徒がその目的を達成するために

有効であると考えられるのであれば，そのまま使うこともできるだろう。しかし，そうでない場合，どのようにアレンジするかが教師の腕の見せどころであり，授業の工夫のしどころである。

　よく，教材・学習者・教師は，図2のように，食材・お客さん・料理人の関係に例えられる。どんなお客さんが来ようと，どんな食材が入荷しようと，「うちはいつもカレイの煮付けだから」のように常に同じ料理しか作れないのであれば，プロの料理人とはいえない。「今日の予約のお客さんは，若い女性の誕生日会だな」というように，年齢や性別などお客さんの実態を踏まえて，「今日は新鮮な魚介類が入荷したぞ」と，その日に入ってきた旬の食材を鑑みて，「SNS映えするような，オシャレな料理，鯛を丸ごと一尾使ってアクアパッツァとかどうだろう」のように料理してこそプロの料理人である。児童・生徒が，「うわぁ」と喜ぶ顔を思い浮かべながら，いろいろな教材を工夫して作ることは，とてもワクワクすることであり，授業作りの醍醐味である。児童・生徒のことを考えて教師が工夫した教材を使う授業は，教科書べったりの授業とは明らかに生徒の目の輝きが異なる。児童・生徒はその授業にかける教師の熱意と努力を敏感に感じ取るものだからである。

図2　教材・学習者・教師の関係

✒REVIEW

神奈川県では，生徒や学校等の実態に応じ，教材・教具や学習ツールの一つとしてICTを積極的に活用し，必要な資質・能力を育成する主体的・対話的で深い学びの実現に向けた授業改善に取り組んでいます。このことを踏まえ，あなたは，ICT活用の利点を生かした授業実践にどのように取り組みますか。ICTを活用する意義やねらいとともに，あなたの考えを600字以上

825 字以下で具体的に述べなさい。

（2021 年　神奈川県教員採用試験問題より）

■ SUGGESTED READING

McGrath, I.(2002). *Materials evaluation and design for language teaching*. Edinburgh University Press.

■ FURTHER READING

読解のポイント イタリック体の見出し 2 つの内容を読み取る。

Materials should achieve impact

Impact is achieved when materials have a noticeable effect on learners, that is when the learners' curiosity, interest and attention are attracted. If this is achieved there is a better chance that some of the language in the materials will be taken in for processing.

Materials can achieve impact through:

a) novelty (e.g. unusual topics, illustrations and activities);

b) variety (e.g. breaking up the monotony of a unit routine with an unexpected activity; using many different text types taken from many different types of sources; using a number of different instructor voices on a cassette);

c) attractive presentation (e.g. use of attractive colours; lots of white space; use of photographs);

d) appealing content (e.g. topics of interest to the target learners; topics which offer the possibility of learning something new; engaging stories; universal themes; local references).

One obvious point is that impact is variable. What achieves impact with a class in Brazil might not achieve the same impact with a class in Austria. And what achieves impact with ten learners in a class might not achieve impact with the other five. In order to maximise the likelihood of achieving impact the writer needs to know as much as possible about the target learners and about what is likely to attract their attention. In order to achieve impact the writer also needs to offer choice. The more varied the choice of topics, texts and activities the more likely is the achievement of impact.

Materials should help learners to feel at ease

Research has shown ... the effects of various forms of anxiety on acquisition: the less anxious the learner, the better language acquisition proceeds. Similarly, relaxed and comfortable students apparently can learn more in shorter periods of time. (Dulay, Burt and Krashen 1982)

Although it is known that pressure can stimulate some types of language learners, I think that most researchers would agree that most language learners benefit from feeling at ease and that they lose opportunities for language learning when they feel anxious, uncomfortable or tense. Some materials developers argue that it is the responsibility of the teacher to help the learners to feel at ease and that the materials themselves can do very little to help. I disagree.

Materials can help learners to feel at ease in a number of ways. For example, I think that most learners:

—feel more comfortable with materials with lots of white space than they do with materials in which lots of different activities are crammed together on the same page;

—are more at ease with texts and illustrations that they can relate to their own culture than they are with those which are culturally exotic (and therefore potentially alien);

—are more relaxed with materials which are obviously trying to help them to learn than they are with materials which are always testing them.

Feeling at ease can also be achieved through a 'voice' which is relaxed and supportive, through content and activities which encourage the personal participation of the learners, through materials which relate the world of the book to the world of the learner and through the absence of activities which could threaten self-esteem and cause humiliation. To me the most important (and possibly least researched) factor is that of the 'voice' of the materials. Conventionally, language learning materials are de-voiced and anonymous. They are usually written in a semi-formal style and reveal very little about the personality, interests and experiences of the writer. What I would like to see materials writers do is to chat to the learners casually in the same way that good teachers do and to try to achieve personal contact with them by revealing their own preferences, interests and opinions. I would also like to see them try to achieve a personal voice (Beck, McKeown and Worthy 1995) by ensuring that what they say to the learners contains such features of orality as:

—informal discourse features (e.g. contracted forms, informal lexis);

—the active rather than the passive voice;

—concreteness (e.g. examples, anecdotes);

—inclusiveness (e.g. not signalling intellectual, linguistic or cultural superiority over the learners).

(Tomlinson, B. (2001). *Materials development in language teaching*. Cambrige University Press. pp. 7–9)

注

1) Materials : anything which can be used by teachers or learners to facilitate the learning of a language (Richards, 2001) とあるように, 文字資料だけでなく, 映像, 音声, 実物など使う目的と方法によって教材の一部になり得る。

2) 教材・題材：日本語としては「教材」(teaching materials) は広い概念で,「題材」は教材の「材料」(subject matter), あるいはテーマ（theme）として区別される場合が多いが, 広義の teaching materials は両方を含む。

3) authentic =「雑誌や新聞など教育用に作られたのではない題材にあるとされる自然さと現実味のある」という意味。教材は学習者のレベルに合わせて難易度を調整する必要があるため,「教材として」という制約がない一般の作品に比べて

authenticity が下がる場合がある。しかし，だからといって，まったく grading を
しない題材を教材として使えるのは，学習者がかなり力を付けてからで，初級，中
級レベルでは無理な場合が多い。

第 15 章
英文の難易度をいかに測定するか

「読解テストの問題に教科書の本文をそのまま使うことは，ダメなのでしょうか」という質問を研修会で尋ねられることが多い。評価の妥当性という点を考えると，英文の読解力ではなく，授業で扱った教科書の英文の意味を覚えているかどうかという記憶力を測ることになってしまうため，この質問への答えは「ダメです」ということになるのだが，このような疑問を持つ先生方の思いは主に次の2点であろう。

(1) 教科書本文と違う英文をテストに出した場合，下位の生徒が意欲を失ってしまうことが多い
(2) 教科書の英文をテストに出さないのであれば，授業で教科書本文の読解を指導することや，生徒が家庭学習として教科書を読んでくる必然性がなくなってしまう＝テストに教科書本文を出題するからこそ，生徒は授業や家庭学習で教科書を開いて勉強する意識付けになる（波及効果）

このような思いは，実際，生徒を目の前に指導している教師にとっては非常に切実な問題であり，「テストとしての妥当性がないから」という理由だけで切り捨てることはできない。そこで，解決方法の一つとして，教科書本文と難易度が同程度の異なる内容の英文（同難度異内容の英文）を用意することが考えられるかと思う。しかし，今度は(3)のような問題にぶつかることになる。

(3) 教科書と同難易度の英文を探してくる／自作するのが非常に難しい。または，探してきた英文や自作した英文が，授業で扱った英文と同難易度と判断できない

そこで，この章では英文の難易度を数値として測定する手法を紹介する。これにより，テスト問題として用意した英文の難易度が，授業で扱った教科書の本文と比較してどの程度であるか客観的に判断することが可能となる。

授業で教科書を使って行った読解の指導や，生徒が家庭学習で行った読解練習が生きるような英文を準備することにつながり，上記の問題の解決の一助となると考えられる。

1．リーダビリティ・スコア

　Word というソフトウエアを使って英文チェックをしたことがある人なら，チェック終了時に，チェックした英文のリーダビリティ・スコアとアメリカの学校制度における学年レベルが表示されることを知っている。リーダビリティ・スコアは Flesch Reading Ease Score であり，文章の Ease（平易さ）を最高 100 点のスケールで表し，数値が高ければ高いほど読みやすいと解釈される（文章の実際の難易度はそれほど単純ではないが，それについては後で述べる）。Windows でリーダビリティ・スコアを算出する方法についてはバージョンによって違いがあり，今後も変わる可能性もあるため，それぞれの Word の操作手順を確認してもらいたい。

　Word のスペルチェックと文章校正に使われているのは次の 2 つの公式である。

Flesch Index = 206.835 － 84.6 × syll/wds － 1.015 × wds/sent
（syll = syllable, / = divided by（割る），wds = words, sent = sentences）

　同じことを Microsoft Office のウェブサイトでは次のように表記している。内容的には同じであるが，ASL = average sentence length で，文章の総語数を文の数で割って算出する。ASW（= average number of syllables per word）はその文章の 1 語当たりの音節数の平均で，音節の総数を総語数で割って算出する。

206.835 －（1.015 × ASL）－（84.6 × ASW）

　もう一つは Flesch-Kincaid Readability Formula と呼ばれ，学年レベルを次の公式によって算出する。

　Kincaid = 11.8 × syllables/wds + 0.39 × wds/sentences － 15.59

　Microsoft Office のウェブサイトでは次のように表記している。

$$(.39 \times ASL) + (11.8 \times ASW) - 15.59$$

　この公式の最初のバージョンは，*Why Johnny Can't Read* という本で教育界にセンセーションを巻き起こした Rudolf Flesch が 1940 年代に作成し，海軍の徴集兵が訓練マニュアルをどの程度理解できるかを基に J. P. Kincaid が改訂し，1975 年に両者の名前で readability levels に関する本を出版したものである。この数値が 8.0 であればアメリカの学校制度における 8 年生が理解できる難易度であると解釈される。リーダビリティには批判もあるし，決して万能なスケールではないので，使うときに注意する必要があるが，それについては後で詳しく述べる。

　リーダビリティの研究は 1920 年代に始まり，今日まで 40 以上の公式が提案されている。英語の文章には単語，句，文（単文，複文），句読点がある（もう一つ付け加えるなら語間スペース）。機械的に数えることができるものであればリーダビリティの公式に入れることは理論的には可能である。問題は，文章の読みやすさは機械的に数えることができるものだけで測ることができるのだろうか，という点である。

　前ページの Flesch Reading Ease Score を算出する公式を見ながら，文章の中の測れる要素は何かを考えてみよう。前ページの公式では文の長さの平均値や音節数の平均値が用いられている。文の長さは文の難易度を測るのに使われている。音節数は語彙の難易度を測るのに使われている。もちろん，いろいろな文章を基に算出した係数と一緒に使われている。

　リーダビリティの適合性については公式 A で測定した文章（リーダビリティ・スコア A）で読解問題①を作り，X という生徒集団に回答してもらう（得点）。また，リーダビリティ公式 B で同じ文章のリーダビリティを測り（リーダビリティ・スコア B），2 つのリーダビリティ・スコア（A，B）のどちらが読解問題の得点とより高い相関関係にあるかを調べることによって，リーダビリティ・スコア A，B の生徒集団 X への適合性を知ることができる。

　その他の公式では，異語数，前置詞句や人称代名詞の数などを入れている例がある。しかし，文章の読みやすさに影響する要素は他にないのだろうか。英英辞書で readable を引くと，easy or enjoyable to be read, able to be read（*Oxford Dictionary of English*）や interesting, easy to understand（*Longman Advanced American Dictionary*）などの意味が書いてあるが，interest や enjoyment などは公式を用いた操作的定義（operational definition）では扱えないので，リーダビリティに関係していることは理解

できるが，その公式に組み込むことができない。つまりリーダビリティとして公式化するには限界がある，ということである。

2．リーダビリティ公式利用上の留意点

1981 年，国際リーディング学会[1]（International Reading Association）は学年レベルを利用しないことを決議した。また，米国の National Council of Teachers of English は学校用教材の評価にリーダビリティ公式を無批判に使うことに反対する決議をした。さらに 1981 年以降，大学入学試験委員会（College Entrance Examination Board）は大学生の読解力を調べるのに学年レベルを使用しないことを決議した。これらの決議の背景にあるのは，次の 3 つの理由による。

(1) リーダビリティで測れるのは文章の表面的な特徴だけであり，定性的な要素，例えば語彙の難易度，作文，文構造，具象・抽象，曖昧さ，思考の乱れなどは，数値的な測定には向いていない
(2) リーダビリティ公式は cohesion（結束構造）などを捉えることができない
(3) 文章の読みやすさは文章の表面的な特徴だけでなく，読み手の知識，英語力やその他の認知特性の影響を受けるので，リーダビリティはテキストと読み手の認知能力の相互作用の結果と考えるべきである

また，リーダビリティ・スコアはもともと母語（具体的には英語）についての指標であり，外国語として英語を学んでいる場合にも同じように解釈するのは適切ではない。外国語の場合は学習者の英語力との相対的な難易度の方が関連性が大きいので，リーダビリティ・スコアは採用予定テキストの難易度を大まかに判定する基準点としての利用価値にとどまると考えるべきであろう。しかし，その国の英語教育の実態（カリキュラム，語彙数，学習者の平均的な学力など）に特化したリーダビリティ・スコアを開発したならば，もっと意味のある活用が可能になるであろう。

3．単語のカバー率

次に，英文の難易度を語彙のカバー率という観点から測定する方法を紹介する。AntWordProfiler は早稲田大学の Laurence Anthony 氏によって開発されたソフトウエアである。AntWordProfiler は，Laurence Anthony 氏の

ウェブサイト (http://www.laurenceanthony.net/) からダウンロードできる
フリーソフトであり，初心者であっても直観的に使用することができる。こ
のソフトウエアを使うと，指定した語彙リストに含まれる語彙のテキストに
おけるカバー率を算出することができる。つまり，教科書の語彙リストをレ
ベル別に登録すれば，含まれる語彙の難易度が同じような英文を選ぶことが
できるのである。

　詳しい使用方法については，上記ウェブサイトの User Support を参照す
るとよい。YouTube にアップロードされた動画によるチュートリアルへの
リンクも，このウェブサイトからアクセス可能である。

4．Lexile Measure の活用

　Lexile 指数とは，アメリカの MetaMetrics 社が開発した「読解力」お
よび「文章の難易度」を示す指標である。MetaMetrics 社のウェブサイト
(https://lexile.com/) にアクセスすれば，ユーザ登録をした上で年間 17.99
ドルでテストの難易度を分析することが可能である。

　また，世界 165 カ国以上で活用されているほか，アメリカでは小学 3 年
生〜高校 3 年生の約半数が，英語能力テストの結果と共に Lexile 指数の判
定を受けている。つまり，生徒の Lexile 指数を測定することができれば，
読解力に適合した英文を選ぶことが可能となる。能力と興味に応じた読解教
材を検索することができ，多読指導への応用や個々の学習者の能力に応じた
効果的な読解指導につながることが期待される。

　ここでは，教科書の英文の Lexile 指数を測定する方法と，それを基に同
難易度異内容を作成する方法，さらにはそれを用いた授業実践を紹介する。

⑴ MetaMetrics 社の Lexile Analyzer にアクセスし，Text に英文を入力する。
　　ここでは例として，次の英文を入力した。

> I am going to talk about my dog. His name is Kojuro. He is a Welsh
> corgi. When I met him for the first time three years ago, I fell in love
> with him. He was very small and he was so cute. Since then, we have
> been great partners.

⑵ Analyze というボタンをクリックすると，〜 L という数値で難易度が表
　　示される。上記の例文の Lexile 指数は 410L 〜 600L であった。

上で示した方法を援用して，次の教科書 *NEW CROWN English Series 1* の Wheelchair Basketball と Goalball に関する本文を基に，図 1 に示すような Sitting Volleyball と Blind Soccer に関する 2 つの同難易度の英文を自作した。Lexile 指数は両方とも 300L 〜 400L と同難易度であった。

Wheelchair Basketball	Goalball
Players use special wheelchairs in this sport. They can carry the ball on their laps. They cannot hold it too long. They can push their own chairs one or two times with the ball.	Goalball is a team sport. Players wear special masks. They cannot see the ball, but they can hear the bells in it. One team throws the ball at a goal. The other team hears the ball and stops it.

(根岸他，2016)

Sitting Volleyball	Blind Soccer
Six players sit on the floor and play volleyball. They can attack and block the ball like normal volleyball. They can move but cannot stand up or jump. The men's world champion is Iran. The women's world champion is the USA.	Blind soccer is a team sport. Players wear masks on their eyes. They cannot see the ball, but they can hear the sound of the ball. The goalkeeper can see the ball. He or she helps the other players.
· Lexile Measure: 300L ~ 400L · Mean Sentence Length: 8.40 · Mean Log Word Frequency: 3.57 · Word Count: 41	· Lexile Measure: 300L ~ 400L · Mean Sentence Length: 8.20 · Mean Log Word Frequency: 3.79 · Word Count: 39

図 1　教科書本文を基に自作した英文

　さらに，この Lexile 指数は Amazon などでも用いられているため，教科書の Lexile 指数が分かれば，それと同難易度である英文を検索することができる。つまり，自作しなくてもよい。MetaMetrics 社のウェブサイトでも，Lexile 指数と同難易度の本が検索できる。

5．同難易度異内容の英文を使った授業実践例

　この章の冒頭で述べたように，授業で教師が単語の意味や文構造などを解説した教科書の英文そのものをテストに出題し，それを理解したことをもって英文を理解できると見なすことは，長い間疑問視されてきた。そこで，ここでは，上で紹介した英文の難易度を示す基準である Lexile Measure を用いて，教科書本文と同程度の英文を授業で活用することで教科書の活動を「練習」として位置付け，そこで付けた力を生かして同程度の英文を自力で読ませる活動を行った実際の授業実践を紹介したい。

　対象生徒は中学校 1 年生である。前時に教師のオーラル・イントロダクションによる導入，語彙の意味と発音の指導，内容理解，音読練習という指導を通して教科書の英文を学習済みである。その教科書本文の内容を基に，教師が自作し，Lexile Measure を使って難易度が同様であることを確認した英文を使って，次のような展開の授業を実施した。

段階	教師の働きかけ	予想される生徒の反応や活動	評価・留意点
ウォームアップ 8分	1．あいさつ・What day? ・英語であいさつを行い，今日の記念日「阪神タイガースの日」を英語で説明する ・Pair Conversation 「Do you like baseball or soccer?」	・教師の説明を聞き，キーワードや重要な表現をリピートする ・野球とサッカーのどちらが好きかについてペアで会話をする ・数名を指名して教師と会話	・pp. 94-95 の会話を続ける方法を活用 ・IC Recorder
展開 35分	2．学習課題の提示 初見の英文を読み取り，その内容を英語で説明しよう 3．前時の復習 ・USE Read（pp. 92-93）の内容を，表（グラフィック・オーガナイザー）を活用しながら復習する ・教科書の音読 (1) Individual →(2) Explanation →(3) Chorus →(4) Buzz Reading →(5) Reading Check 4．初見の英文の読解 ・Individual Reading ・Reproduction 5．ミニディベート ・テーマを英語で提示する ・主張（Sport A） ・主張（Sport B） ・ディスカッション ・判定 6．Free Conversation ・ペアワーク「どちらのスポーツをやってみたいか」 ・プレゼンテーション	 ・教師の英語による，USE Read（pp. 92-93）の説明を聞いて，内容を復習する ・指定された方法で教科書を音読する ・配布された英文を読み，表（グラフィック・オーガナイザー）にまとめる（窓側の生徒は英文 A を，廊下側の生徒は英文 B を読む） ・表（グラフィック・オーガナイザー）を基に，ペアで内容を説明し合う ・4人グループで，役割を確認する。テーマに応じてディベートを行う ・Sport A の生徒がスピーチを行う ・Sport B の生徒がスピーチを行う ・反論や質問など，お互いに意見交換をする ・Judge 役の生徒は，どちらの主張がより説得力があったかを判定し，根拠を説明する ・自分がどちらのスポーツをやってみたいかについてペアで会話する ・自分の主張を客観的な根拠に基づいて発表する	 ・画像や表（グラフィック・オーガナイザー）を手がかりとして発話を引き出す ・机間指導により，共通する読み間違いなどを把握し，フィードバックする 評価 外国語理解の能力 〈観察・ワークシート〉 ・教科書は閉本しグラフィック・オーガナイザーを活用させる 評価 外国語表現の能力 〈観察・IC Recorder〉 ・IC Recorder ・OREO 形式を活用させる ・評価の観点（内容・発音・「デリバリー」）を確認する 評価 外国語表現の能力 〈観察・IC Recorder〉 ・IC Recorder
まとめ 7分	7．まとめ 表（グラフィック・オーガナイザー）を活用することで，英文の構成を捉えた理解や説明が可能となる 8．英語であいさつをする	 ・英語であいさつをする	

図2　授業の展開例

　上記のように，ウォームアップの後，生徒は前時に扱った教科書の内容ついて自分のことばで要約して発表する活動であるリプロダクションを行った。その後，Lexile Measure を用いて作成した教科書本文と同程度の英文を読む活動を行った。これは初見の英文を前時の授業内容を生かしながら自

力で読むための活動であるため，オーラル・イントロダクションや語彙の指
導，文法に関する解説など教師による指導は一切行わなかった。

　なお，その後，自力で読んだ英文の内容についてペアで説明し合うという
活動を想定して，ペアで別々の内容の英文を読んだ。一方の生徒は sitting
volleyball に関する英文を，もう一方の生徒は blind soccer に関するものを
読んだ（split reading）。授業の最後には，学級活動でやるとすればどちら
のスポーツがよいのかについてディベートを行った。

　初見の英文を読んで，内容理解だけでなくアウトプット活動までもってい
くことは難しいかもしれないと考えたが，実際に授業をしてみた結果，生徒
たちは教師の支援なく自力で初見の英文を読めたことに達成感を感じている
ようであった。また，その後のペアでの説明やディベートでも活発な英語使
用がなされた。

　このような活動を継続することで，教師の支援を得ながらの教科書の読解
活動が，その後の同難易度異内容の英文を自力で読むことの練習段階として
有機的に機能することが期待される。教科書の英文を「内容を理解する・暗
記する」から「どのように読むか」へ生徒の意識を向けることが可能になる。
「教科書の内容をそのままテストに出すことには抵抗があるけれど，まった
く違う英文をテストに出すと生徒に授業での活動の必然性を持たせることが
難しい」という英語教師のジレンマに対する解決策の一つとなるのではない
だろうか。

✏ REVIEW

教育実習で使う教科書の 1 課分（本文全体）の Readability を Microsoft
Office の Word にある「文章校正」機能を使って確認しなさい。

📖 FURTHER READING

　読解のポイント　コーパス言語学が英語教育にどのような貢献ができるか
について理解する。

　　Corpora provide a convenient source from which to obtain
evidence of the behavior of many different facets of language: lexical,
grammatical, and pragmatic. The computer resources required
to use this tool are now within the reach of many schools. Corpus
evidence has shown that a very limited number of words do the bulk

of the work in language. This means that it is absolutely crucial for learners to master these high-frequency words, as they will be required regardless of the topic students wish to deal with. As such, they are worth explicit teaching. On the other hand, the rest of language is made up of words that occur relatively infrequently. It would be impossible to give all of these words explicit attention. Word-frequency lists can inform teachers how frequent words are, which gives a key indication of their importance.

Corpus evidence has also shown that words tend to collocate. Some words have a collocational prosody that derives from a word's collocates having either positive or negative undertones. Collocation is an advanced type of vocabulary knowledge that is difficult to know how to teach, but two pieces of advice seem helpful. Bahns suggests that we limit instruction to nontransferable collocates, and Cowie advises us to teach collocations when they involve a relatively transparent lexical set.

Overall, corpus evidence has yielded considerable insight into the working of lexis. This is true not only of single words, but also of multiword strings that seem to act as a single lexeme. In fact a major direction in vocabulary studies today is researching these multiword units through corpus evidence to establish their frequency and behavior. This is part of a move from lexis as individual words to be considered in isolation toward viewing them as integral parts of larger discourse.

(Schmitt, N. (2001). *Vocabulary in language teaching.* Cambridge University Press. pp. 88–89)

注 ——————————————————————————————————
1) 国際リーディング学会（International Reading Association = IRA）：1950 年に設立された学会で，アメリカを中心に世界的なネットワークがあり，reading に関心のある教師や研究者が主たる会員になっている。

第16章
英語教育研究法

　卒業論文は，ほとんどの学生にとって論文を書く最初の経験であろう。そのため最初のうちは，どんなテーマでどういう順序で書いていけばよいのか，皆目分からないというのが多くの学生の実態であろう。そこで次のような簡単なアンケート調査から，自分がどんな問題意識を持っているのかを調べることから始めるのがよい。

Questionnaire
——英語教育関係——

▶項目で選択肢がある場合は，自分の希望するものを○で囲んでください。

Q1　現在，あなたは応用言語学[1]（含む英語教育）のどんな点に興味や疑問がありますか。

Q2　あなたの興味や疑問に関連する語句を思い付くままに書き出してください。

Q3　**Q2** で用いた語句が相互にどのような関係にあるのかを知るために，より関連の強い語句をいくつかのグループにまとめ，各グループに名前を付けてください。また，グループ間の関連性を矢印などで示してください。

Q4　より密接と思われるグループ間の関連性を，疑問文の形で表現してみましょう。（例：「～なのは〈結果・予測〉…だからではないだろうか〈原因・方法〉」）

Q5　**Q4** は次のどれに一番強く関連していますか。
(1) 学習者
(2) メディア（映像，音声，活字，コンピューター）
(3) 指導者

---

(4) 文教政策

(5) 文献

(6) 指導法

(7) その他

Q6 卒業後のプランとしてどんな職場を希望していますか。

(1) 教師〈学校関係〉（幼稚園, 小学校, 中学校, 高等学校, 大学など）

(2) 教師〈学校以外〉（英語学習塾, 予備校など）

(3) 出版社（教科書, 学習参考書, 学習雑誌, 辞書, テキスト, 学術書など）

(4) ソフトウエア制作会社

(5) その他

Q7 自分の興味や疑問をどういう方法で調べたらよいと思いますか。

(1) ジャーナルや本を調べる

(2) テストをする

(3) アンケートを実施する

(4) 原典を精読する

(5) 実験授業を行う

(6) その他（自由に書いてください）

Q8 研究を具体化するために, ***Q7*** で選んだ方法を自分の研究テーマ
に合わせて実行するにはどうしますか。

Q9 研究結果について, どんな予測あるいは見通しを持っていますか。

Q10 集めたデータをどのように処理しますか。（データ分析の方法）
例：全体の傾向を知る
実験群と統制群 2) を比較する
時系列 3) での変化を調べる

Q11 次の英語力テストを受けたことがある場合, 何点でしたか。

(1) TOEFL （　　　　　点）

(2) TOEIC （　　　　　点）

(3) 実用英語技能検定（英検）（　　　　　級）

⑷ Cambridge 英語検定試験（Band*　　　　　）
　*Proficiency scale での Level
⑸ その他

Q12　中学・高校時代にどんな教科書を使いましたか。
⑴ 中学校：＿＿＿＿＿＿＿＿＿＿＿＿＿＿＿＿＿＿＿＿＿＿＿＿
⑵ 高等学校：＿＿＿＿＿＿＿＿＿＿＿＿＿＿＿＿＿＿＿＿＿＿＿

Q13　これまで統計を勉強したことがありますか。Excel で統計処理を
　　　　したことがありますか。他に使用した経験のある統計ソフトが
　　　　あれば下に書いてください。

```
┌─────────────────────────────┐
│                             │
│                             │
│                             │
│                             │
└─────────────────────────────┘
```

　以上の調査項目で何を調べるのかについて，補足を兼ねて簡単に解説を加
える。

Q1　*現在，あなたは応用言語学（含む英語教育）のどんな点に興味や疑問*
　　　がありますか。

　これは研究の出発点としての興味，疑問を持っている対象について尋ねて
いる。このように尋ねても，すぐ答えられる学生は多くない。漫然と頭に浮
かぶものがあっても，それをはっきりと言葉で表すことができるかどうかは
別ものである。自分の興味・関心，疑問などがどこにあるのか考えてみる。

Q2　*あなたの興味や疑問に関連する語句を思い付くままに書き出してくだ*
　　　さい。

　ブレーン・ストーミングのように，何でもよいから言葉で書くことによっ
て，頭に漫然と存在していたものが次第に形になってくる。回答例として，
4技能から語彙，テスト，言語習得，リーディングのメカニズムなど，応用
言語学辞典の見出し語が全て研究の分野・対象になり得ると言っても過言で

はない。もちろん，4技能と言っても，例えば "reading" だけでは広義の範囲は分かっても，研究テーマにするにはもっと焦点化しなければならない。興味・疑問を絞りながら，より関連性の高いものに具体化するのである。例えば次のようなキーワードのどれが興味・疑問により深く関連しているかを考える。

例：vocabulary, grammar, background knowledge, schema, readability, incidental learning[4]

Q3 *Q2 で用いた語句が相互にどのような関係にあるのかを知るために，より関連の強い語句をいくつかのグループにまとめ，各グループに名前を付けてください。また，グループ間の関連性を矢印などで示してください。*

例えばリーダビリティがほぼ同じ 2 つの文章に同じタイプの設問を作成したテストを実施したが，その 2 つの問題の正答率に有意な差が出た場合，その原因は何か。題材内容の違いか，段落構造の違いか，抽象度の違いかなどを検討することによって reading のいろいろな面を調べるのである。

Q4 *より密接と思われるグループ間の関連性を，疑問文の形で表現してみましょう。*

これは自分の興味・関心，問題意識を Research Questions に具体化するのが目的である。

例：「X という指導法を用いれば読解力が向上するのではないだろうか」と表現すれば，X という指導法は独立変数（independent variable）としての treatment であり，読解力向上の指標を読解問題の点数で測っているならば，その点数は従属変数（dependent variable）として用いられていることになる。つまり，独立変数というのは他の変数に影響を与える変数であり，逆に従属変数は独立変数に影響される変数のことである。従属変数から独立変数を予測する場合は，「〜なのは…だからではないだろうか」と「結果」に影響を与えている要素を「予測・推測」することになり，例えば次のように表現することができるであろう。

Research Question: What kind of differences exist among the three groups of foreign students in their responses to the test items?

The test items が文化的要素の強い語句や修辞法に関する設問であった場合，それはそれぞれ文化的背景の異なる国から来た学生間でどのような違いがあるのかを調べ，得点の違いという結果を文化的相違から予測していることになる。

Q5 *** Q4*** *は次のどれに一番強く関連していますか。*
　(1) 学習者
　(2) メディア（映像，音声，活字，コンピューター）
　(3) 指導者
　(4) 文教政策
　(5) 文献
　(6) 指導法
　(7) その他

　これは，調べたい事項が教育機関であれば学習者，指導者，指導法が研究対象になるであろうし，教材関係であればメディア，文教政策であれば，政策の内容によっては，上記の全てに関連する場合もあり得る。

Q6 *　卒業後のプランとしてどんな職場を希望していますか。*
　(1) 教師〈学校関係〉（幼稚園，小学校，中学校，高等学校，大学など）
　(2) 教師〈学校以外〉（英語学習塾，予備校など）
　(3) 出版社（教科書，学習参考書，学習雑誌，辞書，テキスト，学術書など）
　(4) ソフトウエア制作会社
　(5) その他

　これは卒業後の進路に少しでも関連のあるテーマを選ぶことができるようにするためであり，卒論を単なる「通行手形」としてではなく，自分の将来を考えた勉強をするためである。

Q7 *　自分の興味や疑問をどういう方法で調べたらよいと思いますか。*
　(1) ジャーナルや本を調べる
　(2) テストをする

(3) アンケートを実施する
(4) 原典を精読する
(5) 実験授業を行う
(6) その他（自由に書いてください）

　これは研究方法について考えるためである。調べたい対象が実験を通す必要があるのか（実験研究），調査することによって明らかになるのか（調査研究）を考える。授業改善といってもいろいろな切り口がある。授業の何を改善するのか。指導過程なのか，タスクの種類なのか，特定のスキルの指導なのか，いろいろあるだろう。いずれにせよ何か役立つアイデアが浮かんだ場合，実際の授業で試してみて，その効果を確認するまでは，本当に役に立つのかどうかは分からない。

　また，同じ教育実習仲間の授業をビデオに撮り，それを分析することによって，その授業の長所・短所や授業言語（classroom discourse）の種類や偏り，質問に対する生徒の反応を調べたり，あるいは小学校に英語を導入することに対する賛否両論を分析して，その対立点，融合可能な点，外国の事例など，いろいろな資料を分析して，将来性のある子どもたちの健全で調和のとれた発達のために首尾一貫性のあるプランはいかにあるべきかを研究したりする場合もあるだろう。

Q8　研究を具体化するために，**Q7**で選んだ方法を自分の研究テーマに合わせて実行するにはどうしますか。

　これは研究計画を少しずつ具体化していって，研究テーマの必要性に応じて実験授業の指導案を作成したり，アンケートや調査問題を作ったりすることである。卒論もこの段階になると，**Q9**の研究仮説も並行して考える必要がある。

Q9　研究結果について，どんな予測あるいは見通しを持っていますか。

　研究仮説は平易に述べれば，研究の見通しを推測して仮の説明（speculation）として述べたものである。研究は大別して量的研究（quantitative research）と質的研究（qualitative research）に分かれるが，量的研究における仮説は理論や先行研究を検討して設定されるのが一般的なので，研究を始める前

提として仮説を設定することになる。これに対し質的研究では，質的データの分析を続けている間に次第に浮かび上がる（あるいは形成される）ことが多い。

　研究目的に関連する仮説（仮の説明）が量的研究法で検証可能な形で述べられている場合，統計的仮説と呼ばれ，対立する2つの仮説の形をとる。一つは帰無仮説（null hypothesis），もう一つは対立仮説（alternative hypothesis）である。

　帰無仮説は「二つの集団（標本）に差あるいは相関は無い」と仮定することから帰無仮説と呼ばれる。「差あるいは相関がない」という仮定が統計的に証明できなければ，その仮説を棄却して何らかの差や相関があるとする対立仮説を採用することになる。有意差とは，2つの集団（標本）のデータにある差が偶然生じたものではなく，統計的に意味のある差ということである。このように統計的仮説は帰無仮説と対立仮説という二段構えになっている。

　統計処理については，可能なら心理・教育関係の統計に関する授業を履修するのがよい。それができない場合を想定して，章末に簡単な解説を付けて参考文献を掲げておいた。

　統計的仮説について一つだけ注意すべきことがある。それは標本が多くなるほど有意差が出やすいという点である。逆に各学年1クラスしかないような小規模校では標本がどうしても少なくなるため，実際は授業の効果があっても有意差が出ない場合もある。また，有意差は通常5%あるいは1%の有意水準で計算されるが，有意確率が0.051と0.001だけ足りなかった場合，その研究はまったく無駄だったのか，という疑問が生じる。そこで近年，「効果量（effect size）」を算出することを義務付ける学会誌が増えている。アメリカ心理学会が出している論文の投稿規定（日本の主な英語教育関係の学会誌もこれに基づいている）では，効果量の報告を義務づけている（American Psychological Association, 2019）。効果量の算出法については，章末を参照のこと。

Q10　*集めたデータをどのように処理しますか。（データ分析の方法）*

　研究の目的によって，データ分析の視点はさまざまである。
　例：・全体の傾向を知る（基本統計量）
　　　・実験群と統制群の差を見る（*t* 検定）
　　　・関連する2群を比較する（例：同じクラスの1学期と3学期について，

平均値の差の検定と平均値の差の区間推定）

・3つ以上の標本の検定（分散分析）

・2つの要素間の関係を見る（相関分析）

これらの具体例と計算法については，章末の柳井（2004）を参照。

Q11 次の英語力テストを受けたことがある場合，何点でしたか。

　(1) *TOEFL* （　　　　点）

　(2) *TOEIC* （　　　　点）

　(3) 実用英語技能検定（英検）（　　　　級）

　(4) *Cambridge* 英語検定試験（*Band**　　　　）

　　　 Proficiency scale での *Level*

　(5) その他

　卒論を英語で書くように義務付けられている場合，自身の英語を確認して，英語力が低い場合には Research paper 用の英語を効率よく学習する必要がある（それには卒論のテーマに関連する先行研究論文を読むことが早道である）。さもないと，指導教員の指導が卒論よりも英作文の指導になってしまい，論文内容の質が低下する危険性があるからである。

Q12 中学・高校時代にどんな教科書を使いましたか。

　できれば教科書名，忘れた場合は記憶に残っている教科書の内容やイメージを書く。これは教材研究や教材開発をテーマにする場合には必須の確認事項である。（多くの場合は自分が使った1種類の教科書しか知らないし，その教科書の枠組みに縛られて，新しい発想が出てこない場合が多いからである。）

　(1) 中学校：2022 年度現在，6 社から刊行されているが，半世紀近く同じ教科書を使い続けている地区もあるので，その理由が教科書がそれだけ優れているからなのか，それとも他に理由があるのか，第 14 章の教材開発に関連させて考える。

　(2) 高等学校：2022 年度現在，高校の英語教科書は 6 科目あり，刊行している出版社も何十とあるので，それぞれの科目について第 14 章の教材開発と関連付けて考える。

Q13　これまで統計を勉強したことがありますか。*Excel* で統計処理をした
ことがありますか。他に使用した経験のある統計ソフトがあれば下に
書いてください。

これは研究に必要な統計について，どの程度の予備知識があるかを知るた
めの質問である。

アンケート調査や実験授業など，調査・研究の目的によって，どうしても
統計的な処理をしなければならない場合がある。大学の授業で統計学（概論
か入門）を履修できる場合はよいが，他の専門科目と同じ時間帯にあって履
修できない場合は指導教員から指導を受けるか，独学することになる。安価
でエクセルの画面をそのまま使って説明されており，分かりやすいものから
始めることにしよう。

① 柳井久江（2015）『4 Steps　エクセル統計　第 4 版』㈲オーエムエス
　　出版
　　　Excel のアドインソフトで学生や院生が使用するような統計処理の多
　　くはこの 1 冊で間に合う。コンピューターのスクリーン上で見るよう
　　に Excel の画面上に計算例が示されているので，Excel の使い方の基
　　本を知っていればすぐに計算できる。

国際的に知られている統計ソフトとして IBM SPSS Statistics と IBM
SPSS Amos という文科系学生にも比較的使いやすいソフトウエアがある。
この 2 つのソフトウエアを 1 冊の本でバランスよく解説しているのが次の
本である。

② 小塩真司（2018）『SPSS と Amos による心理・調査データ解析（第 3
　　版）―因子分析・共分散構造分析まで』東京図書
　　　IBM SPSS Statistics は世界的な統計ソフトで，厳密な統計処理に
　　は必須の統計パッケージであるが，学生が入手するには高価なので，
　　自分が学んでいる教育機関のものを使うか，使用期間や機能が限られ
　　ているが安価な学生版を使うという方法もある。Amos という商標は
　　Analysis of Moment Structures に由来する。共分散分析を活用して因
　　果関係や共変関係を調べるためのソフトウエアで，パス図という形で
　　研究仮説をモデルとして図示できるため，計算式が苦手な文科系学生
　　にも親しみやすい統計ソフトである。

✏️ REVIEW

1クラス40人として，A，Bの2クラス分（80人）の架空の成績表を作り，自分の利用できるソフトウエアで「基本統計量」を算出すること。

AクラスとBクラスとではどちらの成績がよいといえるか。独立した2群の差の検定を行ってみなさい。

📙 SUGGESTED READING

清川英男（1990）．『英語教育研究入門』大修館書店

三浦省五・前田啓朗・山森光陽・磯田貴道・廣森友人（2004）．『英語教師のための教育データ分析入門―授業が変わるテスト・評価・研究』大修館書店

竹内理・水本篤（2014）．『外国語教育研究ハンドブック―研究手法のより良い理解のために（改訂版)』松柏社

📚 FURTHER READING

読解のポイント　英語教育研究法の望ましい在り方について理解する。

Designing a research plan is not simply a matter of deciding to carry out research but requires careful consideration of an appropriate approach (*synthetic* or *analytic*) and of the objectives or purpose of the research (*heuristic* or *deductive*). A researcher can, of course, combine these approaches so that a hypothesis generated by synthetic-heuristic research might then be selected as the basis for investigation within an analytic-deductive design.

A question which must be considered is the degree to which research design can be *eclectic*, that is, freely combine elements from different kinds of research approaches. Is the difference between research which *quantifies* second language acquisition and that which examines the data *qualitatively* simply one of degree, or is there a substantive difference in the *philosophies* behind these approaches? Are the dichotomies expressed in Parameter 1, (the synthetic versus the analytic approach) or those of Parameter 2, (the heuristic or deductive objectives of research) differences of approach and purpose or also differences in underlying principle in the way second language phenomena are viewed?

As in all dichotomies, terminology such as *qualitative* or *quantitative* leads to oversimplification. For this reason, we have tried to present these differences along a continuum rather than as an either/or choice for the researcher. The question that arises is whether these different approaches represent simply another way to investigate questions or do they represent two different perspectives on the realities of second language acquisition? If the latter position is taken then:

> This conceptualization involves such basic questions as what is the nature of social and educational reality? What is the relationship of the investigator to what is investigated? And how is truth defined?
>
> (Smith & Heshusius, 1986)

According to the above view, fundamental differences in the intrinsic nature of the subject matter, the role of the researcher in relation to the object of investigation, and whether truth is defined in terms of objective reality or in terms of subjective perception must be considered. For example, is the truth represented by the verbalized introspections of language learners about their language acquisition strategies (Cohen & Hosenfeld, 1981) different from the truth represented in quantified group scores on metalinguistic judgment tests in controlled experimental research? (See White, 1985.) In the first study the verbalized introspections of learners about their performance comprise the data, while in the latter the judgments of second language learners on metalinguistic tests of grammaticality are quantified as statistics and these become the data. In the first study, one must ask what quantification of learner verbalization would achieve and whether, as a result of quantification, valuable insights into learner processing at some level might not be lost. While *qualitative analysis* will allow us to study individual performance closely, it may or may not represent the behavior of other learners and is therefore of questionable value for generalization to language acquisition by others. On the other hand, when our interest is in the normative acquisition behavior of a population, quantification represents a reality for that group. Such a reality may be generalizable to other groups, assuming that sampling procedures are adequate (Shulman, 1981).

The differences in these two approaches are significant and it is likely that the debate as to which approach is more valid will continue for some time to come. We have discussed this issue here because we feel that the novice researcher should be aware of it in considering possible ways of conducting second language research.

(Seliger, H. W., & Shohamy, E. (1989). *Second language research methods*. Oxford University Press. pp. 114–115)

注 ──────────────────────

1) 応用言語学：(1) the study of second and foreign language learning and teaching.
　　　　　　(2) the study of language and linguistics in relation to practical problems such as lexicography, speech pathology, etc.

2) 実験群：実験研究で何らかの処遇（treatment）を与えるグループ。
　　統制群：処遇を与えないで，実験群と比較するためのグループ。

3) 時系列：出来事の時間的前後関係で，生起の順序，因果的順序などがある。

4) incidental learning（付随的学習）：学習しようという意図がなくても何か他のことを学習している間に付随的に覚えることで，付随的語彙学習などがその典型である。intentional learning（意図的学習）に対する概念。

BIBLIOGRAPHY

第 1 章　目的論

ETS. (2021). *TOEFL iBT® test and score data summary 2020*. https://www.toefl-ibt.jp/educators/toefl_library/resource/index.html

European Education and Culture Executive Agency, Eurydice. (2019). *Key data on teaching languages at school in Europe : 2017 edition*. Education, Audiovisual and Culture Executive Agency. https://data.europa.eu/doi/10.2797/62028

Long, M. H. (2011). Language teaching. In M. H. Long & C. J. Doughty (Eds), *The handbook of language teaching*. Wiley-Blackwell.

Rivers, W. M. (1968). *Teaching foreign-language skills*. The University of Chicago Press.

Strevens, P. (1977). *New orientations in the teaching of English*. Oxford University Press.

大村喜吉・高梨健吉・出来成訓 (1980).『英語教育史資料　1「英語教育課程の変遷」』東京法令出版

川澄哲夫 (1979).「英語教育存廃論の系譜」『現代の英語教育 1：英語教育問題の変遷』17-19, 研究社出版

鳥居次好・片山嘉・遠栄一（編）(1974).『英語科教育の研究』大修館書店

バトラー後藤裕子 (2005).『日本の小学校英語を考える』三省堂

平泉渉・渡部昇一 (1975).『英語教育大論争』文藝春秋

福沢諭吉 (1870).『西洋事情　初編　巻之一』慶応義塾出版局

福沢諭吉 (1899).『福翁自伝』時事新報社

宮原文夫・名本幹雄・山中秀三・村上隆太・木下正義・山本広基 (1997).『このままでよいか大学英語教育』松柏社

森隆夫・岩下新太郎・木田宏（編）(1978).『講座　教育行政 6：教育の国際化と教育行政』協同出版

文部省 (1981).『学制百年史　資料編』株式会社帝国地方行政学会

文部科学省 (2006). 平成 18 年（2006 年）3 月 31 日開催の中教審教育課程部会（第 39 回）配布資料

文部科学省 (2010).「外国語能力の向上に関する検討会（第 2 回）」（平成 22 年 12 月開催）配付資料『諸外国における外国教育実施状況調査結

果』https://www.mext.go.jp/b_menu/shingi/chousa/shotou/082/shiryo/__
icsFiles/afieldfile/2011/01/31/1300649_03.pdf

文部科学省（2011）．『国際共通語としての英語力向上のための5つの提言
と具体的施策〜英語を学ぶ意欲と使う機会の充実を通じた確かなコミュニ
ケーション能力の育成に向けて〜』https://www.mext.go.jp/component/
b_menu/shingi/toushin/__icsFiles/afieldfile/2011/07/13/1308401_1.pdf

山田雄一郎（2005）．『日本の英語教育』岩波書店

弄月亭陳人（1870）．『童解英語図会』文永堂

第2章　外国語教授法

Adamson, B. (2004). Fashions in language teaching methodology. In A.
Davies & C. Elder (Eds.), *The handbook of applied linguistics* (pp.
604–622). Blackwell.

Anthony, E. M. (1963). Approach, method, and technique. *ELT Journal*,
17(2), 63–67.

Brown, H. D. (2002). English language teaching in the "post-method"
era: Toward better diagnosis, treatment, and assessment. In J. C.
Richards & W. A. Renandya (Eds.), *Methodology in language teaching*
(pp. 9–18). Cambridge University Press.

Brown, H. D. (2007). *Teaching by principles: An interactive approach to
language pedagogy* (3rd ed.). Prentice Hall Regents.

Canale, M. (1983). From communicative competence to communicative
language pedagogy. In J. Richards & R. Schmidt (Eds.), *Language
and communication* (pp. 2–27). Longman.

Canale, M., & Swain, M. (1980). Theoretical bases of communicative
approaches to second language teaching and testing. *Applied
Linguistics, 1*(1), 1–47.

Celce-Murcia, M. (2014). An overview of language teaching methods and
approaches. In M. Celce-Murcia, D. M. Brinton, & M. A. Snow (Eds.),
Teaching English as a second or foreign language (4th ed.) (pp. 2–14).
National Geographic Learning.

Hymes, D. (1971). *On communicative competence*. University of
Pennsylvania Press.

Kumaravadivelu, B. (1994). The postmethod condition: (E)merging strategies for second/foreign language teaching. *TESOL Quarterly, 28*(1), 27–48.

Long, M. (1983). Native speaker/non-native speaker conversation and the negotiation of comprehensible input. *Applied Linguistics, 14*(2), 126–141.

Nunan, D. (1989). *Understanding language classrooms: A guide for teacher-initiated action*. Prentice Hall International.

Prabhu, N. S. (1990). There is no best method – Why? *TESOL Quarterly, 24*(2), 161–176.

Richards, J. C., & Rodgers, T. S. (1986). *Approaches and methods in language teaching: A description and analysis*. Cambridge University Press.

Richards, J. C., & Rodgers. T. S. (2014). *Approaches and methods in language teaching* (3rd ed.). Cambridge University Press.

Savignon, S. (1997). *Communicative competence: Theory and classroom practice* (2nd ed.). McGraw-Hill.

Skehan, P. (1998). *A cognitive approach to language learning*. Oxford University Press.

Willis, D., & Willis, J. (2007). *Doing task-based teaching*. Oxford University Press.

池田真 (2011).「CLIL の基本原理」, 渡部良典・池田真・和泉伸一 (著)『CLIL 内容言語統合型学習 上智大学外国語教育の新たなる挑戦 第 1 巻 原理と方法』上智大学出版会, 1–13.

田崎清忠・佐野富士子 (編著) (1995).『現代英語教授法総覧』大修館

望月昭彦 (編著) (2018).『新学習指導要領にもとづく英語科教育法 第 3 版』大修館

第 3 章　わが国における指導法の変遷

Brown, H. D. (2007). *Teaching by principles: An interactive approach to language pedagogy* (3rd ed.). Prentice Hall Regents.

Finocchiaro, M. & Brumfit, C. (1983). *The functional-notional approach: From theory to practice*. Oxford University Press.

Harmer, J. (2001). *The practice of English language teaching*. Pearson Education Limited.

小泉仁（2001）.「学習指導要領における英語教育観の変遷」，英語教員研修研究会（編）『現職英語教員の教育研修の実態と将来像に関する総合的研究』https://www3.cuc.ac.jp/~shien/terg/koizumi[1].html

文部科学省（2017 a）.『中学校学習指導要領（平成 29 年度告示）』https://www.mext.go.jp/content/1413522_002.pdf

文部科学省（2017 b）.『中学校学習指導要領（平成 29 年度告示）解説　外国語編』https://www.mext.go.jp/component/a_menu/education/micro_detail/__icsFiles/afieldfile/2019/03/18/1387018_010.pdf

第 4 章　授業論

Brown, J. D., & Rodgers, T. S. (2002). *Doing second language research*. Oxford University Press.

Flanders, N. A. (1970). *Analyzing teaching behavior*. Addison-Wesley.

Nation, I.S.P. (2013). *What should every EFL teacher know?* Compass Publishing.

Richards, J.C., & Farrell, T. S. C. (2005). *Professional development for language teachers: Strategies for teacher learning*. Cambridge University Press.

Richards, J.C., & Lockhart, C. (1996). *Reflective teaching in second language classrooms*. Cambridge University Press.

Spada, N., & Fröhlich, M. (1995). *COLT observation scheme: Communicative orientation of language teaching coding conventions & applications*. National Centre for English Language Teaching and Research, Macquarie University.

Wragg, E.C. (1970). Interaction in the foreign language. *The Modern Language Journal*, 65(2), 116–120.

児島邦宏（2004）.「効果的な授業研究の視点と方法」『指導と評価』，50(4), 4–7.

笠島準一　他（2021）.『*NEW HORIZON English Course 2*』東京書籍

二杉孝司（2002）.「授業分析の教育学」.二杉孝司・藤川大祐・上條晴夫（編著）.『授業分析の基礎技術』, 9–29. 学事出版

藤川大祐（2002）.「授業分析の方法」.二杉孝司・藤川大祐・上條晴夫（編著）.『授業分析の基礎技術』, 31–109. 学事出版

Word Bingo 研究会（2022）.『Let's Enjoy "BINGO"』浜島書店

第 5 章　言語スキルと指導技術

Nation, I.S.P. (2013). *What should every EFL teacher know?* Compass Publishing.

Smith, F. (1978). *Reading*. Cambridge University Press.

TESOL International Association (TESOL). (2018). *The 6 principles for exemplary teaching of English learners*. Tesol Press.

高梨庸雄・高橋正夫（1987）．『英語リーディング指導の基本』研究社出版

高橋正夫・高梨庸雄（1988）．『英語教師の発想転換』三省堂

第 6 章　ICT を活用した英語教育

Lewis, G. (2017). *Learning technology*. Oxford University Press.

笠島準一　他（2021）『*NEW HORIZON English Course 2*』東京書籍

浜島書店（2006）．『Word Flash（Version 1.1）』［コンピューターソフトウエア］．Available from https://www.hamajima.co.jp/teachers/word-flash/

第 7 章　評価論

Brown, H. D. (2004). *Language assessment: principles and classroom practices*. Pearson Education.

Hughes, A. (2002). *Testing for language teachers*. Cambridge University Press.

McNamara, T. (2000). *Language testing*. Oxford University Press.

Messick, S. (1996). Validity and washback in language testing. *Language Testing, 13*(3), 241–256. https://doi.org/10.1177/026553229601300302

Richards, J. C. (1983). Listening comprehension: Approach, design, procedure. *TESOL Quarterly, 17*: 219–239.

Richards, J. C. & Schimidt, R. (2002). *Longman dictionary of language teaching & applied linguistics*. Pearson Education Limited.

大友賢二（監修）・中村洋一（著）（2002）．『テストで言語能力は測れるか』桐原書店

笠島準一　他（2021）．『*NEW HORIZON English Course 3*』東京書籍

竹内理・水本篤（2012）．『外国語教育研究ハンドブック』松柏社

根岸雅史（2017）．『テストが導く英語教育改革：「無責任なテスト」への処方箋』三省堂

別府正彦（2015）．『「新テスト」の学力測定方法を知る IRT 入門—基礎知識

からテスト開発・分析までの話』河合出版

文部科学省（1993）.『小学校教育課程一般指導資料』

文部科学省（2000）.「児童生徒の学習と教育課程の実施状況の評価の在り方について（教育課程審議会答申）（平成 12 年 12 月 4 日）（抄）」https://www.nier.go.jp/kaihatsu/houkoku/tousin.pdf

文部科学省（2017 a）.『小学校学習指導要領（平成 29 年度告示）』https://www.mext.go.jp/content/1413522_001.pdf

文部科学省（2017 b）.『中学校学習指導要領（平成 29 年度告示）』https://www.mext.go.jp/content/1413522_002.pdf

文部科学省（2018）.『高等学校学習指導要領（平成 30 年度告示）』https://www.mext.go.jp/content/1384661_6_1_3.pdf

文部科学省国立教育政策研究所（2020）.『「指導と評価の一体化」のための学習評価に関する参考資料（中学校編　外国語）』https://www.nier.go.jp/kaihatsu/pdf/hyouka/r020326_mid_gaikokg.pdf

第 8 章　学習指導案

Nation, I.S.P. (2013). *What should every EFL teacher know?*. Compass Publishing.

第 9 章　第二言語習得研究から見た英語教育

Brown, H. D., & Gonzo, S. (1995). *Readings on second language acquisition*. Prentice Hall Regents.

Carroll, J. B., & Sapon, S. M. (1959). *Modern language aptitude test*. The Psychological Corporation.

Dörnyei, Z. (2009). The L2 motivational self system. In Z, Dörnyei & E. Ushioda (Eds.) *Motivation, language, identity, and the L2 self* (pp. 9–42). Multilingual Matters.

Gardner, R. C., & Lambert, W. E. (1972). *Attitudes and motivation in second-language learning*. Newbury House Publishers.

Krashen, S. D. (1981). *Second language acquisition and second language learning*. Pergamon Press Inc.

Lightbown, P. M., & Spada, N. (2013). *How languages are learned*. Oxford University Press.

MacIntyre, P. D. (1999). Language anxiety: A review of the research for language teachers. In D. J. Young (Ed.), *Affect in foreign language and second language learning: A practical guide to creating a low-anxiety classroom atmosphere* (pp. 24–45). McGrow-Hill.

Pimsleur, P. D. S. (1964). Under-achievement in foreign language learning. *International Review of Applied Linguistic in Language Teaching, 2*(2), 113–139.

Pimsleur, P. D. S. (1966). *Language aptitude battery.* Harcourt, Brace & World, Inc.

Reiss, M. (1981). Helping the unsuccessful language learner. *The Modern Language Journal, 65*(2), 121–128. Wiley-Blackwell.

Rubin, J. (1975). What the "good language learner" can teach us. *TESOL Quarterly, 9*(1), 41–51.

Scovel, T. (1978). The effect of affect on foreign language learning: A review of the anxiety research. *Language Learning, 28*(1), 129–142.

Stern, H. H. (1983). *Fundamental concepts of language teaching.* Oxford University Press.

von Wittich, B. (1962). Prediction of success in foreign language study. *The Modern Language Journal, 46*(5), 208–212.

波多野完治 (1958).「英語学習と IQ」『英語教育』Vol. VII, No.9, 8–11, (1958 年 12 月号) 大修館書店

波多野完治 (1969).「英語学習と IQ」『英語教育』Vol. XVIII, No. 1, 28–32, (1969 年 4 月号) 大修館書店

羽鳥博愛・松畑熙一 (1980).『学習者中心の英語教育』大修館書店

第 10 章　国際理解教育

Braine, G. (Ed.) (1999). *Non-native educators in English language teaching.* Lawrence Erlbaum Associates, Inc., Publishers.

Jenkins, J. (2003). *World Englishes: A resource book for students.* Routoedge.

Kachru, B. B. (1985). Standards, codification, and sociolinguistic realism: The English language in the Outer Circle. In R. Quirk and H. G. Widdowson (Eds.), *English in the world: Teaching and learning the language and literatures* (pp. 11–30). Cambridge University Press.

McArthur, T. (1987). The English languages? *English Today, 3*, 9–13.

Tomalin, B., & Stempleski, S. (1993). *Cultural awareness*. Oxford University Press.

大津和子（1992）．『国際理解教育―地球市民を育てる授業と構想』国土社

文部省（1989）．『中学校学習指導要領（平成元年 3 月告示）』https://www.mext.go.jp/a_menu/shotou/old-cs/1322470.htm

臨時教育審議会（1987 a）．『教育改革に関する第 4 次答申（最終答申）』

臨時教育審議会（1987 b）．『教育課程の基準の改善について（最終答申）』

和田稔（1991）．『国際交流の狭間で』研究社

第 11 章　小学校英語教育

Cameron, L.(2001). *Teaching languages to young learners*. Cambridge University Press.

McKay, P.(2006). *Assessing young language learners*. Cambridge University Press.

Shin, J. K., & Crandall, J. (2014). *Teaching young learners English: From theory to practice*. National Geographic Learning.

文部科学省（2017）．『小学校学習指導要領（平成 29 年度告示）』https://www.mext.go.jp/content/1413522_001.pdf

第 12 章　教師論

Pawan, F., Wiechart, K. A., Warren, A., & Park, J. (2016). *Pedagogy & practice for online English language teacher education*. Tesol Press.

長勝彦（2015）．『ひこ雑感　その 2―日付を聞く』http://www.1192hiko.jp/hikozatu2.html

若林俊輔（1983）．『これからの英語教師―英語授業学的アプローチによる 30 章』大修館書店

第 13 章　教育実習

Brown, H. D. (2007). *Teaching by principles: An interactive approach to language pedagogy* (3rd ed.). Prentice Hall Regents.

第 14 章　教材開発

Cunningsworth, A. (1995). *Choosing your coursebook*. Heinemann.

Dudley-Evans, T. & St. John, M. (1998). *Development in ESP: A multi-*

disciplinary approach. Cambridge University Press.

McGrath, I. (2002). *Materials evaluation and design for language teaching*. Edinburgh University Press.

Richards, J. C. (2001). *Curriculum development in language teaching*. Cambridge University Press.

Tomlinson, B. (2001). *Materials development in language teaching*. Cambridge University Press.

文部科学省（n.d.）.『教科書採択の方法』https://www.mext.go.jp/a_menu/shotou/kyoukasho/gaiyou/04060901/1235091.htm

第 15 章　英文の難易度をいかに測定するか

Anthony, L. (2022). AntWordProfiler (Version 2.0.1) [Computer Software]. Tokyo, Japan: Waseda University. Available from https://www.laurenceanthony.net/software

Schmitt, N. (2001). *Vocabulary in language teaching*. Cambridge University Press.

根岸雅史　他（2016）.『*NEW CROWN English Series 1*』三省堂

第 16 章　英語教育研究法

American Psychological Association. (2019). *Publication manual of the American Psychological Association: The official guide to APA style* (7th edition).

Seliger, H. W., & Shohamy, E. (1989). *Second language research methods*. Oxford University Press.

柳井久江（2015）.『4 Steps エクセル統計　第 4 版』㈲ オーエムエス出版

小塩真司（2018）.『SPSS と Amos による心理・調査データ解析（第 3 版）— 因子分析・共分散構造分析まで』東京図書

索 引

英文索引

ACKNOWLEDGEMENTS

pp. 21–22   Reproduced by permission of Wiley-Blackwell from *The handbook of language teaching* by M. H. Long & C. J. Doughty (Eds) © Wiley-Blackwell 2011.

pp. 50–52   Reproduced by permission of Prentice Hall Regents from *Teaching by principles: An interactive approach to language pedagogy* (3rd ed.) by Brown, H. D. © Prentice Hall Regents 2007.

pp. 65–68   Reproduced by permission of Pearson Education Limited from *The practice of English language teaching* by Harmer, J. © Pearson Education Limited 2001.

pp. 102–104   Reproduced by permission of Oxford University Press from *Doing second language research* by Brown, J. D., & Rodgers, T. S. © Oxford University Press 2002.

pp. 124–126   Reproduced by permission of Tesol Press from *The 6 principles for exemplary teaching of English learners* by TESOL International Association (TESOL) © Tesol Press 2018.

pp. 142–144   Reproduced by permission of Oxford University Press from *Learning technology* by Lewis, G. © Oxford University Press 2017.

pp. 174–175   Reproduced by permission of Oxford University Press from *Language testing* by McNamara, T. © Oxford University Press 2000.

pp. 189–191   Reproduced by permission of Compass Publishing from *What should every EFL teacher know?* by Nation, I.S.P. © Compass Publishing 2013.

pp. 214–217   Reproduced by permission of Wiley-Blackwell from *Helping the unsuccessful language learner* by Reiss, M. © Wiley-Blackwell 1981.

pp. 226–229   Reproduced by permission of Lawrence Erlbaum Associates Inc., Publishers from *Non-native educators in English language teaching* by Braine, G. (Ed.) © Lawrence Erlbaum Associates Inc., Publishers 1999.

pp. 245–247   Reproduced by permission of Cambridge University Press from *Teaching languages to young learners* by Cameron, L. © Cambridge University Press 2001.

著者紹介

高梨 庸雄（たかなし・つねお）

ハワイ大学修士課程修了（MA.TESL）。高等学校教諭，青森県教育センター指導主事，弘前大学教授を経て，弘前大学名誉教授。

著書：『英語リーディング指導の基礎』（高橋正夫と共著），『英語コミュニケーションの指導』（共編），『英語リーディング事典』（卯城祐司と共編），『教室英語活用事典』（共編）（以上，研究社），『英語の「授業力」を高めるために―授業分析からの提言―』（編），『小学校英語で身につくコミュニケーション能力』（湯川笑子，小山哲春と共著）（共に三省堂）など。

高橋 正夫（たかはし・まさお）

新潟大学卒業，ハワイ大学修士課程修了。新潟大学教授を経て，新潟大学名誉教授。

著書：『実践的コミュニケーションの指導』，『身近な話題を英語で表現する指導』（共に大修館書店），『高校英語のコミュニカティヴ・プラクティス』（中教出版），『英語リーディング指導の基礎』（高梨庸雄と共著），『教室英語活用事典』（共編）（共に研究社）など。

佐藤 剛（さとう・つよし）

弘前大学卒業，筑波大学大学院教育研究科教科教育専攻英語教育コース修了（教育学修士）。中学校教諭，弘前大学講師を経て，弘前大学准教授。専門は語彙研究。特に小中学校の教科書分析。中学校教員の経験を基に教員養成にあたっている。

野呂 徳治（のろ・とくじ）

弘前大学卒業，弘前大学大学院修士課程修了（教育学修士）。高等学校教諭，弘前大学助教授，弘前大学准教授を経て，弘前大学教授。

著書：『小学校英語教育ハンドブック―理論と実践―』（共著）（東京書籍），『英語教育学と認知心理学のクロスポイント―小学校から大学までの英語学習を考える―』（共著）（北大路書房），『英語教育学の今―理論と実践の統合―』（共編著）（全国英語教育学会），『英語の「授業力」を高めるために―授業分析からの提言―』（共著）（三省堂），『英語リーディング事典』（共著）（研究社）など。

粕谷　恭子（かすや・きょうこ）

横浜国立大学大学院 教育学研究科 英語科教育専攻 修士課程 修了（教育学修士）。東京学芸大学教授。聖マリア小学校英語科非常勤講師。

著書：『［動画でわかる］英語授業ハンドブック〈小学校編〉』（共著）（大修館書店），『わかる・できる！　英語授業のひと工夫　明日から使える26事例』（光文書院），『概説　教職課程コアカリキュラム』（共著）（ジダイ社）など。

田縁　眞弓（たぶち・まゆみ）

ワシントン大学卒業，ノートルダム女子大学応用英語学部修士課程修了。立命館小学校英語科専科，立命館小中高一貫英語教育アドバイザー，ノートルダム学院小学校英語科ヘッドスーパーバイザーを経て，京都光華女子大学こども教育学部こども教育学科教授。

著書：『新編　小学校英語教育法入門』（共著），『小学校英語内容論入門』（共著）（共に研究社），『小学校で英語を教えるためのミニマム・エッセンシャルズ』（共著），『小学校英語　だれでもできる英語の音と文字の指導』（共著）（共に三省堂），『低学年から始める英語短時間学習』（共編著）（教育出版）など。

新・英語教育学概論［改訂第 2 版］

2023年 1 月20日　改訂第 2 版第 1 刷発行
2023年 4 月30日　改訂第 2 版第 2 刷発行

著　者　　高　梨　庸　雄

高　橋　正　夫

佐　藤　　　剛

野　呂　徳　治

粕　谷　恭　子

田　縁　眞　弓

発行者　　福　岡　正　人
発行所　　株式会社　金　星　堂
（〒101-0051）東京都千代田区神田神保町 3-21
Tel. (03)3263-3828（営業部）
(03)3263-3997（編集部）
Fax (03)3263-0716
https://www.kinsei-do.co.jp

編集担当　池田恭子・四條雪菜　　　　　　Printed in Japan
印刷所／日新印刷株式会社　製本所／松島製本

ISBN978-4-7647-4186-7 C1082

ISBN978-4-7647-4186-7
C1082 ￥3300E

9784764741867

定価 本体3300円(税別)

新・英語教育学概論［改訂第2版］

1921082033009